वर्ण, जाति, कास्ट

वर्ण, जाति, कास्ट

भारतीय सामाजिक संरचनाओं पर एक प्रवेशिका

राजीव मल्होत्रा एवं विजया विश्वनाथन्

हिंदी सम्पादक - अनुराग शर्मा

ink | OCCAM

ISBN: 978-93-6547-101-4
eISBN: 978-93-6547-426-8

First published in India 2026
This edition published 2026

BluOne Ink Pvt. Ltd
A-76, 2nd Floor, Sector 136, Noida
Uttar Pradesh 201301
www.bluone.ink
publisher@bluone.ink

ink | OCCAM

विषय-सूची

1

वैदिक खुली संरचना

इस पुस्तक का उद्देश्य भारतीय सामाजिक व्यवस्था के इतिहास को संक्षेप में प्रस्तुत करना है। यह पुस्तक उन व्यक्तियों के लिए एक मार्गदर्शिका है जो इस विषय पर जानकारी प्राप्त करना चाहते हैं और साथ ही भारतीय दृष्टिकोण से इस विषय पर चर्चा करने में समर्थ बनना चाहते हैं। यह पुस्तक आज के भारतीय युवा, जो इस विषय पर अनेक प्रश्नों का सामना करते हैं और साथ ही साथ पत्रकारों तथा भारत और उसके विविधतापूर्ण समाज को समझने में रुचि रखने वालों के लिए एक *टूलकिट* (साधन) है। इस पुस्तक में विभिन्न ऐतिहासिक कालों में भारतीय समाज में हुए परिवर्तनों की विस्तृत समीक्षा प्रस्तुत की गयी है।

दुर्भाग्यवश, भारतीय सामाजिक व्यवस्था की जटिलता के कारण उसको लेकर बहुत सी भ्रांतियां विद्यमान हैं। आज पश्चिम के *वोकइज़्म* जैसे आंदोलन और *क्रिटिकल रेस थ्योरी* (सीआरटी) जैसे सिद्धांत ऐसी मुख्य संरचनाएं बन गई हैं जो भारतीय जाति व्यवस्था के आधे-अधूरे ज्ञान के आधार पर अनर्गल प्रलाप कर रहीं हैं और उसे विकृत रूप में प्रस्तुत कर रहीं हैं। हम ऐसा कोई ठोस उपचार नहीं ढूंढ पाए हैं जो इन विकृतियों का उत्तर दे सके। इसलिए यह विषय और भी महत्वपूर्ण हो जाता है।

इस पुस्तक के द्वारा हम इस विषय पर संवाद को संतुलित करना चाहते हैं। भारतीय दृष्टिकोण से लिखी गयी किसी पुस्तक के न होने के कारण, पश्चिमी सिद्धांतों पर आधारित आरोपों का उत्तर देने में भारतीय जो कमी महसूस करते हैं, उसे हम इस पुस्तक के द्वारा ठोस प्रमाणों को प्रस्तुत करके, पूरा करना चाहते हैं। हमारा उद्देश्य सभी ओर से स्वस्थ चर्चा को आमंत्रित करना भी है।

जाति का विषय बहु-स्तरीय है और ठीक से समझा नहीं जाता है। इसके परिणामस्वरूप यह अनेकों हिंदुओं को असहजता का अनुभव करवाता है,

लज्जित करता है, और वे इससे जुड़े विषयों को सही रूप से प्रस्तुत करने में असमर्थ होते हैं। जाति-वर्ण को लेकर जो भ्रांतियां हैं उनके कुछ कारण इस प्रकार हैं:

1. वर्ण का '*कास्ट*' के रूप में अशुद्ध अनुवाद किया जाता रहा है; इसके अतिरिक्त, इसे भारतीय सामाजिक व्यवस्था से जुड़ी अन्य विशेषताओं से अलग करके देखा जाता है। इस व्यवस्था की निम्नलिखित विशेषताएं हैं:

   क. मानव जीवन जीने के लिए एक व्यवस्था जिसे चार *पुरुषार्थ* के नाम से जाना जाता है।

   ख. आश्रम – मानव जीवनकाल के चार चरण।

   ग. वर्ण – व्यवसायिक विशेषज्ञता के आधार पर समाज की चार विभागी संरचना।

   घ. अहिंसा अथवा न्यूनतम हानि पहुंचाना। सभी कार्यों में इस पर मुख्य रूप से महत्व देना।

   ङ. एक खुली और परिवर्तनशील सामाजिक संरचना जो विविधता का पोषण करती है।

   च. सांसारिक जीवन में अपने नित्य और नैमित्तिक कर्मों का पालन करते हुए अंत में कर्मों से ऊपर उठकर मोक्ष की प्राप्ति।

   उपरोक्त सभी बातों पर समग्र रूप से चर्चा किए बिना, वर्ण संबंधी कोई भी चर्चा पूर्ण नहीं हो सकती है। अतः आलोचना के लिए इस प्रकार की जटिल सामाजिक संरचना से मात्र 'वर्ण' को उठा लेना ठीक नहीं है। इस विषय पर पश्चिमी मुख्यधारा के शैक्षिक अध्ययनों में यही समस्या है। सम्पूर्ण रूप से विचार करने पर ही वर्ण को सही रूप से समझा जा सकता है।

2. वर्ण का आकलन हिन्दू समाज के आधुनिक मानकों के अनुरूप नहीं किया जाना चाहिए क्योंकि अधिकतर हिन्दू आज अपने वर्ण-धर्म का पालन नहीं करते हैं। वर्ण कुछ प्रक्रियाओं और कर्तव्यों के निष्पादन से सम्बद्ध है। आधुनिक अवसरवादी जीवनशैली जीने वाले लोग वर्ण–आधारित समाज से कट चुके हैं।

3. सही अर्थों में अनुवाद न हो पाने की समस्या गंभीर है: वर्ण, जाति और *कास्ट* सभी भिन्न हैं और उनकी विशिष्ट उत्पत्तियों, अनुप्रयोगों, और इतिहासों को समझा जाना आवश्यक है।
4. वर्तमान में अधिकतर हिन्दू व्यावहारिक और पारमार्थिक (आगामी खंड में स्पष्ट किया गया है) के क्षेत्रों के संबंध में भ्रमित हैं। इनका गंभीर अध्ययन करने के स्थान पर वे, अपनी सुविधा के अनुसार, उलटी-सीधी बातें करने लगते हैं।

वैदिक सामाजिक संरचना के पीछे छिपे उद्देश्य के संबंध में एक समग्र और गहन अंतर्दृष्टि के लिए वैदिक तत्त्वमीमांसा (सृष्टि में विद्यमान तत्वों जैसे जगत्, जीवात्मा, परमात्मा आदि का अध्ययन करने वाला विषय तत्त्वमीमांसा कहलाता है) की आधारभूत समझ आवश्यक है। इसे वैदिक समाज द्वारा इच्छित मानव जीवन के लक्ष्यों को ध्यान में रखकर देखा जाना चाहिए। हम भारतीय सामाजिक व्यवस्था की एक विस्तृत समीक्षा देंगे, जो पश्चिमी अध्ययनों में वर्णित *'कास्ट'* से संबंधित सभी मुद्दों का समाधान करने हेतु एक प्रवेशिका के रूप में कार्य करेगी।

वैदिक तत्त्वमीमांसा

वैदिक तत्त्वमीमांसा का आधार यह है कि सम्पूर्ण सृष्टि में पारमार्थिक और व्यावहारिक नामक दो भिन्न क्षेत्र हैं:

- व्यावहारिक क्षेत्र के अंतर्गत हमारा वह सांसारिक जीवन आता है जिसे हम हमारी इन्द्रियों द्वारा प्राप्त अनुभवों से जीते हैं। यह वह जगत् है जिसे हम अपनी संज्ञानात्मक प्रणाली के माध्यम से जानते हैं। दिक्, काल, कर्म, प्रकृति के सभी पदार्थ और कारण-कार्य संबंध इस व्यावहारिक क्षेत्र के ही अंतर्गत आते हैं। यह वास्तविकता का अनुभवजन्य रूप है जिसे विज्ञान मान्यता देता है, और जहां भाषा और सामान्य मस्तिष्क कार्य करते हैं। भौतिकवादी और नास्तिक यह मानते हैं कि व्यावहारिक क्षेत्र में जो हमें अनुभव होता है, मात्र इतना ही है जिसका अस्तित्व है।
- परन्तु हमारी आध्यात्मिक और धार्मिक परंपराओं के अनुसार एक अन्य क्षेत्र भी है जो इन सबसे परे है। इसे वैदिक व्यवस्था में पारमार्थिक क्षेत्र कहा

> जाता है। यह हमारी इन्द्रियों के अनुभव से परे है, अनुभवजन्य ज्ञान से परे है, और भाषा के वर्णन से भी परे है। अस्तित्व के इस क्षेत्र में व्यावहारिक क्षेत्र के कारण-कार्य संबंध का भी कोई नियन्त्रण नहीं होता है।

इन दोनों का वर्णन क्रमशः व्यावहारिक-सत्य और पारमार्थिक-सत्य के रूप में भी किया जाता है। वैदिक तत्त्वमीमांसा में इन दोनों क्षेत्रों और साथ ही साथ इनके परस्पर-संबंधों पर व्यापक चर्चाएं की गयी हैं। इन दोनों का संबंध भारत के महान बौद्धिक विचारकों के बीच हजारों वर्षों से वाद-विवाद का विषय रहा है।

देह के रूप में जन्म लेने के नाते, प्रत्येक का, व्यावहारिक क्षेत्र में अस्तित्व रहता है जहां वह कर्म/कारण-कार्य संबंध के और अपने संज्ञान की सीमाओं के अधीन होता है। व्यावहारिक क्षेत्र में जीवन का परम लक्ष्य कारण-कार्य संबंध के नियन्त्रण, हमारे देह-मानस संबंधी सभी अनुभवों और कर्मों के बंधन से मुक्त होना है। इस मुक्ति को वैदिक व्यवस्था में मोक्ष और बौद्ध मत में निर्वाण कहा जाता है। व्यावहारिक सत्ता से यह मुक्ति व्यक्ति को पारमार्थिक सत्ता में ले आती है। यह आकाश में कोई भौतिक स्थान नहीं है बल्कि सामान्य मानवीय चेतना से भिन्न एक चैतन्य की अवस्था है। मुक्त होने पर ऐसा कहा जाता है कि व्यक्ति को यह अनुभव होता है कि वह पहले से ही सदा मुक्त था, परंतु अज्ञान के कारण इससे अनभिज्ञ था।

तकनीकी शब्दों में कहा जाए तो, व्यावहारिक पारमार्थिक का परिवर्तन ज्ञान से सम्बंधित है न कि सत्ता से। अन्य शब्दों में, शारीरिक रूप से एक जीवन्मुक्त व्यक्ति में कोई परिवर्तन नहीं होता है। यह स्वप्न से जागने के समान है, जीवन्मुक्त व्यक्ति अचानक भिन्न रूप से इस संसार को अनुभव करने में सक्षम हो जाता है।

पारमार्थिक सत्ता तक पहुँचने का मार्ग व्यावहारिक सत्ता *से होकर* जाता है, न कि व्यावहारिक सत्ता से दूर भागने से, अथवा उसके बलपूर्वक निरोध से। सम्पूर्ण वैदिक व्यवस्था व्यावहारिक जीवन के माध्यम से इस यात्रा को सुसाध्य बनाने के लिए है। व्यावहारिक जीवन यात्रा करते हुए अंततः पारमार्थिक सत्ता तक पहुंचने में हमारी सहायता करना ही वैदिक मार्ग का उद्देश्य है। इस संरचना के मुख्य तत्वों पर अब हम चर्चा करेंगे।

मानव जीवन के लक्ष्य

मानव जीवन के लक्ष्यों को चार पुरुषार्थों में व्यवस्थित किया गया है। ये चार पुरुषार्थ हैं:

- अर्थ (आहार, आश्रय, वस्त्र, शारीरिक और भौतिक सुख)
- काम (मनोकामना)
- धर्म (ब्रह्मांड से सामंजस्य बनाकर किया गया कार्य)
- मोक्ष (कारण-कार्य संबंध से मुक्त अथवा स्वतंत्र होना; अतएव, उपरोक्त तीनों लक्ष्यों से परे जो तत्त्व है उस की ओर बढ़ना)

ये सार्वभौमिक लक्ष्य हैं जो सभी मानवों पर लागू होते हैं चाहे उनकी सांस्कृतिक, धार्मिक, और भाषाई भिन्नताएं जो भी हों। ध्यान दें कि यह व्यवस्था भौतिक सुख और समृद्धि (अर्थ) अथवा मनोकामनाओं (काम) की प्राप्ति पर प्रतिबंध नहीं लगाती है; बल्कि यह इनके लिए उत्तरदायी रूप से कर्म करना निर्धारित करती है ताकि इससे मुक्ति की दिशा में आगे बढ़ा जा सके।

वैदिक व्यवस्था इस प्रकार बनाई गयी है कि इन पुरुषार्थों की प्राप्ति में विविध समुदायों की, उनके विभिन्न स्वभावों, रुचियों, और क्षमताओं के अनुसार सहायता हो सके। वैदिक व्यवस्था यह ध्यान में रखते हुए कि मानव समाज सदा प्रकृति के साथ सामंजस्य बनाए रखे, सभी का कल्याण करने का प्रयास करती है।

वैदिक तत्त्वमीमांसा के अनुसार यह ब्रह्मांड कुछ निष्पक्ष नियमों द्वारा नियन्त्रित है। इनमें से कुछ नियमों को मानव मस्तिष्क समझ सकता है और कुछ को नहीं समझ सकता है। कर्म ऐसा ही एक नियम है जिसका प्रभाव प्रत्यक्ष रूप से हमें पूर्णतः दिखाई नहीं देता है। कर्म सिद्धांत के अनुसार, कुछ भी संयोगवश नहीं होता है, और हर घटना का कोई न कोई कारण होता है। कारण-कार्य संबंध की इस व्यवस्था के परिणामस्वरूप कर्म-फल की उत्पत्ति होती है, जो कि किसी इच्छा से प्रेरित होकर किये गए कर्म का परिणाम है। कारण-कार्य संबंध की ब्रह्मांडीय व्यवस्था जटिल है और आधुनिक भौतिक-विज्ञान जिन्हें मान्यता देता है, उन तथ्यों से परे है।

मनुष्य को चाहिए कि वह अपने लक्ष्यों की प्राप्ति के साथ-साथ अन्य सभी मानवों, पशुओं, प्रकृति और व्यापक रूप से ब्रह्मांड के प्रति अपने उत्तरदायित्वों

को भी पूरा करे। यही यज्ञ का सिद्धांत है जिसे व्यक्ति के कर्मों को ब्रह्मांडीय क्रियाओं के अनुरूप करने के लिए बनाया गया है। यह व्यक्ति के लक्ष्यों को ब्रह्मांड के साथ सामंजस्य में रखता है। यज्ञ का सिद्धांत ब्रह्मांड में स्थित सभी चेतन और अचेतन तत्त्वों की परस्पर-संबद्धता को मान्यता प्रदान करता है। एक मुख्य विशेषता जो इसे पश्चिमी सामाजिक व्यवस्थाओं से भिन्न करती है, वह है अपने 'उत्तरदायित्वों' पर अधिक बल दिया जाना, और न कि अपने व्यक्तिगत 'अधिकारों' पर बल दिया जाना। इसका तात्पर्य है किसी उच्चतर ध्येय के लिए निष्काम कर्म करना और व्यक्तिगत अहंकार से जुड़े हितों का त्याग करना।

यज्ञ व्यवस्था के पांच अंग हैं और यह ब्रह्मांड के निम्नलिखित परस्पर-सम्बद्ध पहलुओं के लिए उत्तरदायित्व का निर्धारण करती है: अपने स्वयं के कल्याण हेतु कार्य करना, अपने पूर्वजों सहित परिवार की सेवा करना, मानवजाति की सेवा करना, प्रकृति की सेवा करना और देवों की सेवा करना।

सभी लक्ष्यों की पूर्ति में अहिंसा का विशेष स्थान है। अहिंसा का सामूहिक अहित को न्यूनतम करने अथवा सामूहिक भलाई/सद्भाव को अधिकतम करने के रूप में अनुवाद किया जा सकता है। अहिंसा का तात्पर्य किसी भी परिस्थिति में हिंसा नहीं करने से नहीं है। वस्तुतः कई विकट परिस्थितियों में सामूहिक सद्भाव और धर्म की रक्षा के लिए युद्ध करना भी अहिंसा का अर्थ हो सकता है। सिद्धांत यह है कि अंतिम लक्ष्य के रूप में अधिक से अधिक प्राणियों का जिस कर्म से कल्याण हो वह अहिंसा है।

वर्ण और आश्रम व्यवस्था

ऊपर दिए गए यज्ञ के पांच अंगों के सर्वोत्तम रूप से निष्पादन के लिए समाज में एक व्यवस्था को बनाना आवश्यक है ताकि चार पुरुषार्थों को कुशलतापूर्वक प्राप्त किया जा सके। इसके लिए, भारतीय सभ्यता ने सामंजस्य में कार्य कर रही दो परस्पर पूरक व्यवस्थाओं के द्वारा संसाधनों, शक्ति, और उत्तरदायित्वों का विभाजन सुनिश्चित किया: वर्ण व्यवस्था (व्यवसाय विशिष्ट पर लागू होने वाला सिद्धांत) और आश्रम व्यवस्था (जीवन के विशिष्ट चरणों पर लागू होने वाला सिद्धांत)। यह मूलभूत संरचना थी जिस पर समाज में कार्य किया जाता था और पूर्व-वर्णित चार पुरुषार्थों को प्राप्त किया जाता था।

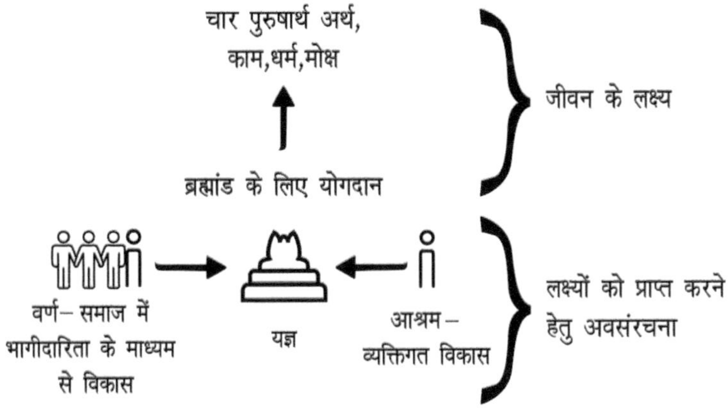

वर्ण व्यवस्था समाज में व्यक्ति के अधिक से अधिक योगदान करने में सहायक होती है, जबकि आश्रम व्यवस्था द्वारा यह सुनिश्चित होता है कि चार पुरुषार्थों की प्राप्ति के लिए प्रयास करता हुआ व्यक्ति, अपना अधिक से अधिक आध्यात्मिक विकास भी कर पाए। दोनों में से प्रथम सामूहिक स्तर पर समाज-कल्याण का कार्य करती है, जबकि द्वितीय व्यक्तिगत स्तर पर। दोनों व्यवस्थाएं एक दूसरे की पूरक हैं अर्थात् एक दूसरे को पूर्ण बनाती हैं। इन व्यवस्थाओं को व्यक्ति के स्वयं के प्रति उत्तरदायित्वों और कर्तव्यों और साथ ही साथ परिवार, समुदाय, और ब्रह्मांड के प्रति उत्तरदायित्वों और कर्तव्यों को पूरा करने के लिए बनाया गया है।

वर्ण व्यवस्था निर्धारित करती है:

- उन व्यवसाय पर आधारित कर्तव्यों को जिन्हें सामूहिक समाज की सेवा में निष्पादित किया जाएगा;
- प्रतिबंध और नियंत्रण की उन सीमाओं को जिनके द्वारा सीमित सामाजिक संसाधनों के उपयोग में विवादों को कम से कम रखा जा सके;
- लाभ संकटों के अनुपात में होंगे;
- उन नियमों को जिनके द्वारा सामाजिक पूंजी और शक्ति के अत्यधिक केन्द्रीकरण और उनका किसी एक व्यक्ति या समुदाय के पास संचयन को रोका जा सके।

आश्रम व्यवस्था निर्धारित करती है:

- उन उत्तरदायित्वों को जो समाज में भोक्ताओं और उत्पादकों के लिए भिन्न-भिन्न होते हैं; एक व्यक्ति को जीवन के विभिन्न चरणों में इनमें से प्रत्येक का पालन करना होता है।
- प्रत्येक आश्रम में व्यतीत किए गए समय की अवधि, ताकि जीवनकाल में एक संतुलित जीवन जीना सुनिश्चित हो।
- समाज में स्थित हर प्रकार की पूंजी के संरक्षण का स्वरूप।

वर्ण-आश्रम व्यवस्था विविध पक्षों के बीच परस्पर-निर्भरता का ऐसे उपायों द्वारा पोषण करती है जो प्रकृति में सहज रूप से हैं।

जीवन में चार आश्रम अथवा चरण हैं: ब्रह्मचर्य, गृहस्थ, वानप्रस्थ और संन्यास। ये चार वर्णों के साथ मिलकर समाज में कार्य करते हैं।

- व्यक्ति ब्रह्मचर्य आश्रम में एक विद्यार्थी बनकर किसी विशिष्ट ज्ञान की प्राप्ति के लिए प्रयत्न करता है। भारतीय परंपरा में शिक्षा निःशुल्क दी जाती है और इसलिए एक विद्यार्थी एक भोक्ता के रूप में समाज पर आश्रित होता है।
- किसी भी वर्ण के ब्रह्मचारियों के गृहस्थ आश्रम (विवाह और परिवार का चरण) में प्रवेश करने पर वे अर्थव्यवस्था में मुख्य उत्पादक और अंशदाता बन जाते हैं।
- वानप्रस्थ वह चरण है जिसमें व्यक्ति समाज से दूर हटने लगता है।
- यह जीवन के अंतिम चरण, संन्यास में पूर्ण रूप से हटने के साथ समापन पर पहुंचता है।

ये आश्रम व्यक्तिगत जीवनशैलियों का मार्गदर्शन करने और समाज के व्यापक हितों को ध्यान में रखते हुए, लक्ष्यों की प्राप्ति में सहायता करने के लिए, बनाए गए हैं।

व्यक्ति के जीवन में गृहस्थ आश्रम ही मात्र वह समय है जो भौतिक संसाधनों और संपदा के संचयन और वितरण से संबंधित है। इस चरण में भी व्यक्ति को समाज के संसाधन और पूंजी के अस्थायी संरक्षक के रूप में ही देखा जाता है।

इसके अतिरिक्त, गृहस्थ आश्रम के अंदर, संसाधनों और शक्ति का विनियोजन समान नहीं होता है; व्यक्तियों और समूहों को उनके द्वारा उठाए गए

खतरों के अनुपात में पुरस्कृत किया जाता है। उदाहरण के लिए, एक क्षत्रिय को उन सुखों का आनंद लेने की अनुमति है जो राजसत्ता का सदस्य होने के नाते उसे उपलब्ध हैं और वह मनोरंजन के लिए शिकार करने जैसे कार्यों का आनंद उठा सकता है क्योंकि युद्ध संबंधी उसके कर्तव्यों के पालन में वह अधिक संकट का सामना करता है। परंतु एक वैश्य के सुख भौतिक संपदा के क्षेत्र तक ही सीमित हैं।

अंतिम दो आश्रमों में उद्देश्य यह होता है कि समाज पर निर्भरता को कम से कम किया जाए जिसके फलस्वरूप आदान-प्रदान, जो कि बंधन का कारण होते हैं, उसको घटाया जा सके। स्वार्थ से युक्त व्यावहारिक क्षेत्र में अपनी भागीदारिता को न्यूनतम करने से, लौकिक जीवन में अपने पदचिह्न को घटाया जा सकता है। संन्यास का उद्देश्य व्यक्ति को सामाजिक कारण-कार्य संबंध से पूर्णतः हटा लेना है। व्यक्ति के प्रारब्ध कर्म अपना फल प्रदान करके धीरे-धीरे नष्ट हो जाते हैं और अंततः व्यक्ति कारण-कार्य संबंध से पूर्णतः मुक्त हो जाता है। यह पारमार्थिक का मार्ग है।

इस व्यवस्था ने प्रत्येक व्यक्ति को वर्ण-आश्रम के सामाजिक घेरे से बाहर जीवनयापन करने का विकल्प दिया। परंतु ऐसा व्यक्ति समाज से अपनी इच्छानुसार लाभों को नहीं ले सकता था। आधुनिक समय का एक उदाहरण अमेरिका में अमिश समुदाय है जिसने मुख्यधारा के समाज से पूर्णतः पृथक जीवन जीने का विकल्प चुना है। वे आत्म-निर्भर हैं और स्थापित अमेरिकी समाज से इस सीमा तक अलग हैं कि करदाता द्वारा वित्तपोषित संसाधनों, जैसे विद्युत और जल को भी वे स्वीकार नहीं करते हैं।

अगले चित्र में इस जटिल परितंत्र को दर्शाया गया है। यह प्रत्येक वर्ण की व्यवसायगत भूमिकाओं, संकटों का स्तर, और क्या सदस्य जीवन के प्रत्येक चरण में उत्पादक है अथवा उपभोक्ता है, का वर्णन करता है। इस परस्पर-निर्भरता से स्पष्ट होता है कि क्यों वर्ण को आश्रम व्यवस्था से काटकर अलग नहीं किया जा सकता है और क्यों उसका पश्चिमी मानकों के अनुसार आकलन भी नहीं किया जा सकता है।

हमारे सामने वे नियंत्रण और संतुलन भी स्पष्ट होते हैं जो भारतीय समाज ने यह सुनिश्चित करने के लिए लगाए कि सभी व्यक्ति, चाहे उनकी निपुणताओं, लक्ष्यों और विचारों में कितनी भी विविधता हो, सामंजस्य के साथ अपने व्यक्तिगत लक्ष्यों की प्राप्ति की ओर कार्य कर सकें, और साथ ही, क्षेत्र-विशिष्ट

विशेषज्ञता तथा क्षेत्र-विशिष्ट संसाधनों तक पहुँच, और उन पर नियंत्रण, के साथ समाज के योगदाता सदस्य बन सकें। अतः इस संरचना के किसी एक पक्ष को अपनी इच्छानुसार उठा लेना और आधुनिक सामाजिक मानकों के अनुसार उसका आकलन करना निरर्थक है और लापरवाही दर्शाता है।

यह उल्लेख करना महत्वपूर्ण है कि वर्ण-आश्रम व्यवस्था में, समाज के प्रति व्यक्ति के योगदान को सर्वाधिक महत्व देते हुए उसका गुणगान किया जाता था और उसे पुरस्कृत किया जाता था, जैसा कि अनेकों लोक-कथाओं और संस्कृत तथा देशी भाषाओं में लोकोक्तियों में प्रमाण मिलता है। हमारे पूर्वजों की मंशा एक स्वचालित वर्ण-आश्रम संरचना (चर्च-जैसी केन्द्रीकृत सत्ता के बिना) उपलब्ध कराने की थी ताकि यह सुनिश्चित किया जा सके कि कोई भी व्यक्ति स्वेच्छाचारी न हो जाए और ब्रह्मांडीय सामंजस्य हेतु उसके योगदान को अधिकतम किया जा सके।

यह वैदिक विचार कि जगत् में सब कुछ ईश्वरीय अभिव्यक्ति है एक सामूहिक यज्ञ की धारणा को जन्म देता है जिसमें प्रत्येक व्यक्ति और प्रत्येक वस्तु को इस सामूहिक यज्ञ के सहायक सदस्य के रूप में देखा जाता है, और कोई भी व्यक्ति स्वयं को 'पीड़ित' होने की दशा में गिरा हुआ नहीं अनुभव करता। पीड़ित होने की मार्क्सवादी अवधारणा संभवतया मनुष्य के जन्म से ही पापी होने के ईसाई सिद्धांत से उत्पन्न हुई है और यह वैदिक संरचना पर लागू नहीं होती है।

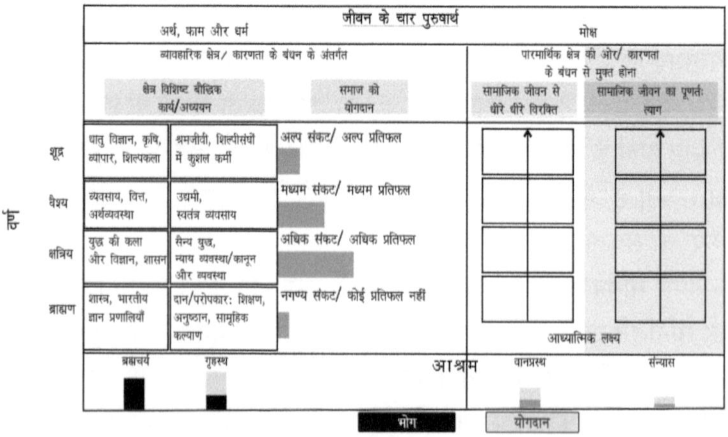

भारत की विविधता

भारत एक विविधतापूर्ण राष्ट्र है: विभिन्न भाषाएं, आहार, पहनावा, सौंदर्यबोध, संस्कृति, देव और उपासना के प्रकार, आध्यात्मिक ज्ञानपरम्पराएं, इत्यादि। यह सूची अंतहीन है। विविधता के पोषण के लिए पश्चिमी सार्वभौमिकता से प्रेरित उपायों को आँख मूंदकर अपनाने के स्थान पर, विद्वानों को थोड़ा पीछे जाकर, उस वैदिक तत्त्वमीमांसा और सामाजिक संरचना का अध्ययन करना चाहिए जिसके कारण बीते हज़ारों वर्षों में यह विविधता अस्तित्व में आई। यह विविधता मात्र संयोग से अस्तित्व में नहीं आई। यह एक ऐसी सभ्यता है जिसने न केवल विविधता के प्रति 'सहिष्णुता' दिखाई, बल्कि प्रत्येक रूप को ईश्वर की एक विलक्षण अभिव्यक्ति मानते हुए, उसका उत्सव भी मनाया।

इसके विपरीत ईसाईयत के इतिहास को यदि हम देखें तो उसने जहां भी प्रवेश किया, वहां के मूल निवासियों (जिन्हें ईसाई न होने के कारण अपमानजनक रूप से *पेगन* कहा जाता था) की विविधता का दमन और नाश किया। ईसाईयत ने अपनी केन्द्रीकृत और एकाधिकारप्राप्त संरचना के कारण विविधता को समाप्त कर दिया। प्रोटेस्टेंट सुधार आंदोलन ने अत्यधिक हिंसा के पश्चात यूरोप में रोमन कैथोलिक चर्च के एकाधिपत्य को समाप्त तो कर दिया परंतु इसके परिणामस्वरूप प्रत्येक देश में वहां के स्थानीय चर्च का पृथक-पृथक एकाधिपत्य हो गया। ईसाईयत में जो अभाव था (भारत की विविधता की तुलना में), वह विचारों की विविधता का अभाव था, जो कि विभिन्न देवों, रीतियों, और पहचानों से उत्पन्न होता है। यहाँ तक कि *वोकइज़्म* का तथाकथित पंथनिरपेक्ष आंदोलन भी *कैन्सल कल्चर* (किसी ऐसे व्यक्ति को, जो आपकी बात से सहमत न हो, "रद्द करने" या सामूहिक रूप से शर्मिंदा करने की प्रथा) के रोग से पीड़ित है, जो विचारों की वास्तविक विविधता को पनपने नहीं देता।

अतएव, पश्चिमी विचार के अनुसार विविधता त्वचा की रंगत और मानव नस्लों में सतही भिन्नताओं से संबंधित है। उनकी सोच में संसार को समझने के विभिन्न दृष्टिकोणों के प्रति आपसी सम्मान का अभाव दिखाई देता है।

पहचान विविधता की आधारशिला है

पहचान को सुदृढ़ करने के द्वारा विविधता प्राप्त करना और बनाए रखना

वर्ण आधारित पहचान

- कार्यक्षेत्र/आजीविका (कर्म)
- भाषा/संस्कृति/सामाजिक मानक/आहार
- त्योहार मनाना/तर्पण करना (पूर्वजों के निमित्त दान)
- विशेष अनुष्ठानों का निष्पादन
- -कुल देवता
  -ग्राम देवता
  -इष्ट देवता की उपासना

आश्रम पहचान के रूप में

ब्रह्मचर्य
/गृहस्थ
/वानप्रस्थ
/सन्यास

पहचान के अन्य चिन्हक

- परिवार, कार्यस्थल, समुदाय में भूमिका
- भौगोलिक स्थिति-आधारित: राष्ट्र, ग्राम
- लिंग: स्त्री और पुरुष धर्म

जो समाज आपसी सम्मान के साथ अपने अंदर की विभिन्नताओं को सुदृढ़ करता है और उनका पोषण करता है, वह एक विविधतापूर्ण समाज होता है। वैदिक समाज ने सदैव व्यक्तिगत विभिन्नताओं का स्वागत किया, उनका पोषण किया और अपने अंदर अनेकों पहचानों को विकसित होने दिया। 4 x 4 वर्ण-आश्रम व्यवस्था ही अकेले सोलह पहचानों को विकसित करती है। व्यक्ति के कुल देवता, ग्राम देवता, इष्ट देवता, और अन्य व्यक्तिगत व्यवहार उसकी पहचान को असंख्य आयाम देते हैं।

इसके अतिरिक्त, लिंग, भौगोलिक स्थिति, परिवार, समुदाय, और देश में व्यक्ति की भूमिका, पहचान में भिन्न पक्ष जोड़ते हैं। पहचान के द्वारा व्यक्ति समाज के सहायक सदस्य के रूप में संचालित और संतुलित रहता है, क्योंकि इनमें से अनेकों पहचानों को सामूहिक भलाई के लिए विशिष्ट प्रकार के योगदानों की आवश्यकता होती है।

वैदिक सामाजिक व्यवस्था पश्चिमी व्यवस्था की तुलना में अधिक व्यक्तिवादी और विविधतापूर्ण है। वैदिक सामाजिक व्यवस्था में एक व्यक्ति अपने समाज से अनेकों पहचानों, जैसे कि वर्ण, जाति, धार्मिक सम्प्रदाय आदि द्वारा जुड़ा रहता है और यही पहचानें ईसाई मिशनरियों और मार्क्सवादियों के लिए अपना कार्य साधने में बाधा उत्पन्न करती रहीं हैं। इसमें कोई विडंबना नहीं है कि व्यक्तिगत पहचानों की विविधता *वोकइज़्म* के विध्वंसकारी मिशन का भी मुख्य लक्ष्य है। *वोकइज़्म* पहचान के सुरक्षा घेरे को नष्ट करना चाहता है और व्यक्तियों को अकेला और असुरक्षित कर देना चाहता है ताकि उन्हें फिर *वोक* विचारधारा के नियंत्रण में लाया जा सके। इसका उदाहरण लिंग और लैंगिकता संबंधी वर्तमान विवाद में देखा जा सकता है, जिसमें शरीर के आधार पर निर्धारित परंपरागत लिंग संबंधी पहचानों, जो कि पश्चिम में व्यक्ति के लिए अंतिम पहचान बनकर रह गए हैं, पर प्रहार के द्वारा युवा वर्ग को भ्रमित करने का अभियान चलाया जा रहा है।

यह तथ्य कि भारत जितना विविधतापूर्ण आज है उतना ही अतीत में भी रहा है, भारतीय सभ्यता में अंतर्निहित कुछ ऐसी संरचनाओं को दर्शाता है जो किसी भी आघात के बाद पुनः स्वयं को बहाल कर लेती थीं। इन्हीं संरचनाओं ने इस्लामी और यूरोपियाई औपनिवेशिकता की अशांत अवधियों में भी विविधता को पोषित और संरक्षित किया।

सजातीय विवाह, अर्थात् अपने समुदाय के अंदर विवाह, की प्रथा को प्रोत्साहन देने के लिए वर्ण व्यवस्था की आलोचना की जाती है, परंतु यह विभिन्न समुदायों द्वारा स्वेच्छा से चुना गया एक साधन है जिससे विविध लघु संस्कृतियां घुल मिलकर एक जैसी होने से बच जाती हैं। पश्चिम में प्रचलित मनमाने ढंग से, किसी के भी साथ, विवाह करने के आदर्श को प्रगतिशील माना जा सकता है, परंतु इस बात को भी अस्वीकार नहीं किया जा सकता कि इससे समाज की विविधता धीरे-धीरे कम हो जाती है। सही रूप में विविधता तभी संभव होती है जब विभिन्न समुदाय अपनी पहचान के अनुसार अपने विकल्प चुन सकें और कोई केन्द्रीय सत्ता उनके लिए सामाजिक नीतियों का निर्धारण न करे।

संधारणीयता

संधारणीयता (*सस्टेनेबिलिटी*) वैश्विक संगठनों जैसे कि संयुक्त राष्ट्र शैक्षिक, वैज्ञानिक और सांस्कृतिक संगठन (यूनेस्को), विश्व स्वास्थ्य संगठन

(डब्ल्यू एच ओ), विश्व आर्थिक मंच *(वर्ल्ड इकनॉमिक फोरम* या डब्ल्यू ई एफ) और अन्य सभी प्रमुख संगठनों द्वारा आज प्रयोग में लिए जाने वाला एक अत्यधिक प्रचलित शब्द है। परंतु संधारणीयता का वास्तविक अर्थ क्या है? सरल शब्दों में, किसी भी परितंत्र को संधारणीय तब माना जाता है यदि वह संतुलन बनाए रखता है, अपने अंदर स्थित सभी जीवित और निर्जीव सत्ताओं को, दूसरों में हस्तक्षेप किए बिना, पोषित करता है और ब्रह्मांड के साथ सामंजस्य बनाए रखता है। यह आदर्श ही धर्म का सार तत्त्व है।

विविधता संधारणीयता की आधारशिला है; किसी व्यवस्था के संधारणीय होने के लिए, उसका विविधतापूर्ण होना आवश्यक है। वैदिक समाज में, वर्ण-आश्रम संरचना ही ऐसी विविधता को बनाए रखती है। यह मानवीय इच्छाओं की पूर्ति में सहायक होती है और साथ ही उन इच्छाओं से ऊपर उठने के लक्ष्य को भी केंद्र में रखती है। यह सामाजिक पूंजी को विकेंद्रीकृत और सीमाबद्ध करती है, संकटों का सामना करने वालों को पुरस्कृत करती है, और साथ में यह भी सुनिश्चित करती है कि अत्यधिक प्रतिस्पर्धा कहीं विविधता को नष्ट न कर दे। इन सभी के साथ वह व्यक्ति को उसके यज्ञ के माध्यम से ब्रह्मांड से जोड़े रखती है। अतः धर्म मूल रूप से वह मार्ग है जिसके द्वारा संधारणीयता को प्राप्त किया जा सकता है।

परन्तु वर्तमान में संधारणीयता की परिभाषा पश्चिमी सार्वभौमिकता के परिप्रेक्ष्य में दी जा रही है। यह *क्रिटिकल रेस थ्योरी* द्वारा परिभाषित 'विविधता' में विश्वास रखता है, जो व्यक्तियों के एक समुदाय से समान परिणाम की अपेक्षा करता है। प्रकृति में विविधता जिससे व्यक्त होती है, यह ठीक उससे विरुद्ध मान्यता है। किसी प्रजाति विशिष्ट के सदस्य अपने गुणों में एक-दूसरे से भिन्न-भिन्न होते हैं, और मात्र *क्लोनिंग* के द्वारा ही एक ऐसी कृत्रिम व्यवस्था बनाई जा सकती है जिसमें सभी सदस्य एक समान हों। इस प्रकार का दृष्टिकोण यह मानता है कि हर कोई, व्यवहार, बुद्धिमत्ता, संवेदनशीलताओं, निपुणताओं, रुचियों, और सौभाग्य में समान होता है, अथवा समान होना चाहिए। सामाजिक पक्षपात और शोषण के परिणामस्वरूप ही भिन्नताएं जन्म लेती हैं। यद्यपि कोई भी व्यवस्था त्रुटिहीन नहीं होती है, पर यह सोचना भोलापन ही होगा कि सभी मनुष्य निपुणताओं अथवा अन्य विशेषताओं के समान स्तर से सम्पन्न हैं। यह प्रकृति के विरुद्ध कृत्रिम संरचना है, अतएव संधारणीय नहीं है।

क्रिटिकल रेस थ्योरी पर आधारित संरचना को जबरदस्ती लाने का प्रयास करना न तो संधारणीय है और न ही लाभकारी। परंतु विडम्बना यह है कि इन अवधारणाओं को व्यवसायों और संस्थाओं में व्यापक रूप से लागू किया जा रहा है जबकि सामान्य बुद्धि यह कहती है कि यह प्राकृतिक और ब्रह्मांडीय नियमों के विपरीत है।

	वैदिक सभ्यता	**पश्चिमी सभ्यता**
पिछली उपलब्धियाँ	एक अकेली ऐसी जीवित सभ्यता जो उपनिवेशिकरण के बाद भी अपने अंदर अनेकों पक्षों में विविधता को बनाये रखे हुए है	पूरे विश्व में विविधता का विनाश करने का इतिहास
विविधता	व्यक्ति, समाज, देश के प्रत्येक स्वरूप में सच्ची, अद्वितीय विविधता प्राप्त की गई और बनाए रखी गई	विविधता मात्र कहने के लिए। विचारों, उपासना, पहनावा, अनुष्ठानों में कोई विविधता नहीं
संधारणीयता	प्रकृति के साथ सामंजस्य बनाकर जीवन जीना	प्रकृति को भोग्य संपत्ति के रूप में प्रयोग करते हुए जीवन जीना
जीवन पद्धति	अहंकार से ऊपर उठते हुए एक यज्ञ रुपी जीवन जीना	अहंकारपूर्ण और स्वार्थी जीवन जीना जिसमे अहंकार का महिमागान होता हो
संसाधनों का वितरण	प्रतिस्पर्धा को न्यूनतम करना; विभिन्न प्रकार की पूँजियों का विभिन्न समूहों के बीच वितरण;व्यक्ति मर्यादित रूप से संरक्षक के रूप में	अत्यधिक प्रतिस्पर्धा; पूंजी का कुछ लोगों के पास इकट्ठा होना जिसकी कोई सीमा नहीं
जीवन मूल्य	एक दूसरे के प्रति परस्पर सम्मान; अहिंसा, समाज के प्रति योगदान एवं ब्रह्मांडीय सामंजस्य पर ध्यान केंद्रित होना	अंदर द्वेष होते हुए भी एक दूसरे को केवल दिखावटी रूप से बाहर से सहन करना; भोग पर ध्यान केंद्रित होना; पश्चिमी सार्वभौमिकता; कुछ भी करके परिणाम में समानता लाना
संसाधन प्रबंधन	परिपक्वता और प्रत्याहार के साथ भोग को अल्प करना	इच्छाओं का अंतहीन विस्तार

वैदिक तत्त्वमीमांसा के अनुसार *प्रकृति को माता माना गया है और पुत्र होने के नाते सभी मनुष्यों के प्रकृति के प्रति कुछ कर्त्तव्य हैं*। परन्तु पश्चिमी सार्वभौमिकता के अनुसार प्रकृति मानवों की संपत्ति है और इसका संरक्षण करने के पीछे कारण यह है कि ऐसा न करने पर उद्योग और उपभोक्तावादी समाज को हानि होगी। अतएव संधारणीयता संबंधी पश्चिमी विचारों से वैदिक विचार अत्यधिक भिन्न हैं। धर्म के मूल सिद्धांत जैसे अहिंसा, शाकाहारी होना, पशु अधिकार आदि पर पश्चिमी सार्वभौमिकता में पर्याप्त बल नहीं दिया गया। इसलिए *एनवायरमेंटल, सोशल और गवर्नेंस* अथवा *ईएसजी* (कंपनी के संचालन के लिये मानकों का एक ऐसा समूह है जो कंपनियों को पर्यावरण-अनुकूल उपायों और सामाजिक उत्तरदायित्वों का पालन करने के लिये विवश करते हैं) जैसे *कॉर्पोरेट* नियम और पश्चिमी संधारणीयता पक्षपातपूर्ण है; भारतीय समाज को इसका अंधानुकरण नहीं करना चाहिए।

पश्चिमी सार्वभौमिकता पर आधारित संधारणीयता का प्रतिमान उन सामाजिक सिद्धांतों पर भी आधारित है जो समाज को उत्पीड़कों और उत्पीड़ितों में विभाजित करता है, और अतएव यह पीड़ित होने का पक्ष लेकर पनप रहा है। पहचानों को एक दूसरे के विरुद्ध पीड़ित बनाम उत्पीड़क के रूप में खड़ा करने के द्वारा विविधता को अस्त्र बनाया जा रहा है। वैदिक विविधता का प्रतिमान विभिन्न सत्ताओं के बीच परस्पर-निर्भरता पर आधारित है और इसका लक्ष्य समाज के सभी सदस्यों का अधिक से अधिक कल्याण करना है।

यह चर्चा कुछ आधारभूत प्रश्नों को जन्म देती है कि किन मूल्यों पर संधारणीयता की पश्चिमी अवधारणा के मानदंड और लक्ष्यों का निर्धारण किया गया है। वर्तमान संधारणीयता आंदोलन की समस्या यह है कि यह पश्चिम द्वारा प्रारंभ किया गया आंदोलन है। भारत के संदर्भ में इसे वैदिक सिद्धांतों के अनुसार परिभाषित किया जाना आवश्यक है। इस विषय पर कुछ वैश्विक संभ्रांत लोग अथवा संयुक्त राष्ट्र भारत को आदेश नहीं दे सकते।

वर्ल्ड इकोनॉमिक फोरम (डब्ल्यू ई एफ) और अन्यों द्वारा समर्थित पश्चिमी संधारणीयता का मॉडल मानवीय इच्छा की पूर्ति को अधिकतम करता है, एक ऐसा लक्ष्य जिसे प्रकृति निरंतर पूरा नहीं कर सकती है। इसके लिए प्रक्रियाओं की आवश्यकता होती है, जैसे कृत्रिम मांस बनाना, पशुओं के डीएनए और गायों की जैविक अवस्था में परिवर्तन करना ताकि वे *मिथेन*, एक *ग्रीनहाउस गैस*, का उत्सर्जन न करें। प्रकृति को परिवर्तित करने का यह प्रयास ताकि मानव अपनी

इच्छाओं की अधिक से अधिक पूर्ति करके मौज कर सकें, वैदिक आदर्शों के पूर्णतया विपरीत है। संधारणीयता के नाम पर *वर्ल्ड इकनॉमिक फोरम* द्वारा प्रस्तावित कुछ डरावने विचार निम्नलिखित हैं:

> वर्ल्ड इकनॉमिक फोरम चाहता है कि गायों को डच कंपनी रॉयल डीएसएम एनवी द्वारा उत्पादित एक चारा योगज, बोवेर देना प्रारंभ किया जाए। डब्ल्यू ई एफ की घोषणा है कि प्रतिदिन एक चौथाई चाय के चम्मच जितनी मात्रा के बोवेर से डेयरी गाय के मीथेन डकारों में एक तिहाई तक कटौती हो जाएगी। इससे कृषि जलवायु-अनुकूल हो जाएगी परंतु आर्थिक रूप से निर्भर भी हो जाएगी।[1]
>
> जब भी आप ईश्वर की भूमिका निभाने लगते हैं, डब्ल्यू ई एफ अत्यधिक उत्साहित हो जाता है। वैश्विकवादी ऐसी परियोजनाओं से प्रसन्न हो रहे हैं जिसमें समुद्र के परितंत्र को 'दृढ़' करने के लिए प्रयोगशालाओं में आनुवंशिक रूप से संशोधित स्टार्फिश और प्रवाल (कोरल) का विशिष्ट रूप से प्रजनन किया जा रहा है।[2]
>
> अब आप सी अर्चिन ले सकते हैं और स्वादिष्ट खाद्य के रूप में उसकी अंतड़ियों का उपयोग कर सूशी बना सकते हैं। यह क्या मात्र मृग मरीचिका है? क्योंकि इसी समय पर, डब्ल्यू ई एफ और बिल गेट्स कृत्रिम मांस पर कार्य कर रहे हैं जो एक दिन विश्व को आहार प्रदान करेगा। हमारे प्रयोगशाला-निर्मित मांस की प्रतीक्षा करते हुए, हमें कीट खाने के लिए प्रोत्साहित किया जा रहा है।[3]

संधारणीयता संबंधी पश्चिमी विचार को समझने के लिए, यह जानना होगा कि *क्रिटिकल रेस थ्योरी* के *इक्विटी* के विचार किस प्रकार उसमें निहित हैं। *ब्रूकइंग्स* संस्था इसे स्पष्ट करती है:

> संधारणीयता अब पर्यावरण से आगे विस्तार लेकर निष्पक्षता, न्याय, और अवसर को सम्मिलित करती है ताकि समुदायों की दीर्घ-कालिक व्यवहार्यता को सुनिश्चित किया जा सके।[4]

परंतु जैसा कि हमने *स्नेक्स इन द गंगा* पुस्तक में स्पष्ट किया है, ये विचारधाराएं वास्तविकता में कई समस्याओं से ग्रस्त हैं: ये योग्यता का अवमूल्यन करती हैं, व्यक्तिगत अधिकारों को पहचान की राजनीति से प्रतिस्थापित करती हैं, समूहों के

बीच भेदभाव को और बढ़ाती हैं, तथा *कैन्सल कल्चर* के द्वारा शैक्षिक स्वातंत्र्य और खुली अभिव्यक्ति को विफल करती हैं। संधारणीयता का पश्चिमी मॉडल, जो कि विडम्बना से अंततः असंधारणीय ही है, उसमें सबसे बड़ा दोष यह है कि यह पीड़ित होने के महिमागान पर आधारित है। परंतु इसमें भारतीय लोग प्रति-उदाहरण प्रस्तुत करते हैं। जैसे यह तथ्य देखें कि हिन्दू प्रवासी अमेरिका में शिक्षा के प्रत्येक स्तर पर और अन्य जनसांख्यिकीय कसौटिओं पर भी आर्थिक रूप से सर्वाधिक सफल समूह हैं। कुछेक जाति संहार के पीड़ित थे, जैसे उत्तर भारतीय राज्य जम्मू-कश्मीर के कश्मीरी पंडित। कई साधारण पृष्ठभूमियों से आए। अनेकों ने 1947 में भारत के विभाजन के समय भगाए जाने पर शरणार्थियों के रूप में अपनी जन्मभूमि को छोड़ा, जैसे कि पंजाबी और सिन्धी। हमें इन समूहों में पीड़ित गुट देखने को नहीं मिलते हैं। क्या हिन्दू धर्म में वह रहस्य है जो हिंदुओं को सफल बनाता है? क्या धर्म–आधारित मानसिकता लोगों को अपने पीड़ित होने का दुख मनाने के स्थान पर, अपनी वर्तमान परिस्थितियों से अधिक अधिक लाभ उठाते हुए कार्य करना सिखाती हैं? इसके बावजूद भी समाज विज्ञानी, हिन्दू प्रवासियों की सफलता के पीछे के रहस्य का अध्ययन करने में इच्छुक प्रतीत नहीं होते हैं।

चूंकि संधारणीयता मात्र विविधता के साथ ही संभव है, विविधता का वस्तूपरक मूल्यांकन करने के लिए, विविधता संबंधी एक तालिका सहायक होगी। विविधता के सही मापन में, निम्न संबंधी विविधता अवश्य सम्मिलित होनी चाहिए:

- भाषा: निर्धारित जनसंख्या के कम से कम एक प्रतिशत द्वारा कितनी भाषाएं बोली जाती हैं।
- क्या धार्मिक संगठन धर्मांतरण के माध्यम से दूसरे धर्मों में हस्तक्षेप करते हैं, जो कि परस्पर सम्मान के सिद्धांत का उल्लंघन करना है।
- मुख्यधारा में कितने देवी/देवता, वंशावलियाँ, उपासना के स्वतंत्र स्वरूप और अनुष्ठान अस्तित्व में हैं।
- आहार, सामाजिक मानकों, और सौंदर्यबोध की विविधता का स्तर।

और, इत्यादि।

इस समग्र पृष्ठभूमि को ध्यान में रखते हुए, हम आगामी अध्यायों में वर्ण, जाति और कास्ट पर चर्चा करेंगे।

2

वर्ण, जाति, और कास्ट

संस्कृत अथवा अन्य किसी भारतीय भाषा में *कास्ट* शब्द नहीं पाया जाता है। कास्ट की शब्दावली और विचार को भारत में यूरोपीय लोगों द्वारा लाया गया था और उनके विचार में, यह नस्लों की तारतम्यता (ऊंचे-नीचे के आधार पर वर्गीकरण) को दर्शाता था। इसके फलस्वरूप, इस संरचना के द्वारा वर्ण और जाति को शोषण की व्यवस्थाओं के रूप में दिखाने का प्रयास किया गया। वर्ण व्यवस्था की तुलना पश्चिम में विद्यमान गुलामी (स्लेवरी) अथवा गुलाम प्रथा से भी की गई। अतएव, वर्ण और जाति को भारत की वर्तमान सामाजिक समस्याओं में से अनेकों के लिए उत्तरदायी ठहराया गया।

इस कारण से, विद्वानों ने तीन प्रमुख त्रुटियाँ की हैं:

1. भारत की सामाजिक संरचनाओं को गत हजारों वर्षों से विविध भारतीय सामाजिक समूहों में स्थिर और अपरिवर्तनीय माना गया।
2. वर्तमान समय की सभी प्रकार की सामाजिक समस्याओं का कारण प्राचीन स्त्रोतों को माना गया। हिन्दू समाज के वैदिक आधार को वर्तमान समस्याओं के लिए दोषी ठहराया गया।
3. भारत के लम्बे इतिहास में बारम्बार आए शक्तिशाली विघटनों को, उनके प्रभावों का आकलन किए बिना, अनदेखा किया गया अथवा छिपाया गया।

वर्ण-जाति का नस्लवाद (*रेसिज़्म*) के रूप में चित्रण, हिन्दू धर्म को नष्ट करने के राजनीतिक आंदोलनों में शक्तिशाली अस्त्र बन गया है। यदि नस्लवाद हिन्दू धर्म से अभिन्न है – जैसा कि दावा किया जाता है - तो विचारपूर्ण लोगों के रूप में,

हम सभी को एकजुट होकर इस अभिशाप से समाज को मुक्त करने के लिए हिन्दू धर्म से ही छुटकारा पा लेना चाहिए, ऐसा कुछ लोगों को मानना है।

इस चर्चा में बहुत कुछ दांव पर लगा हुआ है। अतएव, यह महत्वपूर्ण है कि प्राचीन समय से भारतीय समाज की गतिशीलता के स्वरूप को समुचित प्रकार से समझा जाए। इस अध्याय में स्पष्ट किया गया है कि परंपरागत भारतीय समाज, कई अवधियों और विभिन्न प्रभावों के अंतर्गत, आधुनिक सोशल इंजीनियरिंग तक किस प्रकार क्रमिक रूप से विकसित हुआ।

जबकि पश्चिमी विद्वान भारतीय जाति व्यवस्था में तारतम्य का राग अलापते रहे हैं, वे वर्ण-आश्रम संरचना में निहित कुछ गुणों को सुविधापूर्वक अनदेखा करते रहे हैं, जो कि इस प्रकार हैं,

- सामाजिक पूंजी का विभाजन जो समाज के अंदर किसी एक समुदाय के पास शक्ति एकत्रित होने से रोकता है।
- अंतर्निहित व्यवस्था जो संकट के आधार पर प्रतिलाभ देती है।
- ऐसी गुणी सामाजिक व्यवस्था जो
  * व्यक्ति के स्थान पर सार्वभौमिक/सामूहिक के प्रति योगदान; और
  * अधिकारों के स्थान पर उत्तरदायित्वों और कर्तव्यों को प्राथमिकता दिए जाने की जयजयकार करती है।
- ऐसी गुणी सामाजिक व्यवस्था जो सुनिश्चित करती है कि व्यक्तिगत विकास सामूहिक कल्याण के एवज में न हो।
- एक संधारणीय, विविधतापूर्ण, और सामंजस्यपूर्ण समाज की वैदिक परिकल्पना।

यह उल्लेखनीय है कि प्रारम्भिक पश्चिमी विद्वानों ने भारत के वर्ण-जाति ढांचों के संबंध में अनुकूल विचार व्यक्त किए थे। उनमें से कई लोगों ने लिखा कि असंख्य आक्रमणों, दुर्भिक्षों, क्रांतियों और सामाजिक उथल-पुथल, तथा विदेशी आक्रमणकारियों की जीत के विपरीत, भारत का अपना अस्तित्व बनाये रखने में मुख्य कारण उसकी लचीली सामाजिक संरचनाएं थीं। यह भी स्पष्ट किया गया कि वर्ण-जाति के कारण ही हिन्दू, उन्हें मुसलमान अथवा ईसाई बनाने के आक्रामक अभियानों का विरोध करने में समर्थ हुए।[1] उदाहरणार्थ, उन्नीसवीं सदी के फ्रांसीसी मिशनरी अब्बे डुबोइस, जो भारतीयों

को ईसाई बनाने के अपने प्रयास में असफल रहे थे, ने स्वीकारा कि वर्ण-जाति व्यवस्था ने भारत की रक्षा आक्रमणकारियों की बर्बरता से की। उन्होंने कहा कि इससे भारतीय लोगों को एक उत्तरदायी सरकार मिली, निरंकुशता पर रोक लगी, तथा विदेशी शासन के अंतर्गत भी स्वदेशी कलाओं और संस्कृति का संरक्षण हुआ।[2]

वर्ण और जाति का एक महत्वपूर्ण कार्य विभिन्न सामाजिक समूहों का एक परितंत्र में एकीकरण था, जिसमें समुदाय सहयोग, व्यापार, समझौता कर सकें, विकसित हो सकें, और आवश्यकता पड़ने पर अपने अंदर परिवर्तन भी ला सकें।[3] और साथ ही, एक खुली संरचना बनाए रखें जो केन्द्रीकृत निरंकुशता का विरोध करती हो। इससे शताब्दियों तक ग्राम सुदृढ़ रहे और स्वतंत्र तथा आत्म-निर्भर इकाइयों के रूप में कार्य करने में सक्षम हुए।[4] इससे प्रत्येक सजातीय, सामाजिक, धार्मिक, अथवा व्यावसायिक समूह अपने विशिष्ट गुण को बनाए रखते हुए एक सामाजिक समग्र के अंश के रूप में कार्य करने में सक्षम हुआ।[5] वर्ण अथवा जाति के समृद्ध सदस्य निर्धन सदस्यों की सहायता करते थे और उन्हें आवश्यक सुरक्षा प्रदान करते थे। इसके परिणामस्वरूप, अत्यधिक प्रतिस्पर्धा नहीं थी, जो कि कई समाजों में निर्बल के शोषण का मूल कारण होता है।[6] एक स्वस्थ समाज को निपुणता से कार्य करने के लिए श्रम का विभाजन आवश्यक होता है, और वर्ण व्यक्तियों की नैसर्गिक विविधता के आधार पर श्रम का विभाजन मात्र था। यह आज भी भारत की संरक्षित विविधता में बड़ी सीमा तक देखा जा सकता है: भाषाओं, देवी-देवताओं, अनुष्ठानों, खानपान, संस्कृति, मूल्यों, परिवार, इत्यादि में।

इन गुणों के विपरीत, प्राचीन वर्ण-जाति व्यवस्था को शूद्रों और जो वर्ण व्यवस्था से बाहर हैं, उनका शोषण करने वाली *कास्ट* व्यवस्था के रूप में प्रस्तुत किया जा रहा है। परन्तु, जैसा कि हम स्पष्ट करेंगे, ऐतिहासिक प्रमाण इस प्रकार का एक-पक्षीय चित्र प्रस्तुत नहीं करते हैं।

हम वर्तमान समयों के संदर्भ में *कास्ट* शब्द और यूरोपीय सोशल इंजीनियरिंग, जिसने लचीली व्यवस्था को रूढ़िवादी *कास्ट* में परिवर्तित कर दिया, से पूर्व के समयों के लिए वर्ण-जाति शब्द का उपयोग करेंगे। वर्तमान में, *कास्ट* पर बड़ा वाद-विवाद निम्नलिखित प्रश्नों के इर्द-गिर्द घूमता है:

- क्या *कास्ट* हिन्दू धर्म के लिए *आवश्यक* नियम है – अर्थात्, क्या हिन्दू होने पर *कास्ट* से बचा जा सकता है?

- क्या *कास्ट* हिन्दू धर्म के लिए *यथेष्ट* नियम है – अर्थात्, क्या *कास्ट* को स्वीकार करने से कोई स्वतः ही हिन्दू हो जाता है?
- क्या *कास्ट* प्राचीन वैदिक समाज में विद्यमान था? कब और क्यों भारतीय समाज में *कास्ट* का प्रवेश हुआ? किस प्रकार बीती कुछ शताब्दियों में *कास्ट* का विकास हुआ और इसके पीछे क्या कारण थे?
- क्या वर्ण-जाति व्यवस्था का कोई ऐसा रूप है जो आधुनिक प्रजातन्त्र और पूंजीवाद के साथ संगत होगा, अथवा क्या ये दोनों मौलिक रूप से असंगत हैं? अन्य शब्दों में, क्या हिन्दू को पश्चिम में समावेशन के लिए *कास्ट* को त्यागना पड़ेगा, अथवा क्या वर्ण-जाति को परिवर्तित किया जा सकता है ताकि वह *व्यक्तिगत स्तर पर स्वाधीनता* के साथ भारत की अपनी सामाजिक व्यवस्था के रूप में कार्य कर सके?
- क्या *कास्ट* केवल अत्याचारपूर्ण है, अथवा केवल सकारात्मक है, अथवा क्या उसमें अच्छे और बुरे, दोनों गुण हैं?
- वर्तमान में, *कास्ट* उत्पीड़न कितना चिंताजनक है? उसके संबंध में क्या किया जा रहा है और उसमें कितनी प्रगति हुई है?
- क्या वर्तमान *कास्ट* संबंधी बाधाएं इतनी लचीली हैं कि शिक्षा और आर्थिक उन्नति द्वारा उनका समाधान किया जा सके, अथवा क्या वह जन्म से ही स्थिर हो गई हैं, जिस स्थिति में वह अधिक सुदृढ़ हैं और उसको दूर करना कठिन है?
- क्या पश्चिमी समाज अपनी भीषण *क्लास* (आय पर आधारित सामाजिक वर्ग) और धन-सम्पत्ति संबंधी असमानताओं का समाधान करने में सक्षम हो सका है? क्या पश्चिम इसका समाधान करने के लिए, एक पीढ़ी से दूसरी पीढ़ी की धन-सम्पत्ति पर जन्म-आधारित उत्तराधिकार को समाप्त करने का इच्छुक होगा?
- पश्चिम में कार्य कर रहे दलित आंदोलनकारियों (*ऐक्टिविस्ट*) के नाम क्या हैं? उनकी क्या स्थिति है, उन्हें किसका समर्थन प्राप्त है, और उनका वर्तमान वैश्विक प्रभाव क्या है?

जैसा कि हम देखेंगे, भारतीय समाज अत्यंत विविधतापूर्ण, लचीला और निरंतर रूप से विकसित होता रहा है। किसी एक सामाजिक संरचना को सभी समयों के

लिए समान रूप से लागू नहीं किया जा सकता है, तथा समाज को स्थिर और अपरिवर्तनीय मानना एक भ्रामक विचार है।

आधुनिक *कास्ट* और सामाजिक ढांचों का अध्ययन करने वाले विद्वान अपने मुख्य ऐतिहासिक स्रोत के रूप में विशाल ग्रंथों, जिन्हें धर्मशास्त्र कहा जाता है, और जिनमें जाति संबंधी ढांचों को संहिताबद्ध किया गया है, उनका उपयोग करते हैं। इन ग्रंथों को कई शताब्दियों के समय में अनेकों लेखकों द्वारा लिखा गया। आइए धर्मशास्त्रों में कही गई बातों का संक्षिप्त विवरण देखें।

संस्कृत विद्वान पी.वी. काणे द्वारा अपनी बहुखंडीय पुस्तक, *हिस्ट्री ऑफ धर्मशास्त्रास: एनशीएंट एण्ड मिड्यीवल रिलीजियस एण्ड सिविल लॉ इन इंडिया*, जो आधी शताब्दी से भी अधिक समय पहले प्रकाशित हुई थी, में धर्मशास्त्रों के ऊपर सबसे गहन अध्ययन किया गया। उनके शोध की कुछ मुख्य बातें इस प्रकार हैं:

- वर्तमान में जिसे *कास्ट* कहा जाता है, उसकी उत्पत्ति के लिए किसी एक एकल स्रोत को कारण बतलाना असंभव है। अनेकों जटिल पारस्परिक प्रभावों ने भारत में सामाजिक संरचना को रूप दिया।
- आज की प्रचलित *कास्ट* प्रथा और प्राचीन तथा मध्ययुगीन धर्मशास्त्रों में वर्ण-जाति की अवधारणाओं के बीच बहुत बड़ा अंतर है।
- धर्मशास्त्रों में कई वक्तव्य लाक्षणिक, प्रतीकात्मक हैं, और कई पद गूढ़ हैं।
- न केवल विभिन्न पाठों के बीच, बल्कि कभी-कभी समान पाठ के अंदर ही प्रत्यक्ष विरोधाभास हैं। इस तथ्य के कारण कि संस्कृत शब्दों के प्रायः अनेक अर्थ होते हैं, यह समस्या और बढ़ी है। उदाहरणार्थ, वर्ण का एक अर्थ 'रंग' भी है, परंतु इसका प्रयोग लोगों के त्वचा के रंग को बताने के लिए नहीं किया गया था, जैसा कि वर्तमान समय में हो रहा है जब विद्वानों ने इसे एक नस्लीय अर्थ दे दिया।
- पश्चिमी और आधुनिक भारतीय विद्वानों द्वारा धर्मशास्त्रों को समझने में कई तथ्यात्मक त्रुटियाँ भी की गई हैं।

इस बात के प्रमाण नगण्य हैं कि धर्मशास्त्रों में दिए गए अधिकांश नियमों और आदेशों को हिन्दू शासकों द्वारा कभी दृढ़तापूर्वक लागू किया गया, यद्यपि वाद-विवाद में इन ग्रंथों को कभी-कभी उद्धृत किया जाता था। जब किसी को अपने दावे को समर्थन देना होता था, तो इनका संदर्भ देकर उपयोग किया जाता था।

परंतु इन्हें अंतिम और अटल सत्य नहीं माना गया। ये अधिकांशतः कर्मकांडी पद्धतियों से संबंधित हैं और इनमें नियमों के उल्लंघन के सृष्टयात्मक परिणामों का विवरण है।

इन सब पर विचार करते हुए, भारतीय सामाजिक समूहों को स्पष्ट सीमाओं के साथ सुनिश्चित वर्गों में परिभाषित करना कठिन है। यह विषय अधिक जटिल हो जाता है, जब यह विचार किया जाए कि धर्मशास्त्र हिंदुओं के अनेकों आध्यात्मिक ग्रंथों में से मात्र एक हैं। वस्तुतः *ऐसा नहीं है कि हिन्दू होने का पालन धर्मशास्त्रों के बिना किया ही नहीं जा सकता*। आइए, भारतीय आध्यात्मिकता को एक विस्तृत दृष्टि-कोण से देखें:

- हिंदू धर्म का पालन करने के लिए, धर्म की मर्यादा को अनिवार्य रूप से बनाए रखना होता है। भारतीय परंपराएं इब्राहिमी पंथों के समान 'एक पुस्तक' की व्यवस्था पर आधारित नहीं हैं। आदर्श महापुरुषों द्वारा अनेकों ग्रंथ दिए गए हैं।
- भारत में शिक्षा के उच्च स्तर का अर्थ यह था कि निरंतर अनेक स्वर और दृष्टिकोण थे, जो आपस में तर्क-वितर्क और वाद-विवाद करते रहते थे। इसके परिणामस्वरूप, संबंधित विश्व के सबसे बड़े ज्ञान के ग्रंथागार का विकास हुआ। इस प्रकार की ज्ञान व्यवस्था में ऐसा संभव नहीं होता कि सभी विचार एक जैसे हों और किसी भी विचार को बाध्यकारी रूप से लागू किया जाए। प्रचलित मतैक्य के विरुद्ध अनेकों आंदोलन हुए, और स्थापित सत्ता को चुनौती देने के लिए नए विचार और सम्प्रदाय उभर कर आए। हिंदू धर्म में प्रारंभ से ही गुरु परंपरा का महत्वपूर्ण स्थान रहा है जिसके द्वारा ज्ञान को पीढ़ी दर पीढ़ी प्रदान किया जाता था। वैदिक परंपरा से विविध दृष्टिकोणों और विचारधाराओं से सम्बंधित अनेकों शाखाएं उत्पन्न हुईं। इससे एक खुली संरचना का निर्माण हुआ जिसने सुधार और क्रमिक विकास को स्थान दिया, जिससे कि प्रत्येक मतावलंबी हिंदू अपने विकास के लिए अपना सबसे हितकर आध्यात्मिक आश्रय ढूंढ सके।
- भारत में अपने विरोधियों के पवित्र ग्रंथों को जलाने की अथवा पूर्व के कार्यों को अधर्म अथवा ईश्वर-निंदा (*ब्लासफेमी*) कहकर भर्त्सना करने की कोई परंपरा नहीं थी। अतएव, ऐसे पवित्र ग्रंथों और पद्धतियों का प्रसार

हुआ, जो कभी-कभी भिन्न अथवा परस्पर विरोधी लगते हैं, परंतु सबकी जड़ें एक ही वैदिक स्रोत में समायी हुई हैं।

- विभिन्न हिन्दू ग्रंथों में से, धर्मशास्त्रों का हिंदुओं के दैनंदिन जीवन में उपयोग नहीं किया जाता है। हिंदुओं द्वारा दैनंदिन आधार पर वेद, उपनिषद्, श्रीमद्भगवद्गीता, इतिहास और पुराण, इन ग्रंथों का उपयोग किया जाता है। ऐसा दुर्लभ ही है कि हिंदू धर्म का पालन करने वाला कोई व्यक्ति अपने दैनंदिन जीवन को चलाने के लिए मार्गदर्शन के रूप में प्रत्येक सुबह धर्मशास्त्रों का पठन करे। दूसरी ओर, अनेक हिंदू प्रतिदिन गीता, अथवा रामायण पढ़ते हैं, अथवा वैदिक मंत्रों का जप करते हैं, अथवा *उपनिषद्* पर चिंतन करते हैं। अधिकांश हिंदू घरों में गीता, रामायण, उपनिषद्, अथवा श्रीमद्भागवतम् रखी जाती हैं, परंतु शायद ही कोई धर्मशास्त्र अपने पास रखता है। यदि ऐसे हिंदुओं की संख्या का सर्वेक्षण किया जाए जिन्होंने कभी भी विभिन्न हिंदू ग्रंथों की कोई प्रति देखी है, तो धर्मशास्त्र देखने वालों की संख्या सबसे कम होगी।
- मुख्य बात यह है कि धर्मशास्त्र, जिनकी अत्यधिक निंदा की जाती है, उनको गुरु परंपरा द्वारा संशोधित किया जाता रहा है, अतः उनका समाज पर कभी भी इब्राहिमी कट्टरपंथी नियमों के समान प्रभाव नहीं पड़ा। अठारहवीं शताब्दी के अंत में, अंग्रेजों ने एक संकलन बनाने के लिए धर्मशास्त्रों का सहारा लिया, जिसे उन्होंने '*द लॉज़ ऑफ द जेंटूस*' नाम दिया ('*जेंटू*' एक अपमानजनक शब्द है जो बाइबल में उल्लिखित '*जेन्टाइल*' लोगों को सूचित करता है)। तदुपरांत, इसके स्थान पर '*द लॉज़ ऑफ द हिंदूस*' लाया गया और यह कार्य सर विलियम जोंस, जो स्वयं को पंडित विलियम जोंस कहते थे, के नेतृत्व में किया गया। इसका उद्देश्य बंगाल में अंग्रेजों द्वारा गठित सुप्रीम कोर्ट, जहां वे मुख्य न्यायाधीश थे, में न्यायिक कार्यवाहियों पर न्यायनिर्णय हेतु एक सर्वस्वीकृत कानून (*स्टैंडर्ड लॉ*) बनाना था।
- परंपरागत रूप से भारत में चर्च जैसी कोई केन्द्रीकृत संरचना नहीं थी जिसके पास सामाजिक सिद्धांतों की व्याख्या और न्यायनिर्णय करने का एकाधिकार हो। विवादों का न्यायसंगत निर्णय अत्यधिक प्रसंगाधीन था और विशिष्ट परिस्थितियों तथा संबंधित व्यक्तियों पर निर्भर करता था।

- कर्म के सिद्धांत के अनुसार ईश्वर के रूप में एक ऐसी सर्वव्यापी दिव्य सत्ता है जो कर्मों के अनुसार जीवों को फल देकर न्याय कर रही है। यह इब्राहिमी मज़हबों से भिन्न है जहां *गॉड* के आदेशों को मनुष्यों द्वारा सख्ती से लागू करने के लिए कहा गया है। हिन्दू शासकों को व्यक्तियों के आध्यात्मिक समर्पण अथवा उल्लंघनों से कोई सरोकार नहीं था, और उनके न्याय का कार्यक्षेत्र केवल लौकिक विषयों तक सीमित था। हिन्दू धर्म में ध्यान स्वयं के सुधार पर केंद्रित रहा, न कि धर्म के नाम पर दूसरों को अपने मत के अनुरूप परिवर्तित करने में। अतएव ऐसे हिन्दू सम्राट नहीं हुए जिन्होंने धर्म के नाम पर अन्य देशों का औपनिवेशीकरण किया।
- अंत में, जो कुछ धर्मशास्त्रों में कहा गया है, उसका लोगों द्वारा अपनाई जा रही जीवनशैली से कोई मेल नहीं दिखता है। आगे हम भारतीय तथा विदेशी अभिलेखों सहित सभी प्रकार के प्रमाणों के आधार पर वास्तविक सच्चाई को स्पष्ट करेंगे। इससे यही संकेत मिलता है कि धर्मशास्त्र, निर्देशात्मक होने के स्थान पर, वर्णनात्मक थे, जिस रूप में समाज उन्हें समझता था। न्याय करने के कार्य को ब्रह्मांड पर छोड़ने का दृष्टिकोण होने के कारण भारतीय पद्धति निर्देशात्मक नहीं थी।

चूंकि इन विषयों पर कोई मानक संस्थागत 'नियम' नहीं है, कई मौलिक कथनों का अन्य मौलिक कथनों द्वारा विरोध किया गया है। किसी एक द्वारा जो पद्धति अपनाई जा रही है, वहीं अन्य लोगों द्वारा भिन्न पद्धतियों का पालन किया जा रहा है। समाज पर पूछे जाने वाले प्रश्नों का उत्तर प्रायः 'हाँ' और 'नहीं' दोनों में होता है।

अतएव युगों से भारत की भौगोलिक और समुदायों की विशाल विविधता में, एक समान '*कास्ट सिस्टम*' जैसी कोई व्यवस्था नहीं थी। चूंकि भारतीय समाज को प्रायः एकल '*कास्ट*' व्यवस्था की दृष्टि से देखा जाता है, यह विरोधाभासों को प्रस्तुत करता है। यह शब्द '*कास्ट सिस्टम*' भ्रामक भी है, क्योंकि यह एक ऐसे ढांचे की ओर संकेत करता है जिसे सतत् और सार्वभौमिक रूप से लागू किया जा सकता है।

भारतीय सभ्यता के कई अन्य पक्षों के समान जातियाँ भी सामाजिक संगठन की खुली संरचना का अंग थीं, जिसमें अनेकों प्रकार के समुदाय रहते थे, एक

दूसरे से मेल बैठाते थे, कुछ दूसरों को आत्मसात कर लेते थे अथवा अन्यों द्वारा आत्मसात कर लिए जाते थे, और कई स्थितियों में, समाप्त भी हो जाते थे।

परन्तु क्योंकि पश्चिमी विद्वान सरल ढांचों को अधिक पसंद करते हैं, इसलिए जाति संबंधी ऐसी सूक्ष्म समझ को अत्यधिक अव्यवस्थित और जटिल माना जाता है, और यही इस विषय पर पश्चिमी विद्वता की मूल समस्या है। भारतीय समाज के ऐतिहासिक स्वरूप के संबंध में निम्नलिखित सामान्य बातें कहीं जा सकती हैं:

- जनसाधारण के सामाजिक जीवन के गौरव, संपन्नता और जीवंतता की यदि बात की जाये तो हम देखेंगे कि अच्छे समय भी थे और बुरे भी, अच्छे क्षेत्र भी थे और बुरे भी तथा अच्छे उदाहरण भी थे और बुरे भी।
- कुल मिलाकर यह कहा जा सकता है कि पश्चिमी जगत् में प्रचलित प्रथाओं की तुलना में भारतीय समाज हर समय में बहुत विकसित, गतिशील, उदार, और सम्पन्न था। पिछड़ा अथवा दमनकारी होने की जो रूढ़िबद्ध धारणा आम तौर पर भारतीय समाज को लेकर प्रस्तुत की जाती है, वह सच्चाई से बहुत दूर है।
- स्थापित सामाजिक मानकों को बारम्बार साधारण व्यक्तियों द्वारा चुनौतियाँ दी जाती थीं और इसमें बड़े-बड़े आध्यात्मिक विशेषज्ञों को चुनौती देना भी शामिल था। कई स्वदेशी सामाजिक सुधार आंदोलनों से बड़े परिवर्तन हुए। इस क्रमिक विकास में किसी प्रकार के विदेशी अथवा बाह्य हस्तक्षेप की कोई आवश्यकता नहीं पड़ी।

3

एक संक्षिप्त सामाजिक इतिहास

सात ऐतिहासिक चरण

हमने चर्चा के उद्देश्य से भारतीय सामाजिक इतिहास को एक अनौपचारिक कालक्रम के रूप में निम्नलिखित सात चरणों में व्यवस्थित किया है।

1. प्रारम्भिक वैदिक काल
2. बाद का वैदिक और ऐतिहासिक काल
3. धर्मशास्त्र काल (2 के साथ कुछ मिला जुला)
4. मुस्लिम शासनकाल
5. यूरोपीय औपनिवेशिक शासनकाल
6. स्वाधीनता-पश्चात काल
7. वैश्वीकरण काल

ये चरण किन्हीं निश्चित विशेषताओं अथवा समय-सीमाओं द्वारा परिभाषित नहीं हैं और न ही ये एक दूसरे से बिलकुल अलग हैं। ये कुछ बातों में एक दूसरे से मिलते जुलते हैं और प्रत्येक में दूसरों के कुछ गुण हैं। आगे जो निरूपण किया गया है वह केवल ठीक से समझने में सहायता करने के उद्देश्य से है और किसी भी समय में एकरूप व्यवस्था का अवव्याख्यावादी चित्र प्रस्तुत करने के उद्देश्य से नहीं है।

भारतीय समाज की संरचना में आए परिवर्तनों को समझने और उनका महत्त्व आँकने के लिए अब हम ऊपर दिए सातों चरणों में से प्रत्येक पर संक्षिप्त रूप से दृष्टि डालते हैं।

प्रारम्भिक वैदिक काल में हम कर्मकारों, कृषकों, पुजारियों और योद्धाओं को देखते हैं; समाज मूलतः समानाधिकारयुक्त था। *इस काल में हमें समाज में लोगों*

के ऊंचे-नीचे के रूप में किसी गहरे और संस्थाबद्ध वर्गीकरण के प्रमाण नहीं मिलते हैं। स्त्रियां और शूद्र भी वैदिक सूक्तों तथा अन्य मौलिक ग्रंथों की रचना कर रहे थे।[1]

बाद के वैदिक और ऐतिहासिक काल में भी वर्ण व्यवस्था अपने प्रारम्भिक रूप में थी और कठोरता से जन्म पर आधारित नहीं थी। कर्मकारों में धातुकर्मी, रथ-चालक, और काष्ठकर्मी आवश्यक रूप से जन्म-आधारित व्यवसायिक जातियाँ नहीं थीं। महाभारत में कहा गया है कि कोई केवल जन्म से ही ब्राह्मण नहीं बन जाता बल्कि कर्म से भी बनता है। इसी ग्रन्थ में यह भी कहा गया है कि एक क्षत्रिय अथवा एक वैश्य माता से भी एक ब्राह्मण का जन्म हो सकता है।[2] वर्णों की एक दूसरे की तुलना में क्या स्थिति थी, इस संबंध में भी कुछ अस्पष्टता थी और इनका आपस में संबंध परिवर्तनशील था।

सम्राट चन्द्रगुप्त मौर्य (शासनकाल 321–297 ई.पू.) के समय में भारत आये यूनानी यात्री मेगस्थनीज़ ने इस तथ्य की पुष्टि की है कि उस समय भारत में गुलाम प्रथा का अस्तित्व नही था, कोई भारतीय गुलाम नहीं था, और सभी भारतीय स्वाधीन थे।[3] यूनानी लेखकों ने शूद्रों का उल्लेख *सोदराई* कहकर किया है और बताया है कि मकदूनिया के राजा सिकंदर (326 ई.पू.) के समय में *सोदराई* पश्चिमोत्तर भारत में एक महत्वपूर्ण समुदाय थे।[4] यह आधुनिक विद्वानों द्वारा प्रस्तुत किए गए विचार कि शूद्र और दलित वैदिक समय से ही गुलाम थे, के विपरीत है।

प्राचीन ग्रंथों में जाति का विशेष उल्लेख नहीं है और जातियां बाद में अस्तित्व में आई होंगी ऐसा प्रतीत होता है। प्रारंभ में जाति का अर्थ सामान्यतः एक ऐसा नातेदारी समूह था जिसमें लोग समान व्यवसाय और एकसमान जीवन-शैली अपनाते थे। वर्ण व्यवस्था के अंदर जाति की यह संरचना ईसा से पूर्व की कुछ शताब्दियों में विकसित हुई प्रतीत होती है।[5] उत्तरकालीन समय में इन संरचनाओं को अधिक औपचारिक रूप दिया गया।

मनुस्मृति में स्पष्ट किया गया है कि विभिन्न वर्णों के बीच परस्पर विवाह के कारण जातियों की उत्पत्ति हुई। इससे यह भी प्रमाणित होता है कि विभिन्न वर्णों के बीच परस्पर विवाह होते थे। अतः मनुस्मृति में इकसठ जातियों का उल्लेख है और ब्रह्मवैवर्त पुराण में सौ से अधिक जातियों का उल्लेख मिलता है।[6] प्रसिद्ध ग्रन्थ अर्थशास्त्र के लेखक कौटिल्य (जिन्हें सामान्यतः दार्शनिक चाणक्य के नाम से जाना जाता है) ने भी लगभग पंद्रह जातियों का उल्लेख किया जो कि विभिन्न

वर्णों के बीच विवाह के परिणामस्वरूप अस्तित्व में आईं थीं। मौर्यकाल के बाद के समय में (187 ई.पू.–320 ई.) विभिन्न वर्णों के बीच परस्पर-विवाह हो रहे थे और जातियाँ नई जातियों को जन्म दे रही थीं।

कुछेक जातियों की उत्पत्ति समुदायों के एक स्थान से दूसरे स्थान पर आने-जाने के कारण भी हो सकती है। ऐसा स्थान-परिवर्तन लोगों को अपनी पिछली पहचान और अपने नए व्यवसाय को संघटित करके स्वयं को पुनः परिभाषित करने का अवसर प्रदान करता था। इस स्थान-परिवर्तन में उनका वर्ण संभवतया परिवर्तित हो सकता था। पूरे भारत में ऐसे प्रवासी समूहों के अनेकों उदाहरण प्राप्त होते हैं। जैसे, ब्राह्मणों के बीच ऐसे स्थान-परिवर्तन से दक्षिण में वडामा, आंध्र द्रविड और मुलुकानाडु जैसी अनेकों जातियाँ बनीं। पश्चिम में सौराष्ट्र से ब्राह्मणों का एक समूह दक्षिण में मदुरै में जाकर कर्मकार बन गया और वे स्वयं को 'सौराष्ट्र जाति' कहते हैं, परंतु इसे तमिल ब्राह्मणों ने स्वीकार नहीं किया। तमिलनाडु की कोंगु गौड़ा (वेल्लालर) जाति के लोग पूर्व में बंगाल से आए प्रवासी हैं।

धर्मशास्त्रों में दिया गया आपद्-धर्म (कठिनाई के समय में अपनाया गया अस्थायी धर्म) का नियम यह स्पष्ट दर्शाता है कि वर्ण व्यवस्था द्वारा निर्धारित आजीविका को लेकर सिद्धांत और व्यवहार में अंतर था। इसके प्रमाण मिलते हैं कि चारों वर्णों के लिए ग्रंथों में निर्धारित विभिन्न व्यवसायों का प्रायः व्यवहार में पालन नहीं किया जाता था।

अतः, मनुस्मृति में उल्लेख है कि कठिनाई के समय में, लोग अपने परंपरागत व्यवसायों को छोड़कर अन्य वर्णों और जातियों के व्यवसायों को अपना लेते थे। इसका लिखित प्रमाण है कि लोग आवश्यकतानुरूप व्यवसायों में परिवर्तन करते रहते थे। बौद्ध धर्मग्रंथ भी वर्णन करते हैं कि कोई जाति किसी विशिष्ट व्यवसाय के साथ कठोरतापूर्वक बंधी हुई नहीं थी। हमें कई उदाहरण मिलते हैं जहां एक क्षत्रिय उत्तरोतर रूप से, अथवा एक समय में ही, एक कुम्हार, एक टोकरी बनाने वाले, एक बेंत का सामान बनाने वाले, एक फूलों की माला बनाने वाले के रूप में कार्य कर रहा है; और एक वैश्य रसोइये, दर्जी अथवा कुम्हार के रूप में, बिना किसी सामाजिक दबाव के अथवा बिना अपनी प्रतिष्ठा खोए कार्य कर रहा है।[7] गुप्त काल (चौथी शताब्दी ई. – छठी शताब्दी ई. का उत्तरार्ध) और गुप्त-पश्चात काल में जातियों का आगे और प्रसार हुआ। यह भी उल्लेखनीय है

कि अन्य वर्णों की तुलना में, शूद्रों की अपनी जातियों के अंदर कहीं अधिक आंतरिक विभाजन थे।

उदाहरण के लिए, कुछ मध्ययुगीन शिलालेखों से पता चलता है कि दान करने वाले दानियों में से कुछेक ही अपना परिचय देते समय वर्ण अथवा जाति का उल्लेख करते थे। बल्कि, शिलालेखों में केवल उनके और उनके माता-पिता के नाम ही रहते थे। ऐसा इस कारण से है कि उस समय वर्ण और जाति किसी की पहचान का सबसे महत्वपूर्ण पक्ष नहीं हुआ करते थे।[8]

मुस्लिम आक्रमणों के साथ स्थिति में नाटकीय परिवर्तन आया। मुस्लिम काल में नगरों, व्यापार, और कृषि का पतन होने लग गया। भारतीय जनसाधारण की प्रगति पर रोक लग गई, और वे असहाय, निःशक्त, और निर्धन हो गए। निराशा का यह वातावरण आर्थिक उद्यम, व्यापार, अथवा औद्योगिक विकास के लिए भी सहायक नहीं था। कभी-कभी, कृषि के लिए भी स्वयं को बनाए रखना कठिन हो गया। अनेकों लोगों के लिए किसी प्रकार जीवित रहना ही एक आशा रह गई थी। जातियों में अधिक उद्यमशीलता नहीं बची और वे अपने पैतृक व्यवसायों में ही बंध कर रह गए तथा सजातीय विवाह करने लगे।

मुगल शासकों ने जनसाधारण का निर्ममता से शोषण किया और इससे आर्थिक असमानताएं उत्पन्न हो गईं। शाहजहाँ के शासनकाल (1628 ई.-1658 ई.) में, सम्पूर्ण आकलित और संगृहीत राजस्व का 37 प्रतिशत 68 शहज़ादों और अमीरों को दे दिया जाता था, और 25 प्रतिशत अगले 587 अधिकारियों को दे दिया जाता था। इसका तात्पर्य यह है कि साम्राज्य के कुल राजस्व का 62 प्रतिशत मात्र 655 व्यक्तियों को दे दिया जाता था। अकबर के शासनकाल (1556 ई.-1605 ई.) में आय का विभाजन और भी अधिक असमान हो गया और कुल राजस्व का तीस प्रतिशत से अधिक केवल ऊपर के पच्चीस व्यक्तियों के पास जाने लगा।[9]

मुगल काल की आडंबरपूर्ण जीवनशैली और उस समय निर्मित स्मारक अतिक्रमण और लूट पर आधारित थे, न कि किसी नए निवेश अथवा शिक्षा या विकासात्मक गतिविधियों पर। उन्होंने भारत जैसी विश्व की धनाढ्य अर्थव्यवस्थाओं में से एक को अपने अधिकार में ले लिया था और इस कारण वे कुछ शताब्दियों तक अच्छा जीवन जीते रहे। इस समय, यूरोप विश्व के एक पिछड़े क्षेत्र के रूप में अपने 'अंधकार युग' में था, परंतु वह अचानक तीव्र गति से सबसे अग्रणी हो गया।

भारत के लगभग सारे संचित धन और संपदा को मुगलों ने ज़बर्दस्ती वसूली करके, कर लगाकर अथवा बलपूर्वक कब्ज़ा करके हड़प लिया। इस संपदा के अधिकतर भाग का उपयोग कुछ शाही लोगों के भोग-विलास के लिए किया जाने लगा। इसके परिणामस्वरूप बार-बार विनाशकारी अकाल पड़ने लगे।[10] इन कारणों से आर्थिक गतिशीलता रुक गई। कर्मकारों और व्यापारियों की चलायमानता समाप्त हो गई। व्यवसाय वंश परंपरा के अनुसार हो गए। विवाह और साथ भोजन करने जैसे विषयों को लेकर जाति व्यवस्था अधिक कठोर हो गई। जाति व्यवस्था ने विघटित होकर अवसरवादिता और सामाजिक भेदभाव का रूप ले लिया। पर्याप्त प्रमाण उपलब्ध हैं कि मुस्लिम काल में, जातियां अपना अस्तित्व बचाने के लिए आत्मरक्षा में लग गईं और सामाजिक चलायमानता अवरुद्ध हो गई।

सोलहवीं शताब्दी में जब पुर्तगाली भारत आए, तब उन्होंने पाया कि भारतीय समाज (हिन्दू और मुस्लिम दोनों) विभिन्न व्यवसायिक जातियों में संगठित था। उन्होंने जाति को *कास्टा* नाम दिया। किसी भी भारतीय भाषा में '*कास्ट*' शब्द के लिए कोई सटीक समानांतर नहीं है। धीरे-धीरे '*कास्ट*' शब्द को जाति का समानांतर मान लिया गया। अंग्रेज शासनकाल में जातियों को औपचारिक '*कास्ट सिस्टम*' के रूप में पुनः परिभाषित कर दिया गया।

औपनिवेशिक काल में भी भारतीयों की जटिल और एक से अधिक पहचान थी। परिस्थिति के अनुसार, एक अथवा अन्य पहचान को प्रधानता दी जाती थी। अतएव जब औपनिवेशिक जनगणनाएं जाति को सुनिश्चित करने का प्रयास करती थीं, तो उत्तर में अंतर्विवाही समूहों और व्यवसायों से लेकर नाम, पदवी, और उपनाम तक बताए जाते थे। कोई ऐसी एक श्रेणी नहीं थी जिससे लोग सार्वभौमिक रूप से अपनी संबद्धता घोषित करते, और जो '*कास्ट*' के पश्चिमी ढांचे के अनुरूप होता।

अंग्रेजी जनगणना अधिकारियों ने लिखित रूप से अपनी हताशा व्यक्त की है कि अनेकों भारतीयों को अपनी *कास्ट* के बारे में पता ही नहीं था, और कई स्थितियों में, जनगणना प्रपत्रों के विषय में उन्हें सिखाना पड़ा। औपनिवेशिक वर्गीकरण व्यवस्था यह मान रही थी कि *कास्ट* स्पष्ट रूप से परिभाषित श्रेणियां हैं जिनके सदस्यों की गणना की जा सकती है, और उनके लक्षणों का स्पष्ट रूप से उल्लेख किया जा सकता है। ऐसी जनगणनाओं से बड़ी मात्रा में आँकड़े इकट्ठा

किए गए जिन्हें अर्थपूर्ण साँचों में रखा जाना आवश्यक था। औपनिवेशिक अधिकारियों ने अपने बीच विचार-विमर्श किया और इस विरोधाभास के समाधान के लिए विभिन्न उपायों पर विचार किया। लोगों को जबरदस्ती किसी न किसी *कास्ट* के सांचे में डालकर जनगणना करने कि इस प्रक्रिया से अंग्रेज़ों को, उनके औपनिवेशिक शासनकाल के समय में, भारतीय लोगों से एक ही साथ 'झुंड' में अधीनता स्वीकार कराने में सहायता मिली। उन्होंने जानबूझकर कुछ जातियों को 'अपराधी' का उपनाम दिया और उनका नरसंहार किया।

कास्ट से संबंधित सभी आधुनिक समाजशास्त्रीय अध्ययन इन एकपक्षीय औपनिवेशिक संकल्पनाओं का प्रयोग करते हैं। भारत की स्वतंत्रता के पश्चात, लोकतान्त्रिक प्रणाली ने जातियों को वोट बैंकों में बदल दिया जिनका राजनीतिज्ञों द्वारा अपने निहित स्वार्थों की पूर्ति के लिए उस समय से ही हेरफेर करके उपयोग किया जा रहा है।

वैश्वीकरण के इस वर्तमान युग में, स्थितियाँ पुनः एक भिन्न रूप ले रही हैं। आज, जब भोजन अथवा किसी उत्पाद को पहुंचाया जाता है, तो कौन जानता है, अथवा जानना चाहता है, कि व्यक्ति की जाति अथवा लैंगिक अभिमुखता (*सेक्सुअल ओरिएंटेशन*) क्या है? सामान और सेवाओं की निःशुल्क अदला-बदली व्यापार प्रतिस्पर्धा और गुणवत्ता द्वारा संचालित होती है, और कोई भी पुराने सामाजिक वर्गीकरणों पर ध्यान नहीं देता है। किसी की जन्म-आधारित पहचान चाहे जो भी हो, उसे रोजगार मिल सकता है, वेतन मिल सकता है, वह अपनी जीविका में उन्नति कर सकता है, और समाज में स्वतन्त्र होकर घूम सकता है। कार्यकुशलता और अधिक से अधिक लाभ पाना सफलता के वे मुख्य कारण हैं, जो किसी भी अन्य बात से अधिक महत्वपूर्ण हैं।

पूंजीवाद *कास्ट* को अप्रचलित बना रहा है, परंतु यह समाज को ढांचागत पूर्वाग्रहों से मुक्त नहीं सकता है। नई गतिशीलता अवसरों के साथ-साथ चुनौतियाँ भी ला रही है। तीव्र गति से नगरीकरण होते भारत में जाति व्यवस्था उतनी ही बची है जितनी कि सरकार द्वारा लोगों को दी गई औपचारिक पहचानों के कारण बाध्यकारी है। यह भारत का अभिशाप है: उसके संविधान में निहित जन्मजात दोष। यह पहचान पर आधारित विषैली राजनीति के लिए चारा है।

हिन्दू सामाजिक संरचना के क्रमिक विकास के कालक्रम को निम्न रूप से प्रस्तुत किया जा सकता है: वर्ण ⇨ जाति ⇨ कास्ट ⇨ राजनीतिक वोट बैंक

⇨ वैश्विक स्तर के कास्ट युद्ध। आगामी पृष्ठ में दिये गए चित्र में भारतीय सामाजिक ढांचों के क्रमिक विकास के इतिहास को दर्शाया गया है।

मेटावर्स प्रौद्योगिकीय परियोजना इससे भी एक कदम आगे बढ़के चीज़ों को आभासी (*वर्चुअल*) बना रही है और उनकी वास्तविकता का महत्त्व घटा रही है। प्रश्न यह है कि क्या वैश्विक स्तर पर पूर्णरूपेण नए प्रकार की *'मेटावर्स कास्ट सिस्टम'* उभर कर आएगी, तथा उसकी क्या विशेषताएं होंगी?

नीचे दिया गया चित्र भारतीय समाज में हुए परिवर्तन को सात चरणों में व्यवस्थित करता है और यह दर्शाता है कि किस प्रकार वर्ण जाति में, जाति *कास्ट* में, और अब *कास्ट* वोट-बैंक में परिवर्तित हो गई है।

भारतीय सामाजिक संरचना का इतिहास

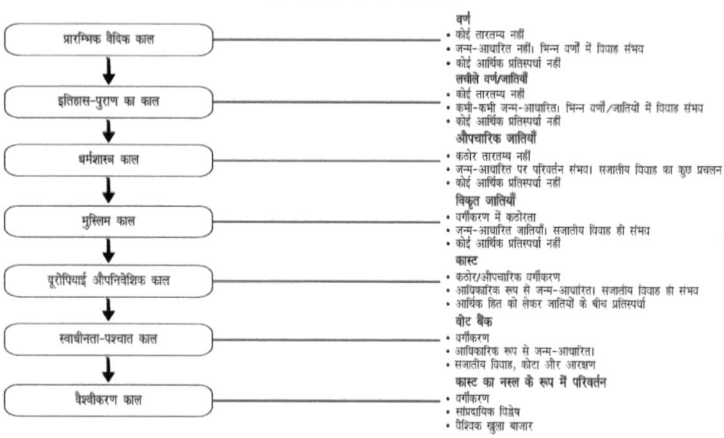

नीचे दी गई तालिका हमारी चर्चा का सार प्रस्तुत करती है और भारत के इतिहास में वर्ण, जाति और *कास्ट* की विभिन्न विशेषताओं को सूचीबद्ध करती है (प्रारम्भिक चरणों में तारतम्य न होने को सीमित अर्थ में लिया जाना आवश्यक है। वस्तुतः व्यापक सामाजिक अर्थ में नहीं परंतु अनुष्ठानों के निष्पादन के विशिष्ट संदर्भ में एक तारतम्य था)। यह देखा जा सकता है कि वर्तमान में वर्ण, जाति, और *कास्ट* के विषय में भ्रम है, और इन्हें एक-दूसरे के समान बताया जाता है, जिससे और भ्रम उत्पन्न होता है। हम तालिका में दिए गए मुख्य बिंदुओं पर आगे विचार करेंगे।

चरण	1 प्रारम्भिक वैदिक काल	2 बाद का वैदिक और ऐतिहासिक काल	3 धर्मशास्त्र काल	4 मुस्लिम काल	5 यूरोपियाई औपनिवेशिक शासनकाल	6 स्वाधीनता-पश्चात काल	7 वैश्वीकरण काल
प्रमुख विशेषता	वर्ण	लचीली जाति/वर्ण ढांचे	औपचारिक जातियाँ	जाति का ह्रास और दुर्व्यवहार	*कास्ट*	वोट बैंक	*क्रिटिकल कास्ट थ्योरी*
तारतम्य	नहीं	नहीं	अनेक तारतम्य और विशेषाधिकार	अधिक प्रबल तारतम्य	कठोर और औपचारिक तारतम्य	हाँ	हाँ
जन्म-आधारित	नहीं	सर्वदा नहीं	हाँ, परंतु गतिशीलता संभव	हाँ	आधिकारिक रूप से जन्म-आधारित	आधिकारिक रूप से जन्म-आधारित	रेस या नस्ल के समान मानना
प्रतिस्पर्धी आर्थिक हित	नहीं	नहीं	नहीं	नहीं	हाँ	कोटा; प्रतिस्पर्धा	वैश्विक मुक्त व्यापार
सांप्रदायिक विद्वेष	नहीं	नहीं	नहीं	कभी-कभी	हाँ	हाँ	हाँ
सजातीय विवाह	नहीं	नहीं	हाँ, परंतु लचीलापन	हाँ	हाँ	हाँ	हाँ
अस्पृश्यता	नहीं	नहीं	अल्प	हाँ	हाँ	हाँ, परंतु अवैध	*कैन्सल कल्चर*
सत्ता शीर्ष से नीचे की ओर (पार्श्विक समकक्ष व्यक्ति समूहों के विपरीत)	नहीं	नहीं	नहीं	हाँ	हाँ	हाँ। प्रचार करना	वैश्वीकृत
राजनैतिक दलबंदी	नहीं	नहीं	नहीं	नहीं	नहीं	हाँ। सांप्रदायिकता	विश्वव्यापी सामाजिक न्याय

प्राचीन ग्रंथ क्या कहते हैं

अब हम प्रमाण के रूप में प्रमुख प्राचीन ग्रंथों पर ध्यान केंद्रित करेंगे।

वैदिक युग

चारों वर्णों का सबसे पहला उल्लेख ऋग्वेद के पुरुष सूक्त में प्राप्त होता है। इसमें चार समूहों का उल्लेख है: ब्राह्मण, राजन्य (क्षत्रिय), वैश्य, और शूद्र, परंतु वर्ण शब्द का उल्लेख नहीं है। निम्नलिखित दो पदों ने बहुत बड़ा विवाद उत्पन्न किया है। इनका उदाहरण देके बार-बार यह दावा किया जाता है कि वेदों में शूद्रों के साथ भेदभाव किया गया है, क्योंकि वे शूद्रों की समानता विराट पुरुष के चरणों के साथ करते हैं।

> जब (देवताओं) ने पुरुष का विभाजन किया, उन्होंने उन्हें कितने अंशों में विभक्त किया? उनका मुख किसका था? उनकी भुजायें (किसकी) थी? कौन सी (दो वस्तुएं) उनकी जंघा और चरण कही (जाती) हैं?
>
> उनका मुख ब्राह्मण का था; राजा (क्षत्रिय) से उनकी दोनों भुजायें बनी; वैश्य कहा जाने वाला जीव उनकी जंघाएं था; शूद्र उनके चरणों से निकला।[11]

अंबेडकर और अन्य कई विद्वानों ने इन पदों को बाद में प्रक्षेपित माना। इन पंक्तियों के साथ ही, विख्यात समाज विज्ञानी, आर.एस. शर्मा, ने लिखा:

> इससे यह प्रमाणित होता है कि शूद्र अथर्ववेद [कालक्रमानुसार अंतिम वेद] के काल के अंत की ओर ही सामाजिक वर्ग के रूप में उभरे, जब उनकी उत्पत्ति संबंधी पुरुष सूक्त को ऋग्वेद की दसवीं पुस्तक में सम्मिलित किया गया।[12]

इनकी समयावधि चाहे जो भी हो, ये पद जन्म-आधारित वर्गीकरण व्यवस्था का समर्थन नहीं करते हैं। बल्कि, ये उसी प्रकार से एक जैविक समग्र के रूप में समाज के लिए एक रुपक प्रस्तुत करते हैं जैसे कि कई अंगों के साथ एक सम्पूर्ण व्यक्ति होता है। इसका उद्देश्य विभिन्न पक्षों जो एक अविभाज्य एकता में समाविष्ट होते हैं, के बीच मनोवैज्ञानिक अंतर-संबंधों और निर्भरताओं को प्रकट करना है। यह परस्पर-निर्भरता है, जैसी कि देह के विभिन्न अंगों के बीच होती है। एक स्वस्थ देह के अंगों के बीच द्वंद नहीं होगा अथवा उत्पीड़क/उत्पीड़ित का किसी प्रकार

का शोषणात्मक वर्गीकरण नहीं होगा। और देह के विभिन्न अंग एक सामान्य ढांचे, नामतः डीएनए के साथ अविभाज्य एकता में रहते हैं।

कोई भी व्यक्ति मात्र इस कारण से कि उसके चरण देह में 'नीचे' स्थित हैं, उन्हें संकट में नहीं डालेगा। शारीरिक रूप से नीचे होने का अर्थ यह नहीं है कि उसका महत्व न्यून है। इसके अतिरिक्त, विराट पुरुष को प्रायः क्षैतिज स्थिति में शयन किये हुये दिखाया जाता है, और इस स्थिति में कोई 'ऊपर' अथवा 'नीचे' नहीं है।

बृहदारण्यक उपनिषद् में विभिन्न ऋतुओं की व्याख्या करने के लिए रुपक के रूप में मानव देह का स्पष्ट प्रयोग किया गया है, और कुछ ऋतुओं को अन्यों की तुलना में 'निम्न और तुच्छ' के रूप में वर्गीकृत करने का स्पष्टतया कोई अभिप्राय नहीं है। इसमें तारामंडल, मेघ, कण, नदियों, पर्वतों, वृक्षों, और पौधों को प्रस्तुत करने के लिए देह के विभिन्न अंगों का प्रयोग करते हुए ब्रह्मांड की भी व्याख्या की गई है।[13] प्राचीन ग्रंथों में विविध तत्त्वों की जैविक एकता के लिए रुपक के रूप में देह का प्रयोग किया गया है।

इसके अतिरिक्त, इन श्लोकों में कुछ भी निर्देशात्मक नहीं है। वे मात्र यह संकेत करते हैं कि समाज के विभिन्न अंग किस प्रकार अपनी संबंधित भूमिकाओं में विशिष्टता लिए हुए थे। एकता में अंतर्निहित विविधता को स्पष्ट करने के लिए इस प्रकार की प्रतीकात्मकता का सामान्य रूप से प्रयोग किया गया। दुर्भाग्यवश, हिन्दू समाज को एक उत्पीड़क तारतम्य के रूप में चित्रित करने की सनक में पश्चिमी विद्वान यह घोषणा करते हैं कि चूंकि शूद्रों को चरणों के अनुरूप देखा गया, अतः उनके साथ शेष सबसे हीन होने जैसा व्यवहार किया गया।

मैकगिल यूनिवर्सिटी के प्रोफेसर अरविन्द शर्मा ने पुरुष सूक्त की एक अन्य व्याख्या दी है: उनके अनुसार इस सूक्त में प्रत्येक व्यक्ति को योग्यता के विभिन्न क्षेत्रों में कुशलता प्राप्त करने और उन्हें अपने जीवन में एक साथ लाने के लिए प्रेरित किया गया है। इसका तात्पर्य है कि व्यक्ति हर प्रकार के विभिन्न कर्तव्यों का निष्पादन करने में सक्षम हो: शारीरिक और बौद्धिक कार्य, आवश्यकतानुसार सैन्य सेवा देने सहित समाज का प्रबंधन अथवा शासन, व्यापार, और अन्य व्यावसायिक कार्य। वे लिखते हैं: 'विचार यह है कि प्रत्येक व्यक्ति चार वर्णों में से किसी एक से संबंधित होने के स्थान पर, चारों वर्ण ही प्रत्येक व्यक्ति में अंतर्निहित हैं'।[14] हम इस

विचार को समाज पर भी लागू कर सकते हैं और कह सकते हैं: जैसे विराट पुरुष बहु विशेषज्ञता को समाहित करता है, उसी प्रकार हमारे समाज को भी सभी विषयों में सामंजस्य स्थापित करना चाहिए और उन्हें इष्टतम बनाना चाहिए।

निर्णायक तथ्य यह है कि ऋग्वेद सभी मानवों की समानता पर बल देता है: 'कोई सर्वोत्कृष्ट नहीं है, कोई निकृष्ट नहीं है। सभी बंधु हैं जो संपन्नता की ओर आगे बढ़ रहे हैं'।[15]

उपनिषद्

उपनिषदों की विचारधारा सभी मानवों, प्राणियों और यहां तक की संपूर्ण ब्रह्माण्ड की एकात्मकता पर बल देती है।

इसके अतिरिक्त, वज्रसूचिका नामक उपनिषद् जन्म-आधारित सामाजिक पहचान का पूर्णतया खंडन करती है। यह एक संक्षिप्त उपनिषद् है जिसमें केवल नौ छोटे अनुच्छेद हैं और एस. राधाकृष्णन ने इसे अपनी पुस्तक '*द प्रिंसिपल उपनिषदस्*' में सम्मिलित किया था।[16] यह अद्वैत वेदांत पर आधारित उपदेश देने के पश्चात, सभी को अपने मानस से सभी भेद और अहंकार को समाप्त कर परम सत्ता पर चिंतन करने के लिए कहती है। वज्रसूचिका को पढ़कर कोई शंका शेष नहीं रह जाती कि सामाजिक भेदभाव उपनिषदों के विश्वदर्शन के विपरीत हैं।

श्रीमद्भगवद्गीता

धर्मशास्त्रों की तुलना में भगवद्गीता हिंदुओं के लिए अधिक उपयुक्त और अधिक प्रभाव रखने वाला ग्रन्थ है। जहां कहीं भी धर्मशास्त्रों और गीता के बीच असहमति हो, वहां गीता को ही प्रधानता दी जाती है। आइए वर्ण के संबंध में गीता के दृष्टिकोण पर विचार करें।

गीता इस बारे में स्पष्ट है कि वर्ण जन्म-आधारित नहीं हैं। मुख्य उद्धरण वह है, जहां कृष्ण कहते हैं: 'इन चार वर्णों को व्यक्तिगत गुण और कर्म के आधार पर मेरे द्वारा रचा गया है'। (गीता 4.13) कृष्ण स्पष्ट रूप से कहते हैं कि इनकी रचना गुण (सहज योग्यता, चरित्र) और कर्म के आधार पर की गई है। वर्णों के चतुर्गुण विभाजन के आधार के रूप में जन्म का कहीं भी कोई वर्णन नहीं है।

महाभारत के युद्ध में कुछ व्यक्ति, जिनका क्षत्रिय के रूप में जन्म नहीं हुआ था, उन्होंने भी अपने स्वभाव (व्यक्तिगत प्रकृति) के अनुरूप, क्षत्रिय होने की भूमिका

निभाई। कृष्ण, पांडव अर्जुन को समझाते हैं कि वे अपने स्वधर्म का पालन करें, अर्थात् प्रत्येक को अपनी योग्यता और अपने गुणों के अनुरूप कर्तव्य करना चाहिए। यह समाज के सर्वोत्तम हित के लिए संसाधनों के उपयोग को अधिक से अधिक लाभदायक बनाने का उपाय है।

गीता वेदांत के इस सिद्धांत को समझाती है कि प्रत्येक प्राणी के अंदर ईश्वरत्व विद्यमान है। कृष्ण कहते हैं: 'जो मुझको सब में देखता है और सबको मुझ में देखता है, उसके लिए न तो मैं कभी अदृश्य होता हूँ और न वह मेरे लिए अदृश्य होता है'।(गीता 6.30) तदुपरांत एक श्लोक में: 'वह पूर्णयोगी है जो अपनी तुलना से समस्त प्राणियों की उनके सुखों तथा दुखों में वास्तविक समानता का दर्शन करता है'।(गीता 6.32)

सोलहवें अध्याय में कृष्ण उन गुणों को सूचित करते हैं जो उनके अनुसार महत्वपूर्ण हैं। इसमें अहिंसा, सत्यता, समस्त जीवों पर करुणा, क्रोध और घृणा से मुक्ति, दान और निस्वार्थ सेवा, क्षमा, और विनय सम्मिलित हैं। (गीता 16.1-3) इन में से कोई भी गुण जन्म आधारित नहीं हैं।

कृष्ण का जीवन अपनेआप में सभी वर्णों की अभिव्यक्ति है। उनका पालन-पोषण ग्वालों के साथ वैश्य गृह में हुआ। उन्होंने क्षत्रिय के रूप में द्वारका पर शासन किया। उन्होंने शूद्र के रूप में अर्जुन के सारथी की भूमिका स्वीकार की और एक ब्राह्मण के रूप में गीता की शिक्षा दी।

महाभारत

महाभारत में उल्लेख है कि सत्य युग (प्रथम और सभी युगों में सर्वाधिक सुखद माना गया) में मानवों का केवल एक वर्ण था – वैवस्वत मनु की संताने।[17] पुराण और अन्य हिंदू ग्रंथ भी उस समय में पृथक सामाजिक श्रेणियों का कोई प्रमाण नहीं देते हैं।

महाभारत में इस बात पर बल दिया गया है कि चरित्र जन्म से अधिक महत्वपूर्ण है।

> एक चरित्रहीन व्यक्ति के लिए उच्च कुल में जन्म लेना कोई प्रमाणक नहीं है। परंतु अच्छे चरित्र के व्यक्ति निम्न कुल में जन्म लेने के उपरांत भी विशिष्टता प्राप्त कर सकते हैं। (महाभारत, उद्योग पर्व, अध्याय 34.41)

> एक शूद्र जो निरंतर स्व-नियंत्रण, सत्यता और धर्म में रत है, मैं उसे ब्राह्मण मानता हूँ। कोई भी अपने आचरण मात्र से द्विज होता है। (महाभारत, वन पर्व, अध्याय 216.14-15)

कृष्ण और अर्जुन के बीच एक संवाद में, जब अर्जुन स्पष्ट रूप से पूछते हैं कि वर्ण का निर्धारण किस प्रकार होता है, कृष्ण उत्तर देते हैं: 'सखा, जन्म कारण नहीं है; वह गुण हैं, जो कल्याण का कारण हैं। प्रतिज्ञा का पालन करने वाले एक चांडाल (अस्पृश्य) को भी देवताओं द्वारा ब्राह्मण माना जाता है'।[18]

सारथी-पुत्र होने के कारण एक कार्य में भाग लेने से निषिद्ध किए गए कर्ण की प्रसिद्ध कहानी यह दर्शाती है कि उस समाज में भी वर्ण से संबंधित जाति की एक चेतना विद्यमान थी। तथापि, रोचक तथ्य यह है कि उसे एक राज्य का राजा बना दिया गया, जिससे उसके वर्ण में परिवर्तन हुआ। लचीली संरचना में ऐसा होना संभव था।

समाजशास्त्री, दीपांकर गुप्त लिखते हैं:

> वैदिक काल के बहुत समय पश्चात, मौर्य साम्राज्य काल के भी उपरांत, अस्पृश्यता की धारणा अस्तित्व में आई। शतपथ ब्राह्मण में, मुखिया को सामान्य जन के समान पात्र से खाने का उपदेश दिया गया। ऋग्वेद में भी अस्पृश्य का कोई उल्लेख नहीं है। दूसरी शताब्दी के आसपास अस्पृष्यों का स्तर और अस्पृश्यता का विचार प्रकट हुआ, उदाहरणार्थ आपस्तंब धर्मसूत्र में।[19]

अंबेडकर शूद्रों के विरुद्ध भेदभाव की उत्पत्ति के संबंध में अनुमान लगाते हैं और कहते हैं कि (मध्यकालीन युग में) कुछ ब्राह्मणों को शूद्र राजाओं द्वारा अपमानित और उत्पीड़ित किया गया अनुभूत हुआ और प्रतिशोध में उन्होंने उनका उपनयन अथवा यज्ञोपवीत संस्कार अनुष्ठान करना बंद कर दिया। इस समय से ही, शूद्र चतुर्थ वर्ण हो गए क्योंकि उन्हें आनुष्ठानिक विशेषाधिकारों से वंचित कर दिया गया।[20] उनके द्वारा प्रतिपादित एक अन्य मत यह है कि बौद्ध धर्म के प्रभाव के अंतर्गत अस्पृश्यता का प्रारंभ हुआ जब हिंदुओं ने पशु बलि और गोमांस-भक्षण त्याग दिया, और जो हिन्दू गोमांस भक्षण करते रहे, उन्हें अस्पृश्य माना गया।[21]

इस मान्यता पर अधिकतर विद्वानों का मत चाहे जो भी हो, सभी यह स्वीकार करते हैं कि जन्म-आधारित वर्ण का आगमन वैदिक काल के पश्चात हुआ और अस्पृश्यता बौद्ध धर्म के पश्चात आई।

अरविन्द शर्मा यह भी उल्लेख करते हैं कि अनेक ऋषियों का जन्म गैर-ब्राह्मण के रूप में हुआ था। वे वाल्मीकि (रामायण के रचयिता) और व्यास (महाभारत के रचयिता, और वेदों के संपादक/संकलनकर्ता) तथा महर्षि वशिष्ठ का भी उल्लेख करते हैं। इन सभी का जन्म निम्नतम स्तर में हुआ था। महानतम संस्कृत कवि के रूप में सम्मानित कालिदास, एक दीन और अज्ञात पृष्ठभूमि से आए।[22]

धर्मशास्त्र

धर्मशास्त्रों को प्रायः जाति व्यवस्था और सभी प्रकार के दुर्व्यवहार के समर्थक के रूप में प्रस्तुत किया जाता है। परंतु इन ग्रंथों को कभी भी बाइबल अथवा कुरान के समान अंतिम प्रमाण के रूप में नहीं माना गया। हिन्दू धर्म में *ब्लासफेमी* जैसी कोई विचारधारा नहीं थी जो लोगों को धर्मशास्त्रों या उनमें लिखे किन्हीं विशिष्ट श्लोकों को अस्वीकार करने से रोकती। और जैसा कि पूर्व में उल्लेख किया गया है, धर्मशास्त्रों का वेदों और उपनिषदों जैसे ग्रंथों के समानांतर स्थान कभी नहीं था। इन सभी तथ्यों को देखते हुए, विद्वानों ने किस प्रकार धर्मशास्त्रों से कुछेक छिट-पुट श्लोकों का उद्धरण देते हुए हिन्दूधर्म के स्वरूप का चित्रण कर दिया और इन्हें अलंघनीय 'हिन्दू नियम' के रूप में स्थापित कर दिया, यह एक आश्चर्य के विषय है। धर्मशास्त्रों के अंतर्गत उपलब्ध विस्तृत साहित्य में भी जातियों की संख्या और स्वरूप के संबंध में कोई सर्वसम्मति नहीं है, और अंबेडकर स्वयं ऐसे अन्तर्विरोध के उदाहरण देते हैं।[23]

यद्यपि, प्राचीन भारत में जाति व्यवस्था को सिद्ध करने के लिए मनुस्मृति ग्रंथ का सर्वाधिक प्रयोग किया जाता है, परंतु वह भी अपनी स्थिति को स्पष्ट करता है: यदि आचरण के किसी नियम के परिणामस्वरूप अप्रसन्नता उत्पन्न होती है अथवा लोगों में रोष उत्पन्न होता है, तो उस नियम का त्याग करना चाहिए।(मनु 4:176) अन्य शब्दों में, यह स्वयं-सुधार करने वाला एलगोरिद्म की तरह है और परम सिद्धांत होने तथा चिरकाल तक अपरिवर्तनशील होने की घोषणा नहीं करता है।

अधिक व्यापक रूप से, अध्याय 2 के पहले श्लोक में, मनुस्मृति धर्म की निम्न रूप से व्याख्या करती है: 'उसे सत्य धर्म जानो, जिसका बुद्धिमान और पुण्यात्मा तथा जो राग और द्वेष से मुक्त हैं, पालन करते हैं और जो हृदय को न्यायोचित लगता है'। गांधी प्रायः अपने भाषणों में इस श्लोक का उद्धरण देते थे। मनुस्मृति के अनुसार, इसका निहितार्थ यह है कि यदि बुद्धिमान और पुण्यात्मा, जो राग

और द्वेष से मुक्त हैं, जन्म-आधारित जाति व्यवस्था को अस्वीकार करते हैं, तो इस व्यवस्था को हटाया जा सकता है। किसी पैगंबर की प्रतीक्षा करने की आवश्यकता नहीं है, जो चमत्कारों से स्वयं को प्रमाणित करेगा, और तत्पश्चात नियमों में परिवर्तन करेगा।

एक महत्वपूर्ण तथ्य जिसको प्रायः अनदेखा किया जाता है, यह है कि धर्मशास्त्रों में ब्राह्मणों पर सबसे कठिन प्रतिबंध लगाया गया है। उनके लिए उच्चतम मानकों का पालन करना आवश्यक है और उनके कार्यों का क्षेत्र भी अत्यधिक सीमित हैं। यह उस सामान्य दावे से बिल्कुल विपरीत है कि धर्मशास्त्रों में ब्राह्मणों का पक्ष लिया गया है, और शूद्रों के विरुद्ध भेदभाव किया गया है। धर्मशास्त्रों के अनुसार ब्राह्मण का जीवन अत्यंत कठिन और नियमबद्ध था। ब्राह्मणों के लिए एक अत्यंत कठोरतम आचरण संहिता का पालन करना आवश्यक था:

- ब्राह्मण, स्वयं के पोषण के लिए, केवल इस प्रकार जीविकोपार्जन कर सकता था जिससे जीवों को नगण्य, अथवा कोई हानि न पहुंचे।
- ब्राह्मण अपने जीवन निर्वाह के लिए मात्र आवश्यक न्यूनतम संपत्ति का संचय ही कर सकता था और वह भी कुछ विशिष्ट कार्यों के द्वारा।[24]
- ब्राह्मणों के लिए दंड अत्यधिक कठोर थे। चोरी की घटनाओं में, शूद्र के लिए जुर्माना चुराए गए धन का 8 गुना; वैश्य के लिए 16 गुना; क्षत्रिय के लिए 32 गुना; और ब्राह्मण के लिए यह 64 से 128 गुना था। इसका कारण यह दिया गया कि ब्राह्मण से अपेक्षा की जाती थी कि वह अपना आचरण उच्चतम मानकों के अनुरूप रखे।[25]
- ब्राह्मणों के लिए मांस, लाख, अथवा नमक बेचकर धन कमाना निषिद्ध था। यदि कोई ब्राह्मण तीन दिन तक दूध को बेचता है, तो वह शूद्र बन जाएगा, ऐसा भी कहा गया।[26] मनु कहते हैं कि वे ब्राह्मण, जो शूद्रों के व्यवसाय करते हैं, उन्हें शूद्र माना जाए।[27]
- धर्मशास्त्रों ने ब्राह्मणों और क्षत्रियों को ऋण पर ब्याज या सूद लेने से भी निषिद्ध किया है।[28] प्रख्यात मुस्लिम विद्वान अल-बरूनी, जो ग्यारहवीं शताब्दी के पूर्वार्ध में भारत आए, उन्होंने अपनी पुस्तक किताब-उल-हिंद (1030 ई. के लगभग) में लिखा है, कि भारतीय समाज में सूदखोरी अथवा सूद पर ऋण देने की अनुमति केवल शूद्र को थी और यह अन्य वर्णों के लिए वर्जित था।[29]

- धर्मशास्त्रों में यह भी कहा गया कि ब्राह्मण को अपने हाथों में शस्त्र नहीं लेना चाहिए, चाहे यह मात्र परीक्षण करने के लिए ही हो।[30]
- जिस प्रकार विष से बचा जाता है, ब्राह्मणों को उसी प्रकार अपनी प्रशंसा प्राप्त करने की इच्छा से भी बचने का परामर्श दिया गया है।[31]
- ब्राह्मण को, केवल कुछ विशेष परस्थितियों को छोड़कर, शूद्र से उपहार लेने की भी अनुमति नहीं थी।[32]

आधुनिक विद्वान धर्मशास्त्रों, विशेषकर मनुस्मृति पर अस्पृश्यता की प्रथा को स्वीकृति देने का अनुचित आरोप लगाते हैं। हम इसके विपरीत प्रमाण प्रस्तुत कर रहे हैं।

- धर्मशास्त्रों में कहा गया है कि कुछ अननुमोदित व्यवसाय (शिकार करना, कसाई का कार्य, आदि) करने वाले व्यक्ति अस्पृश्य बन गए। ये ग्रंथ कुछ व्यवसायों को करने के आधार पर ही किसी को अस्पृश्य के रूप में वर्गीकृत करते हैं। कुछ व्यवसायों को आध्यात्मिक मुक्ति के पथ पर अशुद्ध माना गया, और इन अशुद्ध कार्यकलापों को करने वाले व्यक्तियों के स्पर्श में न आने पर बल दिया गया। ये प्रतिबंध आरोग्यता की एक आध्यात्मिक भावना के कारण थे, न कि किसी प्रकार के द्वेष अथवा जातीय पूर्वाग्रह के कारण।[33]
- धर्मशास्त्रों के अनुसार एक व्यक्ति अपने घनिष्ठ मित्र को भी कई दिनों तक स्पर्श नहीं कर सकता था यदि वह किसी के मरने पर शोक मना रहा हो, क्योंकि मृत-देह मृत व्यक्ति के संस्कारों (कर्म के छाप) को धारण किए हुए होता है।[34]
- अस्पृश्यता कई विभिन्न कारणों से भी उत्पन्न हुई जो कि किसी वर्ण विशिष्ट में जन्म से संबंधित नहीं थे। कुछ व्यक्ति अत्यधिक गंभीर अपराधों के कारण भी जातिच्युत किए गए।[35]
- अस्पृश्यता धार्मिक अनुष्ठानों की शुद्धता को बनाए रखने के उपाय के रूप में प्रारंभ हुई। उदाहरण के लिए, कई परिवारों में शताब्दियों से कोई विशिष्ट अनुष्ठान सम्पन्न होता रहा है, जिसमें परिवार के सदस्य, उस एक सदस्य, जिसे उस अनुष्ठान को पूरा करना है, को स्पर्श नहीं करते जब तक वह अनुष्ठान पूर्ण न हो जाए। यहां तक कि अनुष्ठान के लिए पहने जाने वाले वस्त्र भी अलग से धोए जाते हैं और दूसरों द्वारा स्पर्श नहीं किए जाते हैं।

इसे भी अनुष्ठान के शारीरिक संपर्क संबंधी नियमों के कारण किसी परिवार के अंदर 'अस्पृश्यता' के रूप में देखा जा सकता है।

प्रचलित धारणा के विपरीत, धर्मशास्त्र किसी शूद्र के साथ प्रत्येक प्रकार के शारीरिक स्पर्श को दूषित नहीं मानते हैं। उदाहरण के लिए, वैदिक ऋषि अत्री और बृहस्पति, दोनों यह कहते हैं कि मंदिरों, धार्मिक यात्राओं, विवाहों अथवा त्योहारों में किसी के संपर्क से कोई दूषित नहीं होता है।[36]

सामान्य रूप से कहा जाने वाला एक अन्य अनुचित कथन यह है कि वर्णों में सदैव सजातीय विवाह होता रहा है। परंतु बौधायन धर्मसूत्र ब्राह्मणों और शूद्रों के बीच विवाह को अनुमति देता है।[37]

प्रचलित भ्रांतियों के विपरीत, प्राचीन वैदिक ग्रंथ इस बात का प्रमाण देते हैं कि शूद्र वैदिक कर्मकांडों को निष्पादित करते थे:[38]

- ऋग्वेद में सभी सामाजिक श्रेणियों से पाँच व्यक्तियों का उल्लेख है जिन्होंने अग्निदेव के लिए यज्ञ अनुष्ठान किए।[39]
- कुछ वैदिक ग्रंथों के रचयिता भी शूद्र थे। उदाहरणार्थ, ऐतरेय ब्राह्मण के रचयिता शूद्र थे।[40]
- छांदोग्य उपनिषद् में उल्लेख है कि राजा जनश्रुति को एक शूद्र ऋषि द्वारा प्राण और वायु के संबंध में ज्ञान दिया गया।[41]
- रामायण में उल्लेख है कि अयोध्या के सामान्य जन वेदों में पारंगत थे।
- अर्थशास्त्र शूद्र और सबसे निम्न-वर्ग के समुदायों सहित, लगभग सभी देशी समुदायों को आर्य मानता है।[42]
- अत्रि संहिता में शूद्र, निषाद, चांडाल, और म्लेच्छ की उत्पत्ति ब्राह्मणों से मानी गई है।[43] धर्मशास्त्रों में शूद्रों के लिए भी विभिन्न संस्कारों का निर्देश दिया गया है, जिससे यह अर्थ निकलता है कि वे हिंदू समाज के अभिन्न अंग थे।[44]

प्रमुख हिंदू ग्रंथों के उपरोक्त विश्लेषण से यह स्पष्ट होता है कि आधुनिक विद्वता अविश्वसनीय और अवव्याख्यावादी रही है और इनका खंडन किया जाना चाहिए।

4

जाति संबंधी विकृतियाँ

इस अध्याय में ऐसे आरोपों जैसे कि जाति के आधार पर शोषण सदा से ही हिंदू धर्म का एक अभिन्न अंग रहा है और यह उसका एक अनोखा अभिशाप है, का प्रत्युत्तर दिया गया है और इस संबंध में ऐतिहासिक प्रमाण भी प्रस्तुत किये गए हैं। इस प्रकार के गलत दृष्टिकोण को आधार बनाकर हिन्दू धर्म को नष्ट करने के लिए आंदोलन खड़े किये जाते हैं।

हिंदू धर्म की खुली संरचना

सामान्य रूप से यह आरोप लगाया जाता है कि प्रमुख हिंदू ग्रंथ और सत्तावादी संस्थाएं अनेक हिंदू वर्जित कर्मों, प्रतिबंधों, और पूर्वाग्रहों को उचित ठहराती हैं। परंतु हिंदू धर्म में न कोई अपरिवर्तनशील कानून हैं और न ही वह केवल धर्मशास्त्रों द्वारा परिभाषित होता है; धर्मशास्त्रों में भी, जैसा कि हम देखते हैं, अनेकों विचार हैं जो कभी-कभी एक दूसरे के विरोधी प्रतीत होते हैं। हिंदू होने के लिए यह आवश्यक नहीं है कि व्यक्ति तीनों श्रेष्ठ आचार्यों (आदि शंकराचार्य, रामानुजाचार्य और मध्वाचार्य) अथवा अनेकों लोकप्रिय संतों द्वारा दी गई व्याख्याओं को ही स्वीकार करे।

हिंदू धर्म के प्रत्येक ग्रंथ, मार्ग प्रदर्शक, और सामाजिक आंदोलन को, उसके योगदान के लिए उसी प्रकार से सम्मान दिया जाना चाहिए, जैसा कि हम इतिहास में विभिन्न अग्रणी वैज्ञानिकों को देते रहे हैं। परंतु उनमें से कोई भी निरंकुश अथवा जांच से परे नहीं है।

हिंदू धर्म एक खुली संरचना है जिसमें मार्गदर्शन देने वाले ग्रंथों का एक विस्तृत ग्रंथागार है और इसी कारण से अनेकों विकल्प उपलब्ध हैं। प्रत्येक हिंदू तत्त्वमीमांसा संबंधी व्याख्या, मार्गदर्शन हेतु गुरु (अथवा कोई गुरु नहीं),

इष्ट देवता, कर्मकांडों, त्योहारों, तीर्थ-यात्रा स्थलों और जीवन-शैली के अपने व्यक्तिगत विकल्पों का चयन कर सकता है।

इन विकल्पों से ही व्यवस्था को जोड़ने वाले विविध व्यक्ति और समूह उभरते हैं, जो विभिन्न प्रकार के लोगों को उनके अनुसार विशिष्ट सुव्यवस्थित समाधान उपलब्ध करते हैं। इस प्रकार एक *स्टार्ट-अप* के समान अनेक 'हिन्दू पंथ' हैं, जो अध्यात्म की मंडी में सफल हो सकते हैं अथवा नहीं भी हो सकते हैं।

हिन्दू होने के लिए जाति पर्याप्त नहीं है

मात्र जाति को मानने से ही कोई हिन्दू नहीं हो जाता है। ईसाई, मुस्लिम अथवा अन्य गैर-हिंदू पंथों के सदस्य भी जाति का पालन करते हैं। और यह तथ्य है कि जाति, और यहां तक कि अस्पृश्यता भी, उन भारतीयों के बीच में सामान्य रूप से प्रचलित है जो हिंदू नहीं हैं।

कुछ लिंगायत गैर-हिंदू होने का दावा करते हैं क्योंकि वे वेदों और वर्ण-व्यवस्था को स्वीकार नहीं करते हैं। तथापि, वे जाति और अनुष्ठान परंपरा का पालन करते हैं। बासवेश्वर कर्नाटक में भक्ति आंदोलन के प्रतिष्ठित मार्गदर्शक थे और उनके अनुयायी वीरशैव अथवा लिंगायत के नाम से जाने जाते हैं। वे सामाजिक भेदभाव के प्रबल विरोधी थे, तथापि अपने अनुयायियों के बीच जाति व्यवस्था को नहीं रोक पाए।[1] यदि जाति को मानने से कोई व्यक्ति स्वतः हिन्दू हो जाता है, लिंगायत स्वयं को गैर-हिन्दू नहीं कहेंगे। ।

इसके अतिरिक्त, उन अस्पृश्य लोगों के बीच भी, जिनके नेता गैर-हिन्दू होने का दावा करते हैं, तारतम्यता और अपवित्रीकरण की परंपरा है। उदाहरणार्थ, भंगियों (मेहतरों) को महारों (कृषि श्रमिकों) की तुलना में अधिक अपवित्र माना जाता है, जबकि दोनों अस्पृष्य के रूप में वर्गीकृत हैं।

बौद्ध धर्म और वर्ण व्यवस्था

बुद्ध को प्रायः वर्ण व्यवस्था का विरोध करने वाले समाज सुधारक के रूप में प्रस्तुत किया जाता है। उच्च वर्णों के आधिपत्य के विरुद्ध शूद्रों के विद्रोह के फलस्वरूप बौद्ध धर्म की स्थापना हुई । तथापि, बौद्ध धर्मग्रंथ एक भिन्न वास्तविकता को प्रकट करते हैं। बुद्ध क्षत्रिय थे और जब वर्ण व्यवस्था ने ब्राह्मणों की सहायता की, उन्होंने उसकी आलोचना की। परंतु जब इसी वर्ण व्यवस्था ने

क्षत्रियों की सहायता की, तब वे शांत रहे। जहां तक उनके अपने क्षत्रिय वर्ण का संबंध था - बुद्ध सजातीय विवाह (अपने वर्ण के अंदर विवाह करना) और सहभोजन (केवल अपने वर्ण के व्यक्तियों के साथ भोजन करना) में विश्वास रखते थे।[2]

बौद्ध धर्म द्वारा बाद के समय में वर्ण व्यवस्था की आलोचना की गई। यह कुछ नया अथवा विलक्षण नहीं था, बल्कि कई पूर्व के और समकालीन धार्मिक संप्रदायों के समान विचार थे। वैदिक समाज के प्रबुद्ध और उदार वर्गों द्वारा भी जन्म के स्थान पर, कर्म पर इसी प्रकार का महत्व दिया गया। छान्दोग्य उपनिषद् (IV.4) के अनुसार, व्यक्ति का अच्छा आचरण उसे सर्वोत्कृष्ट ब्राह्मण बनाता है।[3]

इसके अतिरिक्त, बौद्ध धर्म के अधिकतर दिग्गज बुद्धिजीवी स्वयं ब्राह्मण थे। बौद्ध धर्म संघ अथवा मठ की बौद्धिक शक्ति को बनाए रखने के लिए नियमित रूप से विद्वान ब्राह्मणों को उसमें प्रवेश दिया जाता था। प्रारंभ से ही, ब्राहमण अनुयायियों ने बौद्ध धर्म के आधार स्तंभों के रूप में कार्य किया।[4]

जिन्होंने प्रारम्भिक समय में ही बौद्ध धर्म को गंभीरता से अपना लिया, उन्होंने घर त्याग दिया और मठों में भिक्षु बन गए।[5] बुद्ध का जो अनुयायी गृहस्थ रहा, उसने वर्ण संबंधी अपनी पुरानी पहचान अथवा कर्तव्य का त्याग नहीं किया।[6] अंबेडकर के अनुसार भी, बौद्ध धर्म में उन लोगों के लिए जो धम्म की दीक्षा लेना चाहते थे, परंतु गृहस्थ रहना चाहते थे और भिक्षु नहीं बनना चाहते थे, कोई पृथक धम्म दीक्षा अथवा प्रस्तुति नहीं थी। इसी कारण से, अंबेडकर ने जन साधारण के लिए अपनी स्वयं की धम्म दीक्षा संस्कार बनाई।[7] अतएव, बौद्ध धर्म के इतिहास में, जन समुदाय को कभी भी एक भिन्न और विशिष्ट 'बौद्ध धर्मी' पहचान नहीं प्राप्त हुई।[8] केवल बौद्ध भिक्षुओं की एक विशिष्ट पहचान थी।

पी.वी. काणे और एस. राधाकृष्णन जैसे विद्वानों का यह विचार था कि बुद्ध को स्वयं यह नहीं लगा कि वे एक नए धर्म की स्थापना कर रहे हैं।

अनेक भारतीय विष्णु और बुद्ध, अथवा शिव और अवलोकितेश्वर, अथवा पार्वती और तारा की पूजा के बीच में कोई अंतर नहीं पाते हैं।[9]

भारत में मुस्लिम जातियाँ

इस तथ्य के अकाट्य प्रमाण मिलते हैं कि भारतीय मुसलमानों के बीच भी जाति संबंधी अत्यधिक पक्षपात है। मध्यकालीन भारत के प्रारम्भिक मुस्लिम

इतिहासकार मिन्हाज-ए सिराज जुज्जानी और जियाउद्दीन बरनी (तेरहवीं-चौदहवीं शताब्दी ई.) ने इस्लाम में धर्मांतरित भारतीयों की निंदा की। बरनी ने कहा कि सुल्तानों को केवल उन्हीं व्यक्तियों को सरकारी सेवा में लेना चाहिए जो जन्म से कुलीन पृष्ठभूमि से हों। उन्होंने राय दी कि इस्लाम में धर्म परिवर्तन किए हुए नीची जाति के हिंदुओं के बालकों को मदरसों में प्रवेश नहीं दिया जाए क्योंकि इस शिक्षा से वे सरकारी नौकरियों के लिए योग्य हो जाएंगे।[10] सुल्तान घियासुद्दीन बलबन (शा. 1266-87 ई.) ने राज्य सेवा के लिए कुलीन वंश में जन्म को पहली आवश्यकता बनाया और इस्लाम में धर्म परिवर्तन किए हुए नीची जाति के लोगों को सरकारी पदों के लिए अस्वीकृत कर देता था।[11]

यह भी उल्लेखनीय है कि जब सर सय्यद अहमद खान ने 1875 में अलीगढ़ मुस्लिम विश्वविद्यालय की स्थापना की, विश्वविद्यालय ने नीची जाति के मुसलमानों के प्रवेश पर प्रतिबंध लगा दिया।[12]

वर्तमान भारतीय मुस्लिम जनसंख्या की बहुत बड़ी संख्या (पचहत्तर प्रतिशत) को दलित मुस्लिम कहा जाता है। दक्षिण एशिया में मुसलमानों के लिए जाति और अस्पृश्यता जीवन की वास्तविकता है, और अस्पृश्यता तो ऐसा रहस्य है जो सभी को ज्ञात है। कई अध्ययनों में यह दावा किया गया है कि मुस्लिम समूहों में 'शुद्ध और अशुद्ध'; 'पवित्र और अपवित्र जातियों' की अवधारणाएं निश्चित रूप से हैं। 2009 के एक अध्ययन ने पाया कि प्रमुख मुस्लिम संगठनों में से किसी में भी कोई 'दलित मुस्लिम' नेता नहीं था, और इनमें ऊंची जाति के मुसलमानों की प्रधानता थी।[13]

2015 में उत्तर प्रदेश के चौदह जिलों में सात हजार दलित मुस्लिम परिवारों में किए गए एक अन्य अध्ययन में, अनेक लोगों ने बताया कि मुस्लिम भोजों में उन्हें अलग बैठाया जाता है। उत्तरदाताओं ने इस बात की भी पुष्टि कि वे ऊंची जाति के मुसलमानों के भोजन करने के पश्चात भोजन करते हैं। कई व्यक्तियों ने बताया कि उन्हें अलग प्रकार की थालियों में भोजन दिया जाता है।[14] लगभग आठ प्रतिशत ने बताया कि उनके बच्चों को कक्षाओं में और विद्यालय भोजनावकाश के समय अलग पंक्तियों में बैठाया जाता है। इसी प्रकार, उनमें से लगभग एक-तिहाई ने बताया कि उन्हें अपने मृतकों को ऊंची जाति की मुस्लिम शमशान भूमियों में दफनाने की अनुमति नहीं दी जाती है। उन्हें कहीं और जाने के लिए कहा जाता है अथवा मुख्य भूमि के एक कोने में स्थान दिया जाता है।[15]

अंबेडकर द्वारा मुस्लिम जाति दुर्व्यवहारों के संबंध में की गई तीखी आलोचनाओं को इस अध्याय में पीछे के एक खंड में प्रस्तुत किया गया है।

जाति और ईसाईयत

2003 में, स्वर्गीय पोप जॉन पॉल द्वितीय ने तमिलनाडु में पादरियों को संबोधित करते हुए भारत में कैथोलिक चर्च में जातिगत भेदभाव की निंदा की। उन्होंने कहा: 'यह चर्च का दायित्व है कि वह हृदयों में परिवर्तन लाने के लिए निरंतर कार्य करे, सभी व्यक्तियों को यह देखने में सहायता करे कि प्रत्येक मनुष्य ईश्वर की संतान है, ईसा मसीह का भाई अथवा बहन है, अतएव हमारे अपने परिवार का सदस्य है'।[16] उनके आग्रह के विपरीत, आज भी समाचारपत्रों में ईसाईयों द्वारा 'कैथोलिक ब्राह्मण' वर/वधू की आवश्यकता के विज्ञापन देखे जा सकते हैं।

Dalitchristians.com वेबसाईट पूरे समर्पण के साथ एक सक्रिय आंदोलन चला रहा है जिसमें चर्च को इस जातिगत भेदभाव को समाप्त करने और इस पाखंड से स्वयं को मुक्त करने की मांग की जा रही है। यह भारतीय ईसाईयों के बीच जाति और अस्पृश्यता के संबंध में विस्तृत विवरण देता है।

भारत में चर्च ने, उनके समुदाय में जाति के संबंध में अनेकों वर्षों के अस्वीकरण के पश्चात, अंततः आंतरिक जातिगत भेदभाव होने को माना और अपने ईसाई दलितों और निम्न जातियों के लिए नौकरियों और शिक्षा में विशेष कोटा देने की मांग करने लगे।

अमेरिका में भी भारतीय ईसाइयों के बीच, केरल की जातियों और तमिल जातियों के लिए अलग-अलग गिरजाघर हैं।

हिन्दू होने के लिए जाति आवश्यक नहीं है

अनेक हिन्दू जाति प्रथा का पालन नहीं करते हैं, अतएव हिन्दू होने के लिए यह *आवश्यक नियम* नहीं है। उदाहरणार्थ, हिन्दू कई पीढ़ियों से सूरीनाम, मॉरीशस, बाली, फ़िजी, और भारत से बाहर अन्य स्थानों पर बसे हुए हैं। वे पक्के हिन्दू हैं, परंतु जाति को *नहीं* मानते हैं। उनमें से कई अपनी जाति के बारे में जानते भी नहीं हैं, क्योंकि उनके पूर्वज एक शताब्दी से भी अधिक समय पूर्व गिरमिटिया कामगारों के रूप में भारत से चले गए थे, और उनका अपनी ऐतिहासिक वंशावली से कोई नाता नहीं रहा। वे स्वतंत्र रूप से सभी प्रकार के हिंदुओं में

विवाह करते हैं, और एक साथ खानपान अथवा पूजास्थल साझा करते हैं। (दूसरी ओर, कुछ प्रवासी जातियाँ जैसे मारवाड़ियों और पटेलों ने अपनी विशिष्ट पहचान को बनाए रखा है।)

उपरोक्त तथ्यों से यह सिद्ध होता है: हिन्दू होने के लिए जाति न तो आवश्यक, अथवा न ही पर्याप्त, नियम है। जाति का पालन किए बिना भी कोई हिन्दू हो सकता है; इसके विपरीत, हिन्दू हुए बिना भी जाति का पालन किया जा सकता है।

वास्तविक व्यवहार में जन्म-आधारित तारतम्य की चुनौतियाँ

कई सुविदित घटनाओं से स्पष्ट होता है कि जब उच्चतम स्तर के हिंदुओं ने जन्म के आधार पर पक्षपात किया तब उन्हें भी विरोध का सामना करना पड़ा और चुनौती दी गई। एक उदाहरण प्रख्यात आदि शंकराचार्य का है: उन्होंने एक चांडाल को उनके मार्ग से हटने के लिए कहा; उसने उन्हें चुनौती दी कि क्या आचार्य का व्यवहार उनके दर्शन के अनुरूप है। तब शंकराचार्य उसके सामने दंडवत् हो गए जैसे कोई गुरु के सामने होता है। उन्होंने अपने अद्वैत दर्शन को दोहराया, और कुछ प्रसिद्ध श्लोकों का उच्चारण किया। प्रथम श्लोक में कहा कि वह व्यक्ति जो परम सत्ता से अवगत है, उसकी सामाजिक स्थिति जो भी हो, उनके लिए गुरु के समान है।[17] कई विशिष्ट आधुनिक गुरु, जैसे स्वामी विवेकानंद, इस्कॉन के श्री प्रभूपाद, और स्वामी चिन्मयानन्द जन्म से ब्राह्मण नहीं थे।

'जाति संबंधी नियमों' को स्पष्ट करने अथवा उन्हें लागू करने के लिए चूंकि कोई केन्द्रीय सत्ता नहीं थी, इससे संबंधित चुनौतियों और परिवर्तनों को अपनाना जन साधारण की अपनी इच्छा पर निर्भर था। । समुदाय के स्तर निर्धारण में इस स्वतंत्रता के कारण, अनेक जातियों के बीच श्रेणी-क्रम का विवाद होता रहता था। कई जातियाँ अन्य जातियों पर अपनी श्रेष्ठता का दावा करने की होड़ में लगी रहती थीं। कुछ जातियाँ शुद्धता के नियमों का पालन करके अथवा उपनयन संस्कार और विशिष्ट पूजा करने के द्वारा स्वयं को श्रेष्ठ घोषित कर रही थीं। कई उदाहरण ऐसे थे जहाँ शूद्र स्वयं को क्षत्रिय मानते थे।

मानवशास्त्री और समाजशास्त्री, एम एन श्रीनिवास, जो जाति व्यवस्था पर अपने कार्य के लिए प्रसिद्ध हैं, उन्होंने इसे संस्कृतिकरण की प्रक्रिया कहा।[18] यह एक उपाय था जिसके द्वारा पूरे के पूरे समूह स्वयं को जाति स्तर में उन्नत

कर लेते थे। यहाँ चर्च-जैसी कोई सत्ता नहीं थी, जो इस संबंध में अंतिम निर्णय देती। अंग्रेजों ने अपने शासनकाल में आधिकारिक कास्ट नियम बनाए और उन्हें लागू किया।

शूद्र और वनवासी

कुछ विद्वानों द्वारा ऐसी भ्रांतियां फैला दी गयी हैं कि शूद्र वर्ण के लोग गुलाम थे और वैदिक समय से ही उनका उत्पीड़न किया गया। इस भाग में हम ऐसे आरोपों का उत्तर देंगे। निश्चित रूप से, सभी प्रकार के दुर्व्यवहार के विरुद्ध संघर्ष करना चाहिए, परंतु तथ्यों और प्रमाण पर आधारित सही दृष्टिकोण के द्वारा ही यह समाधान सर्वोत्तम रूप से प्राप्त किया जा सकता है। एक भ्रामक निदान सदैव एक विपरीत-परिस्थिति उत्पन्न करता है और त्रुटिपूर्ण समाधान देता है। पहचान संबंधी राजनीति इस स्थिति को और भ्रमपूर्ण बना देती है।

सम्राटों, राजाओं और सैनिकों के रूप में शूद्र

यह स्पष्ट तथ्य है कि किसी व्यक्ति का वर्ण उसके जन्म से ही स्थिर नहीं हो जाता था। प्राचीन भारत में, व्यवसाय प्रायः माता-पिता के वर्ण के आधार पर ही निर्धारित किया जाता था। परंतु महाकाव्यों के साक्ष्य, बौद्ध जातक कथाओं, और हिंदू तथा बौद्ध धर्म के साहित्य में शिल्पों की सूची से यह प्रमाण भी मिलते हैं, कि किसी वर्ण अथवा जाति के परिवार में जन्मा कोई व्यक्ति, किसी अन्य वर्ण अथवा जाति में जा सकता था, यदि वह अपनी पैतृक भूमिका का पालन करने में असमर्थ रहा हो अथवा अपनी रुचि अथवा प्रतिभा के द्वारा अन्य व्यवसाय के प्रति आकर्षित हुआ हो।

वस्तुतः हम देखते हैं कि वैदिक समय में शूद्र राजाओं और सम्राटों के पदों पर भी आसीन थे।[19] कुछ दलित विद्वान यह दावा करते हैं कि शूद्र भारत की अनार्य आदिम प्रजाति थी जिन्हें आक्रमणकारी आर्य प्रजाति द्वारा पराजित किया गया और गुलाम बनाया गया। तथापि, अंबेडकर पुरजोर ढंग से इस सिद्धांत को अस्वीकार करते हैं। वे आगे पुष्टि करते हैं कि प्राचीन भारत के कुछ बहुत प्रख्यात और शक्तिशाली राजा शूद्र थे।[20] महाभारत में एक शूद्र राजा द्वारा यज्ञ किए जाने का वर्णन है।[21] और अंबेडकर इस राजा की पहचान सुदास के रूप में करते हैं, जिनका उल्लेख ऋग्वेद में है।[22]

अंबेडकर के विचार को और ऐतिहासिक प्रमाण के द्वारा पुष्ट किया जा रहा है:

- हिन्दू, जैन और बौद्ध स्त्रोतों के अनुसार, चौथी शताब्दी ई. पू. में उत्तर भारत के नन्द वंश के शासक शूद्र थे। अर्थात् उत्तर भारत के महान सम्राट, महापद्म नन्द, शूद्र थे।
- इसी प्रकार, भारत के दूसरे महान शासक, चन्द्रगुप्त मौर्य भी शूद्र थे। मौर्य साम्राज्य का विस्तार दूर-दूर तक था , और प्रथम बार एक केन्द्रीकृत सरकार के अंतर्गत एक पूर्ण-भारतीय राष्ट्रीयता प्राप्त की जा सकी। यह ध्यान देना महत्वपूर्ण है कि एक शूद्र इतने बड़े साम्राज्य का शासक था।
- तत्पश्चात, गुप्त शासनकाल के समय, सौराष्ट्र, अवन्ती, अर्बुद, और मालवा के प्रांतों में शूद्र राजा राज्य कर रहे थे।[23]
- बौद्ध स्त्रोतों के अनुसार, शक्तिशाली पाल वंश, जिसने बंगाल और पूर्वी भारत के अन्य भागों पर लगभग चार सौ वर्षों, आठवीं शताब्दी के मध्य से ग्यारहवीं शताब्दी तक शासन किया, मूल रूप से शूद्र था । बौद्ध ग्रंथ मंजुश्री-मूल-कल्प में वर्णन है कि पाल वंश (750-1160 ई.) के संस्थापक, गोपाल शूद्र थे।[24] पाल वंश के राजा बौद्ध धर्म के महान संरक्षक थे, और उनके ताम्रपत्र अभिलेख बुद्ध की स्तुति के साथ प्रारंभ होते हैं।[25]
- मध्यकालीन भारत में, तेलुगु-भाषी आंध्र प्रांत पर शासन करने वाले काकतीय वंश के राजाओं (लगभग 1163-1323 ई.) ने अपने अभिलेखों में स्वयं के शूद्र होने की घोषणा की है। मध्ययुगीन आंध्र समाज की एक विशेषता यह थी कि कई प्रमुख योद्धा परिवार स्वयं को क्षत्रिय दिखाने का कोई छल नहीं करते थे, बल्कि यह उल्लेख करते हुए कि उनकी उत्पत्ति भगवान ब्रह्मा के चरणों से हुई है, गर्व से अपने शूद्र होने की घोषणा करते थे। मध्ययुगीन आंध्र में शूद्रों के पास सबसे अधिक राजनीतिक सत्ता थी।

शूद्र राजा सदैव स्वयं को हिन्दू समाज का अभिन्न अंग मानते थे। प्राचीन भारत में ऐसा कोई प्रमाण नहीं मिलता जो यह सूचित करे कि वे स्वयं को इससे अलग मानते थे।

आंध्र के प्रधान, प्रोलय नायक के महत्वपूर्ण संस्कृत अभिलेख में उल्लेख है कि 1329 में मुसलमानों से एक बड़े भूभाग को मुक्त कराने के लिए एक शूद्र आंदोलन हुआ।

> तत्पश्चात शूद्र जाति के मुसुमुरी परिवार के प्रधान प्रोलय सामने आए। उनकी शक्ति का सामना नहीं कर पाने के कारण, यवनों ने अपने दुर्ग छोड़ दिए और अज्ञात स्थानों में पलायन कर गए। उन्होंने अग्रहारा भूमि ब्राह्मणों को लौटाई और वैदिक यज्ञों को पुनः प्रारंभ करवाया। उन्होंने तुरुषकों के आवागमन के कारण प्रदूषित हुए आंध्र प्रदेश को यज्ञ अग्निकुंडों से उत्पन्न घी के धुएं से शुद्ध कराया।[26]

एक अन्य उदाहरण है, जब 1320 में एक महार (अंबेडकर का समुदाय) जो इस्लाम से हिन्दू धर्म में पुनः धर्मांतरित हुआ था, द्वारा हिन्दू शासन की स्थापना की गई। अरविन्द शर्मा के विचार से, यह दर्शाता है कि महार स्वयं को हिन्दू धर्म के अंतर्गत देखते थे।[27]

ऐसा नहीं माना जा सकता कि मात्र कुछ भाग्यशाली शूद्र शासक बन गए जबकि जन साधारण अधिकारहीन जीवन जीता रहा । शूद्र वर्ण ने वैदिक और तदुपरांत अवधियों में सामाजिक-राजनीतिक जीवन में मुख्य भूमिका निभाई तथा राज्य के शासन और सेना में वरिष्ठ पदों में महत्वपूर्ण भागीदारी की।

- अश्वमेध यज्ञ में, शूद्र सशस्त्र रक्षक के रूप में उस अश्व की रक्षा करते थे जिसे विश्वव्यापी विजय के अभियान पर भेजा जाता था।[28]
- 800 ई. पू. से 400 ई. पू. के काल में, शूद्रों को रतनिन कहे जाने वाले 'राज्य के लगभग बारह उच्च पदाधिकारियों' के उत्कृष्ट निकाय में स्थान मिला।[29]
- महाभारत में भी संस्तुत किया गया है कि राजा को परामर्श देने के लिए आठ मंत्रियों का एक निकाय होना चाहिए जिसमें चार ब्राह्मण, और तीन शूद्र हों।[30] उसमें यह भी उल्लेख है कि हस्तिनापुर के राजा के रूप में युधिष्ठिर के भव्य राज्याभिषेक में शूद्रों को आमंत्रित किया गया।[31]
- मध्यकालीन युग के बाद के समय में , हम देखते हैं कि शूद्रों को शक्तिशाली योद्धा छत्रपति शिवाजी (शा. 1674-80) और भारत के अन्य शासकों की सेनाओं में सामान्य रूप से सैनिकों के रूप में नियोजित किया गया। उनमें से कई रामोशी, महार, और मांग जैसी अस्पृश्य जातियों से थे।[32]
- यह ब्रिटिश भारत में भी जारी रहा और सैनिकों ने इसे अपनी पहले की क्षत्रिय परंपरा के विस्तार के रूप में देखा।[33] आज भी, भारतीय सेना में महार रेजीमेंट है जिससे दो सेना प्रमुख हुए हैं, जिसने कई युद्ध सम्मान

जीते हैं, और जो राष्ट्र के सर्वोच्च वीरता पुरस्कार, परम वीर चक्र से सम्मानित हुआ है।[34] वर्तमान में अनेक दलित समुदाय क्षत्रिय वंशों से होने का दावा करते हैं और उनके प्रायः क्षत्रिय नाम होते हैं, जिसकी पुष्टि भारतीय मानविकी सर्वेक्षण द्वारा की जाती है।[35] पूरे भारत में दलितों के ऐसे अनेकों उदाहरण हैं जो स्वयं को क्षत्रिय मानते हैं।[36]

- महार सैनिक मराठों और अन्य शासकों की सैन्य सेवाओं में अपनी निष्ठा के लिए विशेष रूप से जाने जाते थे। हिन्दू पेशवाओं द्वारा राजपरिवार की स्त्रियों की सुरक्षा के लिए महारों को नियुक्त किया गया था।[37] मुगल सम्राट औरंगजेब द्वारा मराठा राजकुमार संभाजी की हत्या के पश्चात, मराठा राज्य की सेवा करने के लिए एक स्वतंत्र महार सैन्य दल तैयार करने वाले सिधनक महार को संभाजी के पुत्र द्वारा सम्मानित किया गया। [38]

आर्थिक शक्ति और सामाजिक स्थिति

शूद्रों को निरंतर रूप से असहाय और निर्धन दिखाया जाता है। परंतु लिखित प्रमाण बताते हैं कि वे वैदिक अर्थव्यवस्था का मुख्य आधार थे। वेदों में उनसे जुड़े कई प्रकार के प्रौद्योगिकीय शिल्पों और उद्योगों का उल्लेख है।[39] पी वी काणे चमड़े का कार्य, धातु-कार्य , और वस्त्र, सहित बासठ विभिन्न शूद्र उद्योगों का उल्लेख करते हैं जो उनके ही स्वामित्व में थे और उनके द्वारा प्रबंधित और नियंत्रित किए जाते थे।[40] अन्य शब्दों में, वे श्रमिक नहीं, बल्कि स्व-नियोजित थे।

शूद्र कर्मकारों और शिल्पकारों को बड़ी शैक्षिक संस्थाओं में प्रशिक्षण दिया जाता था और वेदों में स्पष्ट रूप से कहा गया है कि ऐसी संस्थाओं का निर्माण करना राजा का कर्तव्य था।[41] ऋग्वेद के कई मंत्रों में कहा गया है कि राजा को शिल्पकारों और कर्मकारों की सुरक्षा और सहायता भी करनी चाहिए, और ये लोग शूद्र समुदाय के थे।[42]

ब्राह्मण और क्षत्रिय सामान्य रूप से शूद्रों के अंतर्गत कार्य करते थे।[43] केरल में अनेक आयुर्वेदाचार्य और संस्कृत विद्वान शूद्र एझावा समुदाय से थे।[44] उदाहरण के लिए, इत्ती अचूदन सत्रहवीं शताब्दी के उत्तरार्ध के प्रतिष्ठित एझावा औषधज्ञ थे, जिनका कथन विख्यात पुस्तक *होरटस मालाबारीकस* के आरंभ में दिया गया है। पौधों के औषधीय गुणों से संबंधित इस वानस्पतिक प्रबंध को वनस्पति विज्ञान के संबंध में यूरोपीय लोगों के ज्ञान के प्रारम्भिक स्त्रोतों में से एक माना जाता है।

इस पुस्तक को बारह खंडों में 1678 और 1703 के बीच एम्स्टर्डम से प्रकाशित किया गया था।[45]

प्राचीन समय में, समान आर्थिक क्षेत्रों में एक साथ कार्य करने वाले शूद्रों और वैश्यों को संयुक्त रूप से सुदरारयौ कहा जाता था।[46] अनेकों शिलालेखों से स्पष्ट होता है कि ये संघ बैंकों के रूप में भी कार्य करते थे, जिसमें जनता से जमा लेकर सूद देना और ऋणी को ऋण देना सम्मिलित था।[47]

मनुस्मृति के संबंध में शास्त्रकार मेधातिथि के भाष्य में कहा गया है कि शूद्र व्याकरण और अन्य विज्ञानों की शिक्षा देते हैं, और इस तथ्य का उल्लेख बृहद्धर्म पुराण में भी किया गया है।[48] आपस्तम्ब धर्मसूत्र में कहा गया है कि स्त्रियों और शूद्रों में परंपरागत रूप से जो विद्या अथवा ज्ञान विद्यमान है, वह अथर्व वेद का पूरक है।[49]

प्राचीन ग्रंथों जैसे याज्ञवल्क्य स्मृति, नारद स्मृति, और विष्णु स्मृति से यह सिद्ध होता है कि शूद्र कर्मकारों और शिल्पकारों के संघ राज्य तंत्र का अंग थे और उच्च्च सम्मान के पात्र थे।[50] ये संघ देश के न्यायाधिकरणों का भी अंग थे। गौतम धर्मशास्त्र में उल्लेख है कि इनको अपने नियम बनाने का अधिकार था, जो राजा को भी मान्य होते थे।[51] सम्पूर्ण लिखित इतिहास के अनुसार इन संघों की बराबर की सामाजिक स्थिति थी।[52] वस्तुत: प्राचीन भारत में शूद्र संघ आर्थिक रूप से काफ़ी संपन्न थे।[53]

उत्तर भारत में यह संघ व्यवस्था बारहवीं शताब्दी तक कार्य करती रही। परंतु बाद में हुए मुस्लिम आक्रमणों के कारण इन संघों के नियम कठोर हो गए, और इसके परिणामस्वरूप इनका पतन हो गया और ये शाखाओं में बंट गए।[54]

उस समय के धनाढ्य वर्ग का अंश होने के कारण, ये अधिक मात्रा में दान भी देते थे। इसका प्रमाण असंख्य शिलालेखों में मिलता है जो शूद्रों का उल्लेख परोपकारी मनुष्यों के रूप में करते हैं।[55] छठी से तीसरी शताब्दी के लगभग के जैन आगम जिनमें महावीर के उपदेश सम्मिलित हैं, शूद्रों की आर्थिक संपन्नता और उनके लिए समाज में सम्मान का चित्रण करते हैं।[56] चीनी यात्री, ह्वेन सांग जो सातवीं शताब्दी के उत्तरार्ध में भारत आया, उसने शूद्रों का कृषकों के वर्ग के रूप में उल्लेख किया है।[57]

निम्नलिखित चित्र परंपरागत भारतीय समाज में शूद्रों की बहुआयामी भूमिका को दर्शाता है।

शूद्रों के बीच अस्पृश्यता

सामान्यतः यह माना जाता है कि केवल उच्च वर्ण के लोग ही शूद्रों और दलितों को अस्पृश्य मानते हुए उनका उत्पीड़न करते थे। जबकि , शूद्र और दलित समुदाय भी अस्पृश्यता का पालन करते थे। इनकेईसाई अथवा मुसलमान बन जाने के पश्चात भी यह बनी रही। इसके प्रमाण उपलब्ध हैं कि वर्तमान युग के प्रारंभ से ही बहिष्कृत लोगों ने स्वयं में एक जाति तारतम्य तैयार कर लिया और कुछ लोगों को अस्पृश्य कहा । मनु ने भी इससे पहले उल्लेख किया है कि अन्त्यवसायिन, जिसका जन्म एक चांडाल और एक निषाद (एक और नीची जाति) के बीच मिश्रित विवाह से हुआ हो, उसको चांडालों द्वारा भी घृणा की दृष्टि से देखा जाता था।[58] इसी प्रकार से, लगभग प्रत्येक अस्पृश्य समूह को लगता था कि दूसरा समूह उनसे नीचे के स्तर पर है।[59]

वर्तमान समय में भी, प्रत्येक प्रांत में अनुसूचित जातियों में एक तारतम्य है जिसमें किंचित समुदायों से जल और फल स्वीकार करने और आदान-प्रदान करने पर प्रतिबंध है। उदाहरणार्थ, दक्षिण भारत में, माला मडीगा को अस्पृश्य मानता है, और दोनों के लिए, थोटी अस्पृश्य है।[60] इसी प्रकार, उत्तर भारत में, मेघवाल के लिए रैगर अस्पृश्य है, और दोनों के लिए, भंगी अस्पृश्य है।[61] इसी प्रकार, आदि द्रविड धोबी, माला और मडीगा समुदायों से भोजन और जल नहीं लेते हैं।[62] विडंबना से, वर्तमान में अनेक अनुसूचित जातियाँ (छियानवे प्रतिशत) सजातीय विवाह करती हैं।[63]

अंग्रेजों से पूर्व स्वदेशी शिक्षा

वर्तमान में कुछ विद्वानों का यह आरोप है कि शूद्रों को शिक्षा प्राप्त करने का अवसर नहीं दिया गया। इस भेदभाव के कारण शूद्र अशिक्षा के अंधकार में डूबे रहे। व्यापक रूप से यही माना जाता है कि प्राचीन समय में अथवा अंग्रेज शासन आने तक, भारत में शिक्षा प्राप्त करने का अधिकार केवल ब्राह्मणों और क्षत्रियों को था । इस विचार के अनुसार, अंग्रेजों द्वारा भारत में अंग्रेजी शिक्षा प्रारंभ करने और शूद्रों को समान अवसर उपलब्ध करने के बाद उनका उद्धार हुआ । परंतु सच्चाई , इसके बिल्कुल विपरीत है।

विद्वान धरमपाल, जिन्हें गांधी के सबसे सच्चे अनुयायियों में से एक माना जाता है, उन्होंने इंग्लैंड में लंबे समय तक रहकर भारत के संबंध में उनके

शूद्रों की बहुआयामी सामाजिक स्थिति

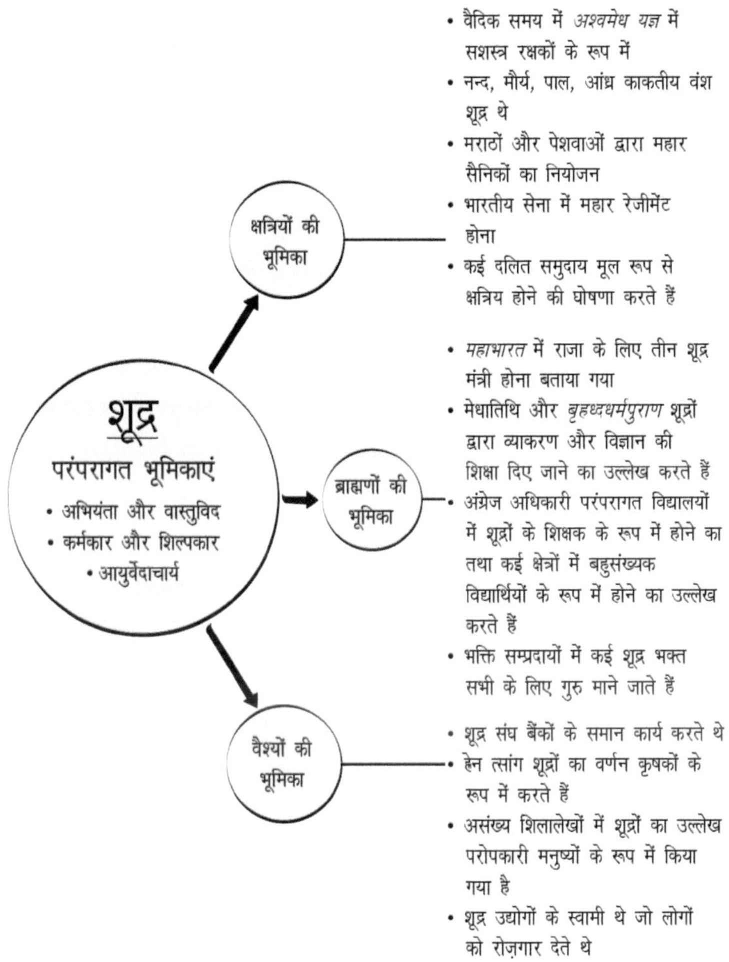

आधिकारिक अभिलेखों का अध्ययन किया। वे आधिकारिक ब्रिटिश रिकार्ड के अनुसार उपनिवेश-पूर्व भारतीय शिक्षा की स्थिति से संबंधित एक पुरालेख पुनः भारत लाना चाहते थे। । उनकी पुस्तकें महत्वपूर्ण संदर्भ स्त्रोत हैं जो प्रख्यात इतिहासकारों द्वारा किये गए अनेकों अनुचित दावों का खंडन करती हैं।

धरमपाल लिखते हैं:

> मद्रास प्रेसिडेंसी और बंगाल-बिहार संबंधी आँकड़े एक प्रकार का रहस्योद्घाटन करते हैं। आंकड़ों से शिक्षकों और छात्रों की पृष्ठभूमि स्पष्ट होती है। यह ... गत 100 वर्षों अथवा उससे अधिक समय में विद्वानों द्वारा की गई विभिन्न घोषणाओं के बिल्कुल विपरीत है, जिसमें यह माना गया है कि भारत में किसी भी प्रकार की शिक्षा, अभी की नई दशाब्दियों तक, मुख्य रूप से हिंदुओं में द्विजों तक, और मुसलमानों में शासक वर्ग के लोगों तक सीमित थी। वास्तविक स्थिति जो प्रकट हुई है, इससे बिल्कुल विपरीत नहीं, परंतु भिन्न थी। मद्रास प्रेसिडेंसी के जिलों में (और महत्वपूर्ण रूप से तमिल भाषी क्षेत्रों में) तथा साथ ही साथ, बिहार के दो जिलों में हिंदुओं के बीच यह स्थिति भिन्न थी। इन क्षेत्रों में से प्रत्येक में, उस समय विद्यमान हजारों विद्यालयों में शूद्र कहे जाने वाले समूहों, और उनसे नीचे मानी जाने वाली जातियों की बहुलता थी।[64]

अन्य शब्दों में, शूद्रों और समाज के अन्य निम्नतम स्तर के समुदायों को परंपरागत भारतीय शिक्षा सुलभ थी। धरमपाल भारत की स्वदेशी शिक्षा प्रणाली के संबंध में अंग्रेज सर्वेक्षणों का प्रयोग करते हुए सटीक आँकड़े उपलब्ध कराते हैं। निम्नलिखित तालिका 1825 में मद्रास प्रेसिडेंसी के संबंध में उनके निष्कर्षों का सार प्रस्तुत करती है।

1825 में मद्रास जिले में विद्यालयों में और घर पर शिक्षा प्राप्त कर रहे बालकों का सामुदायिक विवरण

	ब्राह्मण	वैश्य	शूद्र	अन्य जातियाँ	हिन्दू	मुसलमान	कुल
विद्यालय में शिक्षा प्राप्त कर रहे	410	853	3,678	447	5,370	153	5,523
कुल का %	*7.42*	*15.12*	*66.59*	*8.09*	*97.23*	*2.77*	
घर पर शिक्षा प्राप्त कर रहे	7,586	6,132	7,589	3,449	24,756	1,690	26,446
कुल का %	*28.68*	*23.19*	*28.70*	*13.04*	*93.61*	*6.39*	
कुल	**7,996**	**6,967**	**11,267**	**3,896**	**30,126**	**1,843**	**31,969**

स्त्रोत : धरमपाल. द ब्यटीफल टी

स्पष्ट रूप से, विद्यालय जाने वाले शूद्रों का प्रतिशत (66.59), अन्य सभी वर्णो के संयुक्त प्रतिशत से अधिक है।

इसी प्रकार, धरमपाल कहते हैं कि मलयालम-भाषी मालाबार में विद्यालय जाने वाले विद्यार्थियों में शूद्रों और अन्य ऐसी जातियों की संख्या लगभग चौवन प्रतिशत थी।[65] मुख्य रूप से कन्नड़-भाषी बेल्लारी में, ब्राह्मण और वैश्य विद्यार्थियों का अनुपात पैंतीस प्रतिशत था, जबकि शूद्र और अन्य निम्न स्तर के विद्यार्थियों की संख्या तिरसठ प्रतिशत थी।[66] उड़िया-भाषी गंजाम में भी ऐसी ही स्थिति थी: विद्यार्थियों में 35.6 प्रतिशत ब्राह्मण और वैश्य थे, और लगभग 63.5 प्रतिशत निम्न स्तर से थे।[67] निम्नलिखित तालिका मद्रास प्रेसिडेंसी के विभिन्न प्रांतों में स्वदेशी विद्यालयों में विद्यार्थियों के वर्ण-वार प्रतिशत को दर्शाती है।

यह प्रवृत्ति केवल प्राथमिक विद्यालय शिक्षा तक ही सीमित नहीं थी। मद्रास प्रेसिडेंसी के सर्वेक्षणों के अनुसार, चिकित्सक और शल्य-चिकित्सक विभिन्न जातियों से थे। अंग्रेज चिकित्सा अधिकारियों के अनुसार, नाई जाति के लोग सबसे अच्छे शल्य-चिकित्सक थे।[68] खगोल-विद्या एक अन्य विषय था जिसमें अधिकतर विद्यार्थी शूद्र थे।

धरमपाल के निष्कर्षों को इस तथ्य से समर्थन मिलता है कि अंग्रेज प्रशासक, थॉमस मुनरो ने 1822 में मद्रास प्रेसिडेंसी में स्वदेशी भारतीय शिक्षा के अपने सर्वेक्षण में, स्पष्ट रूप से कहा कि *ऐसा कोई संकेत नहीं मिलता है कि बच्चों के शूद्र स्तर से होने के कारण देशी विद्यालयों में शिक्षा प्राप्त करने में उनपर कोई प्रतिबंध हो।*[69]

<u>1825 में स्वदेशी विद्यालयों में पढ़ रहे बालकों का सामुदायिक विवरण</u>

भाषाई प्रांत		ब्राह्मण	वैश्य	शूद्र	अन्य जातियाँ	हिन्दू	मुसलमान
उड़िया	विद्यार्थी	808	243	1,001	886	2,938	27
	कुल का %	*27.25*	*8.20*	*33.76*	*29.88*	*99.09*	*0.91*
तेलुगु	विद्यार्थी	13,893	7,676	10,076	4,755	36,521	1,639
	कुल का %	*36.41*	*20.12*	*26.40*	*12.46*	*95.70*	*4.30*
कन्नड़	विद्यार्थी	1,233	1,004	3,296	1,332	6,865	329
	कुल का %	*17.14*	*13.96*	*45.82*	*18.52*	*95.43*	*4.57*
मलयालम	विद्यार्थी	2,230	84	3,697	2,756	8,767	3,196
	कुल का %	*18.64*	*0.70*	*30.90*	*23.04*	*73.28*	*26.72*
तमिल	विद्यार्थी	11,557	4,442	57,873	13,196	87,437	5,453
	कुल का %	*12.44*	*4.78*	*62.30*	*14.21*	*94.13*	*5.87*
प्रेसिडेंसी कुल	विद्यार्थी	29,721	13,449	75,943	22,925	1,42,528	10,644
	कुल का %	*19.40*	*8.78*	*49.58*	*14.97*	*93.05*	*6.95*

स्त्रोत : धरमपाल, द ब्यूटीफुल ट्री

शूद्र विद्यार्थियों की प्रधानता थी और शूद्र शिक्षकों का भी बड़ा अंश था। अंग्रेज, विलियम वार्ड ने बंगाल में स्वदेशी विद्यालयों के संबंध में अपने प्रारंभिक उन्नीसवीं शताब्दी के विवरण में कहा, कि *विद्यालयों में सामान्यतः शूद्र शिक्षक होते थे और कभी-कभी ब्राह्मण होते थे।*[70]

दलित हिंदू गौरव

कुछ आधुनिक विद्वान यह दावा करते हैं कि शूद्र और दलित हिंदू नहीं हैं। इससे समाज में फूट डालने और उसे विखंडित करने के कार्य में सहायता मिलती है। तथापि, यदि हम भारत सरकार के विभिन्न जनगणना रिपोर्टों और व्यापक सर्वेक्षणों को देखें, यह स्पष्ट होता है कि शूद्रों और दलितों की बहुत बड़ी संख्या स्वयं को गर्व से हिंदुओं के रूप में वर्गीकृत करती है।

भारतीय मानविकी सर्वेक्षण द्वारा अपने विशाल *पीपल ऑफ इंडिया* परियोजना (1985-92) के अंतर्गत किया गया अध्ययन एक विश्वसनीय संदर्भ है। इसका उद्देश्य भारत के सभी समुदायों का मानविकी वर्णन प्रस्तुत करना था। रिपोर्ट में कई रोचक तथ्यों को प्रकट किया गया है:

- अनुसूचित जाति समुदायों में से 96.9 प्रतिशत ने स्वयं की पहचान हिंदुओं के रूप में की।[71]
- अनुसूचित जाति समुदायों में से 79.8 प्रतिशत जल संसाधनों को और 67 प्रतिशत शवदाहगृहों को अन्य समुदायों के साथ साझा करते हैं।
- उनमें से 91 प्रतिशत उन्हीं धार्मिक तीर्थस्थानों पर जाते हैं, जहाँ अन्य समुदाय जाते हैं।
- अनुसूचित जाति समुदायों में से 91 प्रतिशत परंपरागत हिंदू त्योहारों और समारोहों में भाग लेते हैं, और 17.6 प्रतिशत इन त्योहारों में विशेष भूमिका निभाते हैं।[72]

इसके अतिरिक्त, अंबेडकर ने वास्तविक मानविकी आंकड़ों का संदर्भ देते हुए विशेष रूप से तर्क दिया कि महाराष्ट्र में महारों और कुछेक ब्राह्मण समूहों तथा उत्तर प्रदेश में चमारों और ब्राह्मणों के बीच कोई जातीय भेद नहीं है।[73]

कई जांचकर्ताओं ने यह भी बताया है कि विभिन्न भौगोलिक क्षेत्रों के लोगों के बीच आनुवंशिक भिन्नताएं, किसी प्रांत विशिष्ट की जातियों के बीच भिन्नताओं की तुलना में कहीं अधिक हैं।[74]

भारत में सबसे बड़े तीन दलित अथवा अनुसूचित जाति समुदायों – चमार, आदि द्रविड़, और पासी - के धार्मिक जीवन के संबंध में ठोस प्रमाण उपलब्ध हैं। इससे पूर्णतया स्पष्ट होता है कि ये स्वयं को हिंदू मानते हैं।

चमार भारत में सबसे बड़ी अनुसूचित जाति अथवा दलित समुदाय हैं और उत्तर भारत के लगभग सभी राज्यों में फैले हुए हैं।[75] उत्तर प्रदेश में इन्हें रैदासी के नाम से जाना जाता है क्योंकि ये स्वयं को हिंदू वैष्णव संत रैदास का आध्यात्मिक वंशज मानते हैं।[76] पंजाब और हिमाचल प्रदेश में इनके विवाह वैदिक परंपरा के अनुसार सम्पन्न होते हैं,[77] और संत रैदास के अतिरिक्त, यह हिंदू देवी/देवताओं की पूजा करते हैं। हरियाणा में भी, रविदास के अनुयायी, जिन्हें जाटव[78] कहा जाता है, और संत कबीर के अनुयायी, जिन्हें जुलाहा[79] कहा जाता है, अन्य देवताओं के साथ लक्ष्मी और काली की भी पूजा करते हैं। यह अपने जन्म, विवाह, और मृत्यु संबंधी अनुष्ठान ब्राह्मणों से करवाते हैं। दुर्गा पूजा और होली इनके प्रमुख त्योहार हैं।[80]

आदि द्रविड़ भारत में दूसरी सबसे बड़ी अनुसूचित जाति समुदाय है।[81] ये स्वयं की पहचान हिंदुओं के रूप में करते हैं, हिंदू मंदिरों में जाते हैं, और हिंदू त्योहारों को मनाते हैं।[82] कर्नाटक में, ये दुर्गम्मा, रेणुका, परशुराम, लक्ष्मी, वेंकटारमण, और इसी प्रकार के हिंदू देवी/देवताओं की पूजा करते हैं।[83] आंध्र प्रदेश में, ये हिंदू धर्म का पालन करते हैं और दिवाली, दशहरा, गणेश चतुर्थी, पोंगल और इसी प्रकार के त्योहारों को मनाते हैं।[84]

भारत की तीसरी सबसे बड़ी अनुसूचित जाति अथवा दलित समुदाय पासी है, जो इस किंवदंती में विश्वास करते हैं कि वे गायों की हत्या किये जाने से उनकी रक्षा करने के लिए ऋषि परशुराम के पसीने (अतएव उनका नाम पासी हुआ) से उत्पन्न हुए हैं।[85] ये लोग कई उत्तरी राज्यों में फैले हुए हैं और हनुमान, देवी तथा अन्य देवी/देवताओं की पूजा करते हैं,[86] और पवित्र हिंदू स्थलों जैसे काशी, प्रयाग, हरिद्वार, वृंदावन, और नैमिषारण्य में तीर्थ यात्रा करने जाते हैं। विशिष्ट रूप से, इनके प्रमुख कर्मकांडों को ब्राह्मण द्वारा ही पूरा किया जाता है।[87] पासी कुएं, जल संसाधन, और धार्मिक मंदिरों को अन्य जातियों के साथ साझा करते हैं और परंपरागत त्योहारों में उनके साथ सम्मिलित होते हैं। नीचे दिया गया चित्र भारत के कुछ दलित समुदायों के क्षेत्रीय विवरण की एक झलक प्रस्तुत करता है।

पासियों के अपने परंपरागत इतिहास के अनुसार, मध्यकालीन युग तक, उत्तर प्रदेश में अवध क्षेत्र में उनका शासन था। उनकी कुछ उपजातियां, जैसे राजपासी अपनी उत्पत्ति राजपूतों से होने का दावा करते हैं।[88]

एक अन्य उल्लेखनीय तथ्य यह है कि अंग्रेज शासनकाल से पूर्व मैला ढोने की कोई प्रथा नहीं थी, क्योंकि घरों में शौचालय नहीं हुआ करते थे। दलितों के लिए मैला ढोने का कार्य अंग्रेजों द्वारा प्रारंभ किया गया, जैसा कि उन दिनों लंदन में होता था। अंग्रेज शासनकाल में भंगी, मेहतर जैसे समुदाय और अन्य जातियां मैला ढोने के कार्य से जुड़ गईं। अब इन्हें संयुक्त रूप से बाल्मीकि/वाल्मीकि कहा जाता है और ये अपनी उत्पत्ति पौराणिक हिंदू ऋषि वाल्मीकि से होने की घोषणा करते हैं। ये भी स्वयं की पहचान हिंदुओं के रूप में करते हैं।[89]

शूद्रों का क्षेत्रीय विवरण

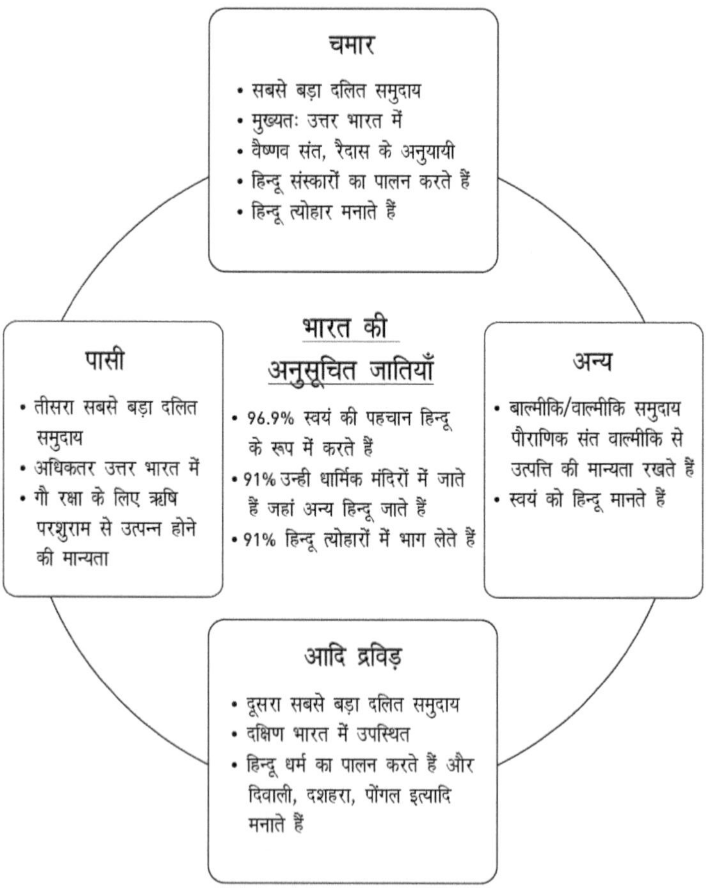

वनवासी

आदिवासी शब्द का शाब्दिक अर्थ मूल निवासी है। इस प्रकार सभी भारतीय आदिवासी हैं , परंतु अंग्रेजों की 'फूट डालो और राज करो' के नस्लवादी सिद्धांतों ने मात्र कुछ ही समुदायों को मूल निवासी कहा और शेष को विदेशी आक्रामकों के रूप में वर्गीकृत किया। भारत के संदर्भ में '*अबोरिजिंस*' (आदिम जाति) शब्द भी त्रुटिपूर्ण है, क्योंकि यह शब्द अमेरिका और ऑस्ट्रेलिया के मूल निवासियों से संबंधित है जिन्हें विदेशी प्रजातियों द्वारा अधीन किया गया; इस प्रकार की शब्दावली गैर-आदिवासियों को किसी विदेशी प्रजाति के रूप में प्रस्तुत करती है। भारत सरकार ने अंतर्राष्ट्रीय मंचों पर कुछेक लोगों के लिए 'इन्डिजेनस पीपल' (देशी लोग) शब्दों का उपयोग करने पर आपत्ति जताई है, क्योंकि इसका अर्थ यह निकलता है कि शेष भारतीय विदेशी हैं।[90]

हम परंपरागत रूप से वनों में रहने वाले समुदायों के लिए 'वनवासी' शब्द का प्रयोग करेंगे। इससे स्पष्ट होगा कि भिन्न भौगोलिकता का अर्थ भिन्न प्रजाति नहीं है। तथापि, सरकारी आंकड़ों का संदर्भ देते समय, हम किसी भ्रम से बचने के लिए आधिकारिक शब्द 'शेड्यूलड ट्राइब' (अनुसूचित जनजाति) का ही प्रयोग करेंगे।

आधुनिक समय में कई दावे किए गए हैं कि वनवासी सदा से ही गैर हिन्दू रहे हैं। तथापि, 1931 से एक अंग्रेज जनगणना निरीक्षक ने बताया कि उनके प्रांतों में, वनवासी हिन्दू रीति-रिवाजों का पालन करते थे, हिन्दू शोभायात्राओं में भाग लेते थे, और हिन्दू देवी/देवताओं की पूजा करते थे। उन्होंने उल्लेख किया कि उनमें और अन्य हिंदुओं में भेद बताना प्रायः असंभव था और वे स्वयं को हिंदुओं के रूप में ही देखते थे।[91]

पीपल ऑफ इंडिया परियोजना के अनुसार, विभिन्न अनुसूचित जनजातियों से अधिकतर लोगों ने सर्वेक्षणों में दिए गए विकल्पों जैसे कि देशी जनजातीय धर्म, ईसाइयत, इस्लाम, इत्यादि के स्थान पर हिन्दू श्रेणी को ही चुना।।[92] 1981 की जनगणना में, कुल अनुसूचित जनजाति जनसंख्या के 87.05 प्रतिशत ने स्वयं की पहचान हिंदुओं के रूप में की।[93]

भारत में सबसे बड़े चार वनवासी समुदाय गोंड, भील, संथाल, और मीणा हैं।[94]

संख्यात्मक रूप से गोंड भारत की सबसे बड़ी अनुसूचित जनजाति है जो मध्य भारत में कई राज्यों में व्यापक रूप से फैले हुए हैं।[95] वे राजनीतिक रूप से शक्तिशाली थे और मध्यकालीन समय में, चार राज्यों पर उनका शासन था ।[96]

उनकी किंवदंतियों के अनुसार, उनके पूर्वजों का पालन-पोषण भगवान शिव और माता पार्वती द्वारा किया गया। ये लोग हिन्दू देवी/देवताओं की पूजा करते हैं और सभी प्रमुख हिन्दू त्योहार जैसे होली, दिवाली, दशहरा, रक्षाबंधन, और संक्रांति मनाते हैं।[97]

भारत की दूसरी सबसे बड़ी अनुसूचित जनजाति भील समुदाय है, जो दक्षिणी राजस्थान, पश्चिमी मध्य प्रदेश, गुजरात, और उत्तरी महाराष्ट्र में फैली हुई है। ये भिली भाषा बोलते हैं, जो कि संस्कृत परिवार से है। ये गुजरात में सबसे बड़े वनवासी समुदाय हैं। लगभग सभी भील स्वयं को हिन्दू मानते हैं और होली, दिवाली, नवरात्रि, रक्षाबंधन, आदि त्योहार मनाते हैं। ऐतिहासिक रूप से, भीलों ने कई राजपूत शासकों के राज्याभिषेक समारोहों में महत्वपूर्ण भूमिका निभाई।[98]

मीणा राजस्थान की सबसे बड़ी और भारत में चौथी बड़ी अनुसूचित जनजाति है।[99] ये अपनी उत्पत्ति विष्णु के मीन अथवा मत्स्य अवतार से मानते हैं, अतएव इनका नाम मीणा पड़ा।[100] भगवान शिव इनके सर्वोच्च देवता हैं, और ये हनुमान, सीता-राम, और राधा-कृष्ण की भी पूजा करते हैं।[101] 1961 और 1971 की जनगणनाओं में, शत-प्रतिशत मीणाओं ने स्वयं को हिंदुओं के रूप में दर्ज कराया।[102]

शूद्रों के समान, कई वनवासी समुदायों ने भी प्रौद्योगिकीविदों और अभियंताओं के रूप में हिन्दू समाज में महत्वपूर्ण भूमिका निभाई है। उदाहरणार्थ, मध्य प्रदेश में अगरिया/अगड़िया जनजाति (आग अथवा अग्नि से व्युत्पन्न नाम) पारंपरिक रूप से लुहार थे और लोहे को पिघलाने तथा लोहे की वस्तुओं का निर्माण करने में विशेषज्ञ थे।[103]

मुंडा समुदाय के लोग मध्य और उत्तरपूर्वी राज्यों में निवास करते हैं।[104] स्वतंत्रता सेनानी बिरसा मुंडा, जिन्होंने अंग्रेज शासन के विरुद्ध संघर्ष किया, इस समुदाय से थे। वे एक ब्राह्मण को अपना गुरु मानते थे। उन्होंने हिन्दू महाकाव्यों का ज्ञान प्राप्त किया और उनके महान नायकों से प्रेरित हुए।[105] एक वैष्णव संत से भक्ति का ज्ञान प्राप्त होने के पश्चात वे शाकाहारी बन गए।[106] बिरसा मुंडा ने ईसाई मिशनरियों और जमींदारों तथा अंग्रेज प्रशासकों के शोषण के विरुद्ध संघर्ष किया।[107]

यह उल्लेखनीय है कि लंबे समय तक ईसाई मिशनरियों द्वारा चलाए गए आक्रामक धर्मांतरण अभियानों के होते हुए भी, उत्तरपूर्व भारत की अनेकों

अनुसूचित जनजातियाँ हिन्दू ही रहीं। उदाहरणार्थ, असम में ब्रह्मपुत्र घाटी की सबसे बड़ी जनजाति बोडो-कछारी में पंचानवे प्रतिशत ने 1971 की जनगणना में स्वयं को हिंदुओं के रूप में पंजीकृत कराया। ये लोग वैष्णव मठों और मंदिरों जैसे पवित्र तीर्थस्थलों की भी यात्रा करते हैं।[108]

असम की कछारी होजाई अनुसूचित जनजाति बोडो भाषाई समूह से है जो प्रमुख हिन्दू संस्कारों जैसे नामकरण संस्कार और यज्ञोपवीत संस्कार का पालन करते हैं। वे शाक्त परंपरा से हैं और क्षत्रिय होने की घोषणा करते हैं। 1971 की जनगणना में शत-प्रतिशत होजाई हिन्दू धर्म का पालन करने वालों के रूप में अंकित किए गए। एक अन्य बोडो समुदाय कछारी बर्मन है और 1961 तथा 1971 की जनगणनाओं के अनुसार, इन सभी ने अपनी पहचान हिंदुओं के रूप में बताई ।[109]

उल्लेखनीय रूप से, अनेक वनवासी समुदाय क्षत्रिय वंशों से होने का दावा करते हैं।[110]

भक्ति का प्रसार

हिन्दू धर्म के ढांचे के अंतर्गत भक्ति प्रसार ने जाति वर्गीकरणों और भेदभाव के विरुद्ध संघर्ष में सबसे प्रमुख भूमिका निभाई। भारतवर्ष में महिला संतों सहित अनेक संत कवियों जो तथाकथित नीची जातियों में जन्मे थे, द्वारा भक्ति का प्रसार किया गया।

भक्ति (*डिवोशन* इसका अस्पष्ट अनुवाद है) सदा ही हिन्दू धर्म का अंश रही है। उपनिषद्, भगवद् गीता, महाभारत, रामायण, और पुराण सभी में भक्ति के उपदेश हैं। छठी शताब्दी में शैव और वैष्णव संतों द्वारा इस पुरानी परंपरा को तमिलनाडु में व्यापक रूप से पुनर्जीवित किया गया। बारहवीं शताब्दी में कर्नाटक में, भक्ति संतों ने जाति विशिष्टता के दावों का घोर विरोध करते हुए एक ब्राह्मण कन्या का विवाह एक अस्पृश्य के पुत्र से करा दिया।

भक्ति के प्रसार ने हिन्दू धर्म को सामान्य-जन के स्तर पर ला दिया। इसके अनुयायियों ने इस बात पर बल दिया कि आध्यात्मिक प्रबोधन के लिए पुस्तकों से ज्ञान प्राप्त करना न तो आवश्यक है और न ही पर्याप्त है। इससे उन व्यक्तियों का प्रभाव कम हो गया, जो वेदों के संबंध में अपने विशिष्ट ज्ञान का दावा करते थे। अब आध्यात्मिक उन्नति के लिए वेदों के अतिरिक्त भी मार्ग उपलब्ध थे।

तथापि, यह कहना अनुचित होगा कि भक्ति मार्ग ने वेदों के विरुद्ध विद्रोह किया; सत्य यह है कि इसके उपदेश वेदों पर ही आधारित हैं। वस्तुतः कई महत्वपूर्ण भक्ति संतों ने वैदिक ग्रंथों पर टीकाएं लिखीं और उनका अध्ययन करने का समर्थन किया।[111]

भक्ति प्रसार विविधतापूर्ण था और सम्पूर्ण भारत में इसका प्रभाव था। कई भक्ति संत जैसे उत्तर भारत में कबीर, कर्नाटक में शिशुनाला शरीफ, और महाराष्ट्र में शिर्डी साईं बाबा, जन्म से मुसलमान थे, परंतु हिंदुओं के बीच अत्यधिक पूजनीय थे। महाराष्ट्र में भी समान रूप से भक्ति का प्रसार हुआ, जिसमें नीची जाति के श्रमिक वर्ग से लेकर ब्राह्मण तक सम्मिलित थे।

आधुनिक समय में कई दावे किए गए कि शूद्र स्वयं को कभी भी हिन्दू नहीं मानते थे। परंतु कई प्रभावशाली भक्ति संत शूद्र वर्ण से थे। कुछ प्रसिद्ध उदाहरण निम्नलिखित हैं।

उत्तर भारत में रविदास और कबीर

स्वामी रामानंदाचार्य एक प्रभावशाली वैष्णव संत थे जो जन्म से ब्राह्मण थे, और इन्होंने उत्तर भारत में राम भक्ति के मार्ग का प्रचार-प्रसार किया। उनके बारह मुख्य शिष्य थे, जिनमें से कई शूद्र थे, जैसे संत रविदास, संत कबीर, और संत सैन।[112]

रविदास ने भक्ति के प्रसार के लिए सम्पूर्ण उत्तर भारत की यात्रा की और विष्णु को समर्पित गंभीर भजन लिखे। रविदास की प्रसिद्धि बहुत दूर-दूर तक फैली। सोलहवीं शताब्दी की प्रख्यात महिला संत, मीराबाई उनसे काशी में मिलने का उल्लेख करती हैं और उन्हें अपना गुरु मानती हैं।[113] संत रविदास, अपने कई भजनों में कहते हैं कि वे शूद्रों की चमार जाति से हैं, फिर भी वाराणसी के ब्राह्मण अत्यंत सम्मान के साथ उनके सामने दंडवत् होते हैं।[114]

पंद्रहवीं शताब्दी के कवि और संत, कबीर, रामानंदाचार्य के एक अन्य प्रभावशाली शिष्य थे। वे वाराणसी में शूद्र समुदाय के जुलाहा परिवार में जन्मे थे।[115] वे सबसे प्रसिद्ध भक्ति कवियों में से हैं और जनसाधारण के बीच उनके अनुयायियों की संख्या बहुत बड़ी है। उनके दोहों में विष्णु, जिन्हें वे राम अथवा हरि पुकारते हैं, के प्रति पूर्ण समर्पण की भावना है और भारतीय समाज के सभी वर्गों द्वारा लोकप्रियता से इनका पाठ किया जाता है।

महाराष्ट्र के हिन्दू संत

महाराष्ट्र के वारकरी संप्रदाय के संत कवि, चोखामेला (विलंबित तेरहवीं और प्रारम्भिक चौदहवीं शताब्दी) ने अपनी रचनाओं में लिखा कि वे महार जाति से थे, जिसे निम्न से भी निम्नतम माना जाता था।[116] उन्होंने विष्णु और वेदों की स्तुति करते हुए कई भजन लिखे। उनके संप्रदाय के अन्य संत जैसे नामदेव, तुकाराम, गोरा कुंभार, सावंता माली भी निम्न जातियों से थे।[117]

वारी तीर्थयात्रा महाराष्ट्र की एक जीवित परंपरा है जिसमें भक्तगण वारकरी परंपरा के दो प्रमुख संतों – ज्ञानेश्वर, एक ब्राह्मण, और तुकाराम, एक शूद्र – के नाम रूपी मंत्र का जप करते हुए पैदल यात्रा करते हैं। यह इस परंपरा में ब्राह्मणों और शूद्रों की एकता का उदाहरण है। तुकाराम वैदिक परंपरा में दृढ़ विश्वासी थे, और उनके एक भजन में कहा गया है कि वेदों और पुराणों में अविश्वास करने वाले व्यक्ति की ओर देखना भी नहीं चाहिए।[118]

दक्षिण भारत के हिन्दू शूद्र संत

नयनार कहे जाने वाले तिरसठ तमिल शैव संतों में अन्य वर्णों के साथ शूद्र भी थे। इसी प्रकार, बारह तमिल वैष्णव आलवार संतों में कुछ शूद्र थे।

दलितों को समाज की मुख्यधारा में सम्मिलित करने के बड़े सामाजिक आंदोलनों में, केरल में एझावा और तमिलनाडु में नादरों की प्रमुख भूमिका रही। दोनों समुदायों ने औपनिवेशिक शासनकाल में ही हिन्दू ढांचे के अंदर अपने सामाजिक सुधारों को प्राप्त कर लिया।

नारायण गुरु एझावा समुदाय के एक शक्तिशाली नेता थे जिन्होंने इस समुदाय की सामाजिक स्थिति को उन्नत बनाया। जब एझावाओं के साथ भेदभाव हुआ, उन्होंने नए हिन्दू मंदिरों का निर्माण किया और उनकी प्रतिष्ठा की, जहां दलित और गैर दलित एक साथ प्रार्थना करते थे।[119] उन्होंने आदि शंकराचार्य के दर्शन को विश्व के लिए उत्कृष्ट योगदान की संज्ञा देते हुए, उसकी शिक्षा दी।[120] उन्होंने वैदिक विद्यालयों की स्थापना की जहाँ हिन्दू अनुष्ठान कार्यों के लिए दलितों को पुजारियों के रूप में प्रशिक्षित किया जाता था और हिन्दू दर्शन की शिक्षा दी जाती थी। एक शिक्षाविद के रूप में, नारायण गुरु ने सभी समुदायों के लिए धर्मनिरपेक्ष विद्यालयों और महाविद्यालयों की स्थापना की और उनके महत्वपूर्ण शिष्यों में से कई ब्राह्मण थे।[121]

उन्होंने एझावाओं के अतिरिक्त, अन्य दलितों को भी व्यावसायिक आजीविकाओं के लिए तैयार करने हेतु शिक्षित किया। उन्होंने दलितों के व्यापक उत्थान के लिए सभी को सम्मिलित करते हुए कार्य किया। इसमें उनके बीच एक वित्तीय साख व्यवस्था का विकास करना भी सम्मिलित था।

नारायण गुरु ने अपने शिक्षकों को प्रशिक्षित किया कि वे अन्य जातियों के साथ सद्भाव बनाए रखने की शिक्षा दें और उन्हें ऊंची जातियों का समर्थन प्राप्त था। प्रमुख मंदिरों में दलितों के प्रवेश को अनुमति दिलाने के लिए सभी जातियों की संयुक्त यात्राएं निकलती थीं। गांधी और उन्होंने मुख्यधारा में ऐसे सुधारों को लाने के लिए एकसाथ मिलकर कार्य किए।

नादरों ने अपने धर्मनिरपेक्ष नेताओं के नेतृत्व में शिक्षा और आजीविका संबंधी निपुणताओं में प्रशिक्षण के माध्यम से उन्नति प्राप्त की । वे स्वयं की संस्कृतिकरण के साथ-साथ, आवश्यकता पर एक-दूसरे को ऋण देने और अनौपचारिक नियोजन संस्थाओं के माध्यम से एक-दूसरे के लिए सहायक हुए।[122]

नादर उद्योग जगत् में आर्थिक रूप से प्रभावशाली बन गए। आधुनिक विद्वानों ने इस तथ्य पर प्रकाश डाला है कि भारत के कई धनाढ्य उद्योगपति उनके समुदाय से हैं।[123] एच सी एल टेकनोलॉजीस के संस्थापक, शिव नादर, इसी समुदाय से अरबपति उद्योगपति हैं। इन लोगों की सफलता से बहुत कुछ सीखा जा सकता है। इनकी सोच हावर्ड यूनिवर्सिटी के सूरज एंगड़े से बिल्कुल अलग थी । नादरों ने अपने उत्पीड़न के बारे में लोगों को जागरूक करने के लिए कार्यकर्ताओं के आक्रामक संगठन नहीं बनाए और न ही सरकार तथा समाज का विरोध किया और उनके समक्ष मांगें रखीं ।

बल्कि, इन्होंने अपनी उन्नति के लिए रचनात्मक चरण उठाए। उदाहरण के लिए:

- इन्होंने अभिभावकों को अपने बच्चों को विद्यालयों में भेजने के लिए सहमत किया।
- इन्होंने व्यवसायिक प्रशिक्षण उपलब्ध कराया जिससे सदस्य अपने परंपरागत व्यवसायों के अतिरिक्त अन्य कार्यों को करने में सक्षम हुए।
- इन्होंने अपने सदस्यों को उन स्थानों में बसने में सहायता की जहां नौकरियां उपलब्ध थीं ।
- इन्होंने अपने समुदाय में नशामुक्ति के उपाय किए।
- साथी नादरों की विस्तारित परिवार के रूप में देखभाल की गई।

यह सभी कार्य शेष समाज के विरुद्ध एक प्रतिकूल दृष्टिकोण अपनाए बिना किये गये। अन्य समुदायों के साथ मिलकर कार्य करने के परिणामस्वरूप यह सफलता प्राप्त हुई।

आधुनिक हिन्दू धर्म में, कई अन्य आंदोलन हुए हैं जो अपने अनुयायियों के नैतिक मूल्यों और आध्यात्मिक जीवन को समृद्ध बनाने में सहायक हुए हैं। स्वामी विवेकानंद, श्री अरबिंदो और अन्यों द्वारा की गई व्याख्या के अनुसार, आधुनिक हिन्दू धर्म में जाति व्यवस्था को अस्वीकार किया गया है। ब्रह्मकुमारियों, इस्कॉन, श्री सत्य साई बाबा, और माता अमृतानंदमयी के मार्गदर्शन में चल रहे समूह भी जाति व्यवस्था को अस्वीकार करते हैं। इन लोगों ने दिखाया है कि हिन्दू धर्म जाति व्यवस्था के बिना उन्नति कर सकता है और किसी विदेशी हस्तक्षेप की आवश्यकता नहीं है।

5

ब्रिटिश सोशल इंजीनियरिंग

अंग्रेज यह स्वीकार करते हैं कि कोई कठोर जाति विद्यमान नहीं थी

प्रो. साइमन कारसले, ग्लासगो विश्वविद्यालय में मानवशास्त्री, स्पष्ट करते हैं कि किस प्रकार अंग्रेज 1871 से 1901 की जनगणनाओं तक, भारतीय समाज का वर्णन जाति के अर्थों में करने का प्रयास करते रहे। इस तथ्य को देखते हुए कि ईस्ट इंडिया कंपनी वर्ष 1600 में अस्तित्व में आई, भारत में अंग्रेजों की उपस्थिति के 250 वर्षों के पश्चात भी स्थिति यही रही। कारसले का वर्णन निम्नलिखित रूप से प्रारंभ होता है:

> जब वे [सर हर्बर्ट रिसले] भारत की 1901 की जनगणना के लिए कमिश्नर बने, वे उसके ढांचे के अंतर्गत एक विशाल प्रयोग करने के लिए दृढ़ निश्चयी थे, जिसमें उप-महाद्वीप में समग्र रूप से जातियों का वर्गीकरण और स्तरीकरण किया जाना था। ...1871 की मद्रास जनगणना के कमिश्नर के अनुसार, जनगणना करना प्रायः समस्या-ग्रस्त रहा ... इसमें विभिन्न जातियों की पहचान करने में भी कठिनाई आई और उनको वर्गीकृत करने के लिए कोई ऐसा अर्थपूर्ण उपाय ढूँढने जिससे विवादों की एक समस्याजनक स्थिति उत्पन्न नहीं होती, की असंभवता के कारण कई जनगणना प्रांतों में यह असफल रही। कमिश्नर अपनी रिपोर्टों में अंग्रेजी वर्णक्रम में जातियों की सूची देने के अतिरिक्त और कोई बड़ी महत्वाकांक्षा नहीं रखते थे। यह स्पष्ट था ... पूरे देश में वर्गीकरण में एकरूपता की आशा नहीं की जा सकती थी। अतएव, रिसले की योजना यह थी कि प्रत्येक प्रांत, प्रेसीडेंसी, रियासत में, प्रत्येक जनगणना कमिश्नर को,... को एक मानक योजना दी जाए और उसकी स्थानीय व्यवहार्यता पर विचार करने तथा आवश्यक सुधारों का प्रस्ताव देने के लिए, उनको 'नेटिव जेन्टलमेंन' (देशी कुलीन व्यक्तियों) की समितियाँ गठित करने के लिए आमंत्रित किया जाए।[1]

इसका तात्पर्य यह है कि 'विभिन्न जातियों की पहचान करने में भी' कठिनाई थी। 'उनको वर्गीकृत करने के लिए कोई अर्थपूर्ण उपाय ढूँढने की असंभवता' थी। जातियों का अध्ययन करने के कई दशाब्दियों के प्रयासों के पश्चात भी, 'पूरे देश में वर्गीकरण में एकरूपता की आशा नहीं की जा सकती थी'। इससे हमें स्पष्ट होता है कि दो शताब्दियों से अधिक समय तक भारत का इतना गहन अध्ययन करने, और असंख्य भारतीय राजाओं, विद्वानों और अन्य महत्वपूर्ण व्यक्तियों को इस कार्य में लगाने के पश्चात भी, अंग्रेजों को जाति के संबंध में कोई ज्ञान नहीं हुआ। प्रत्येक वर्तमान विद्वान जो 'जाति व्यवस्था' के संबंध में स्वयं के विशेषज्ञ होने के बड़े-बड़े दावे करते हैं, उन्हें इस संबंध में अपनी अज्ञानता को समझते हुए अंग्रेजों के इन वर्णनों का अध्ययन करना चाहिए।[2]

जनगणना परियोजना के प्रारंभ से ही, अंग्रेजों ने भारतीय समुदायों और जनगणना कार्य में लगे हुए अंग्रेज पदाधिकारियों की ओर से विरोध होने की बात कही। वास्तविक जीवन में 'द कास्ट्स' की स्पष्ट सीमाओं और परिभाषाओं की पहचान करना एक सतत् चुनौती थी। जनगणना अधिकारियों की आधिकारिक रिपोर्टों में इसका स्पष्ट उल्लेख किया गया है।

सभ्यताओं के बीच तीव्र संघर्ष की स्थिति थी। अंग्रेज कास्ट्स की सरल मानक परिभाषाएं चाहते थे जो परस्पर विरोधी/ व्यावर्तक होंगे और स्पष्ट रूप से निर्धारित होंगे। परंतु, वास्तविकता, इसके एकदम विपरीत थी। अंग्रेज अपने अनुसार भारतीय समाज को बांटने में असफल रहे। ब्रिटिश प्रिवी कौंसिल ने भी स्वीकारा कि धर्मशास्त्र जैसे ग्रंथों में कही गई बातों को आधार न मानते हुए, को हिंदुओं के लिए नियमों 'लॉ फॉर हिंदूस' को उनके रीति-रिवाज और वास्तविक जीवन में उनके प्रयोग पर आधारित किया जाए।[3]

धरमपाल ने ब्रिटिश ग्रंथालयों में अनेक वर्ष व्यतीत करने के पश्चात, यह निष्कर्ष दिया:

> अंग्रेजों के लिए जाति बहुत बड़ी बाधा थी, एक अनियंत्रित बुराई थी, इसलिए नहीं कि वे जातिहीनता अथवा एक तारतम्य-रहित व्यवस्था में विश्वास रखते थे, बल्कि इसलिए कि यह भारतीय समाज को विखंडित करने के उनके मार्ग में बाधा बन गई। ... जाति ने भारतीय समाज को छोटे-छोटे टुकड़ों में बांटने की प्रक्रिया को रोक दिया और ... जीतना तथा शासन करना अधिक दुष्कर बना दिया। अतः भारतीय समाज के जातियों में संगठित होने के विरुद्ध वर्तमान

> आक्रोश और सैद्धांतिक निरूपण, चाहे आज जाति का औचित्य जो भी हो, का प्रारंभ अंग्रेज शासन के साथ ही हुआ।[4]

लॉर्ड रिसले द्वारा एक वर्गीकृत ढांचा बनाए जाने के निर्णय से पूर्व, कई यूरोपीय विचारकों ने भारतीय समाज के विशाल आकार, उसकी विविधता, और गहराई को समझने का प्रयास किया। उदाहरणार्थ, डब्ल्यू आर कॉर्निश, जिन्होंने 1871 में मद्रास प्रेसिडेंसी में जनगणना प्रचालनों का निरीक्षण किया, ने लिखा: 'यह अत्यंत संदेहजनक है कि किसी भी समय पर हिन्दू चार वर्णों में ही रहे'। इसी प्रकार, सी एफ मैगरथ, जिन्होंने 1871 की बिहार जनगणना पर एक रिपोर्ट लिखी, ने लिखा कि 'चार जातियों में अर्थहीन विभाजन जो तथाकथित रूप से मनु द्वारा किया गया, को अब समाप्त कर देना चाहिए'।[5]

कैंब्रिज की मानवशास्त्री सुज़न बेली लिखती हैं:

> औपनिवेशिक काल में भी कुछ समय तक, तथाकथित हिन्दू केंद्र-स्थलों सहित उप-महाद्वीप के अधिकतर भूभाग में लोगों के लिए जाति के औपचारिक भेदों का केवल सीमित महत्व था... 18वीं शताब्दी के प्रारंभ से वे संस्थाएं और विचारधाराएं मूर्त रूप लेने लगीं जिन्हें कि अब परंपरागत जाति के तत्त्वों के रूप में देखा जाता है।[6]

अंग्रेजों द्वारा स्थापित विभिन्न समितियों और कमिश्नरों द्वारा अनेकों प्रकार के विवेचन प्रस्तुत किए गए और वे प्रायः बिना किसी तारतम्य के जातियों की एक सरल सूची देने तक सीमित रह जाते थे। उदाहरण के लिए, बड़ौदा में, जनगणना प्रचालनों के प्रभारी निरीक्षक ने कहा कि रिसले के नियम 'क्वाइट एक्ज़ॉटिक' (अनोखे) हैं क्योंकि उनके प्रांत में 'इस प्रकार के कोई एकदम स्पष्ट भेद नहीं किए गए हैं'। उन्होंने बिना किसी तारतम्य के जातियों की एक वर्णक्रमानुसार सूची बनाई।[7]

रिसले के दृढ़ निश्चयी होते हुए भी, वे समान वर्गीकरण के संबंध में पूरे भारत में अपने अधिकारियों के बीच सर्वसम्मति बनाने में असफल रहे। वर्गीकरण की सभी योजनाएं भारत के किसी एक प्रांत में लागू होने पर भी शेष सभी में अस्वीकृत हो जाती थीं। भारतीय तथा यूरोपीय, दोनों प्रकार के अनुभवी व जानकार

अधिकारियों से शिकायतें प्राप्त होती थीं। कारसले स्पष्ट करते हैं: 'एक के बाद एक जनगणना कमिश्नर भिन्नता-आधारित समूहों के बीच कुछ क्रम समझने के प्रयास में लगे रहे।'[8]

यह एक रोचक तथ्य है कि बंगाल से भारत के जनगणना कमिश्नर ने शिकायत की कि 'अनपढ़ वर्गों को कास्ट के अर्थ के बारे में नगण्य जानकारी है और प्रायः विवरण में अपना व्यवसाय, अथवा अपनी उप-जाति, अथवा अपना गोत्र, अथवा कोई अन्य उपनाम बताते हैं जिसके द्वारा वे अपने साथी -ग्रामीणों के बीच जाने जाते हैं '।[9]

परंतु धीरे-धीरे, बीसवीं शताब्दी तक, बार-बार की जा रही जनगणनाओं और लोगों द्वारा अपनी कास्ट को पहचानने के संबंध में भारतीय सामुदायिक नेताओं से निरंतर जानकारी लेने से, *भारतीय सामुदायिक नेता ऐसे उपयुक्त उत्तर देना सीख गए जो कि अंग्रेजों को स्वीकार्य थे।*

किसी समुदाय का किस प्रकार वर्गीकरण किया जाए, इस संबंध में असंख्य पुस्तकें लिखी गईं। कई जातियों ने, जिन्हें जनगणना-लेने वालों द्वारा 'लो' (निम्न) माना गया, उन्होंने तर्क दिया कि उनकी जातियाँ ऊंची थी। श्रेणियों के संबंध में अत्यधिक विवाद हुआ। जातियों के एक-दूसरे से भिन्न/परस्पर व्यावर्तक होने के दावे का मुख्य आधार यह था कि उनमें सजातीय विवाह का पालन किया जाता था, परंतु यह भी समान रूप से लागू नहीं होता था। वर-वधू की पात्रता का निर्धारण करने के मुख्य कारकों में मूल निवास, व्यवसाय, भाषा, और विविध संयोजन सम्मिलित थे। सजातीय विवाह सर्वव्यापी नहीं था, क्योंकि जाति-से-बाहर-विवाह करने वाले भी कई समूह थे, अर्थात् वे जो अपने समुदाय से बाहर विवाह करते थे। जाति संबंधी सीमाएं उतनी कठोर नहीं थीं जिनमें कई अपवाद और संदर्भ देखे जा सकते थे।[10]

लॉर्ड रिसले ने 'जाति = नस्लीय तारतम्य' की धारणा थोपी

अंततः, पश्चिमी *रेस थ्योरी* के आदर्श को मानक के रूप में अपना लिया गया और रिसले ने भारत की विविधता को हठपूर्वक उसके अनुकूल बनाने का निर्णय लिया। इस प्रकार काल्पनिक *कास्ट सिस्टम* अर्ध-शताब्दी के समय में कई जनगणनाओं के प्रयत्नों और त्रुटियों के माध्यम से उभर कर सामने आई।

टेम्पल यूनिवर्सिटी, पेंसिल्वानिया में *अर्बन एण्ड ग्लोबल स्टडीस* में भूगोल के प्रोफेसर, संजय चक्रवर्ती औपनिवेशिक कार्यक्रम का सार प्रस्तुत करते हैं जिसे आज विद्वानों द्वारा भी स्वीकार किया जा रहा है:

> उपनिवेशवादियों ने 19वीं शताब्दी के लगभग समय में सुविधाजनक श्रेणियों का प्रयोग करते हुए भारतीय सामाजिक पहचानों को बनाया अथवा उनका निर्माण किया। ऐसा अंग्रेज भारतीय सरकार के स्वयं के हितों की पूर्ति के लिए किया गया – जिससे कि मुख्य रूप से एक सामान्य कानून के साथ एक एकल समाज का सृजन किया जा सके और जिस पर सुविधाजनक रूप से शासन किया जा सके। धार्मिक आस्थाओं और सामाजिक पहचानों के एक बहुत विशाल, जटिल और प्रांतीय रूप से विविधतापूर्ण व्यवस्था को इस सीमा तक सरल बना दिया गया कि जिसका विश्व के इतिहास में कोई और दूसरा उदाहरण नहीं है। संपूर्णतया नई श्रेणियाँ और वर्ग बना दिए गए, बेमेल अथवा असंगत अंशों को एकसाथ रख दिया गया, नई सीमाएं बना दी गईं, और लचीली सीमाओं को कठोर बना दिया गया।[11]
>
> पारिणामिक श्रेणीगत व्यवस्था बाद की शताब्दी और चौथाई सदी के समय में और कठोर हो गई, चूंकि बनाई-गई श्रेणियाँ आने वाले समय में वास्तविक अधिकारों के साथ सम्बद्ध होने लगीं। ब्रिटिश भारत में धर्म-आधारित निर्वाचन-क्षेत्रों और स्वतंत्र भारत में जाति-आधारित आरक्षणों ने अव्यवस्थित श्रेणियों को और ठोस बना दिया। किसी अन्य श्रेणी के स्थान पर किसी श्रेणी विशिष्ट में होने के वास्तविक और भौतिक लाभ थे।[12]

'*अन्टचेबिलिटी*' (अस्पृश्यता) को आधिकारिक रूप देना

अंग्रेज विशेषज्ञों के लिए यह निर्णय करना एक महत्वपूर्ण चुनौती थी कि वर्ण कितने हैं, चार हैं, अथवा पाँच हैं। सुविदित चार वर्णों के अतिरिक्त, रिसले ने एक पांचवें वर्ण का प्रस्ताव दिया जिसकी परिभाषा उन्होंने इस रूप में दी 'जातियाँ, जिनका स्पर्श इतना अशुद्ध है कि उससे गंगा का जल भी दूषित हो जाए'।[13]

परंतु रिसले का यह मापदंड कि ब्राह्मण जिनके हाथ से जल ग्रहण नहीं करते थे वे अस्पृश्य माने जाते थे, सब पर लागू नहीं होता था। किसी के स्पर्श से बचने के मानदंड इससे कहीं अधिक जटिल थे। कुछेक ही जनगणना प्रबंधक पाँचवे वर्ण संबंधी रिसले के सुझाव पर कार्य करना चाहते थे क्योंकि वास्तविक परिस्थितियों

पर उसकी परिभाषा को लागू करना एकदम व्यक्तिपरक था, और अपने-अपने विचार का विषय था।

परंतु धीरे-धीरे, इस विचार को बल मिलने लगा। राजस्थान में, दो अंग्रेज जनगणना निरीक्षकों ने प्रथम बार मुद्रण में 'अन्टचेबल' (अस्पृश्य) शब्द को सम्मिलित किया।[14] तथापि, अन्य लोगों ने यह ध्यान दिलाया कि चार वर्णों की व्यवस्था में, ये समूह शूद्रों के अंश के रूप में सम्मिलित हैं और 'अन्टचेबल' नामक कोई अन्य श्रेणी नहीं है। इस संबंध में, विभिन्न प्रांतों , विभिन्न जनगणना अधिकारियों से भिन्न- भिन्न प्रमाण प्राप्त हो रहे थे। प्रारंभ में विभिन्न स्थानों पर चार- और पाँच- वर्ण, दोनों को अपनाया गया।

तत्पश्चात रिसले ने एक नस्लीय सिद्धांत लागू कर इस समस्या का समाधान करने का निर्णय लिया। उन्होंने

> 'ट्रैक्टस्' (भूभागों) की तथाकथित नस्लीय संरचना और जिनमें कुछ अधिक एकरूपता की आशा की जा सकती थी, उसके अनुसार उनकी पहचान करना प्रारंभ कर दिया। उत्तर पश्चिम, जो आज भारत और पाकिस्तान के बीच बंटा हुआ है, को उन्होंने 'इंडो-आर्यन ट्रैक्ट' के रूप में घोषित किया। इसमें पंजाब और कश्मीर सहित, राजस्थान के दो जनगणना मण्डल भी सम्मिलित थे। यद्यपि पंजाब के रिपोर्ट में उन्हें कोई समर्थन नहीं मिला और कश्मीर के रिपोर्ट में वह नगण्य था, उन्होंने राजस्थान के दोनों रिपोर्टों को अपना संकेत मान लिया और, मात्र इसी आधार पर, उन्होंने उस भूभाग के लिए एक संयुक्त वर्गीकरण दे दिया जिसमें 'क्लास VII: कास्टस् अन्टचेबल' सम्मिलित था। इस प्रकार की शब्दावली उनके अन्य भूभागों में से किसी पर भी कार्यान्वित नहीं की जा सकी। इस अनपेक्षित प्रारंभ से, जो कि सफलता के स्थान पर असफलता को अधिक इंगित कर रहा थी , आधुनिक भारत में एक महत्वपूर्ण शब्द का जीवन-काल आरंभ हुआ।[15]

इस प्रयोगात्मक सोच के अंतर्गत, अंग्रेज पदाधिकारी बिना किसी वास्तविक नियंत्रण और संतुलन के अपने अनुकूल विचारों के साथ प्रयोग कर सकते थे और उन्हें लागू कर सकते थे। एक अति-उत्साही पदाधिकारी उस समय प्रचलित नस्लीय सिद्धांत का उपयोग करके अपनी स्वयं की श्रेणियों को लागू करने लगे। उन्होंने ब्राह्मणों की परिभाषा *'प्रीडोमीनेंटली आर्यन ऑर देयर इक्वल्स'*

(मुख्यतः आर्य अथवा उनके समानांतरों) के रूप में दी; उनकी एक अन्य श्रेणी को 'मिक्स्ड कास्ट्स' (मिश्रित जातियाँ) कहा गया; एक अन्य को 'अबोरिजिनल ट्राइब्स एण्ड वान्डरिंग कास्ट्स' (आदिम जनजातियाँ तथा घुमंतू जातियाँ) कहा गया; और अंततः 'इम्प्योर कास्ट्स' (अशुद्ध जातियाँ) कहा गया।[16]

भारतीय राष्ट्रवादियों ने अंग्रेजों द्वारा निर्धारित श्रेणियों को स्वीकार किया

यह विषय भारतीय राष्ट्रवादियों जो अंग्रेजी-भाषी उच्च वर्ग के सदस्य थे, के बीच वाद-विवाद का विषय बना। गांधी को दक्षिण अफ्रीका में भारतीयों के साथ दुर्व्यवहार का अनुभव था और वे भारत में नीची जातियों के साथ किए जाने वाले आचरण के प्रति संवेदनशील रहे। 1903 में, शिक्षाविद और काँग्रेस नेता, गोपाल कृष्ण गोखले ने पद-दलित वर्गों (*डिप्रेस्ड क्लासेस*) के उन्नयन पर एक संकल्प प्रस्तुत किया।

वास्तविक शब्द '*अन्टचेबल*' तब तक मुख्यधारा में नहीं आया था, और विचार को 'डिप्रेस्ड क्लासेस' के रूप में व्यक्त किया जा रहा था। 1877 में प्रकाशित *बॉम्बे गजेटियर* के प्रथम अंकों में '*डिप्रेस्ड कास्ट्स*' शब्द का प्रयोग किया गया, परंतु 1879-80 से बाद के अंकों में, इसे '*क्लासेस*' शब्द से प्रतिस्थापित किया जाने लगा और सुधार आंदोलन में भी इसी शब्द का प्रयोग किया गया। 1906 में, डिप्रेस्ड क्लासेस मिशन सोसाइटी ऑफ इंडिया का बंबई में गठन हुआ, 1909 में मद्रास में गठन हुआ, और उत्तर भारत में, आर्य समाज की भी इसी प्रकार की सोच थी। दशाब्दि के अंत तक, पूरे भारत के समाचारपत्रों में पद-दलित वर्गों के उत्थान के लिए लेख निकलने लगे।

इसी समय सयाजी राव गायकवाड तृतीय, बड़ौदा के महाराजा और गुजरात के प्रगतिशील शासक, समुदायों को वर्गीकृत करने के उपाय पर महत्वपूर्ण रूप से प्रभाव डालने लगे। उन्होंने अग्रणी कार्यकर्ताओं, सुधारकों, और लेखकों को पद-दलित वर्गों के उत्थान के आंदोलन में सम्मिलित होने के लिए प्रेरित किया। स्वतंत्रता सेनानी, लाल लाजपत राय, ब्रह्मविद्यावादी नेता, एनी बेसेंट, और प्रसिद्ध बौद्ध धर्मी विचारक, अंगारिका धर्मपाल इनमें से थे।

महाराजा ने 'डिप्रेस्ड क्लासेस' शब्द के स्थान पर 'अन्टचेबलनेस' (अछूतपन) को वरीयता दी। उनकी महिमा को देखते हुए, उनके द्वारा चयन किया गया शब्द

आगे संवाद का शीर्षक बना। उन्होंने उल्लेख किया कि समस्या 'विभिन्न समयों पर, भारत के प्रांतों, जातियों और समुदायों में घट-बढ़ के साथ घटती-बढ़ती रही है'।[17] उत्तरोत्तर, 'अन्टचेबिलिटी' (अस्पृश्यता) शब्द ने 'अन्टचेबलनेस' शब्द का स्थान ले लिया। महाराजा की अध्यक्षता में, 1918 के प्रथम ऑल इंडिया डिप्रेस्ड क्लासेस कॉन्फ्रेंस में एक 'ऑल-इंडिया एंटी-अन्टचेबिलिटी मैनिफेस्टो' लाया गया।

1920 की दशाब्दि तक, यह शब्द व्यापक रूप से अंग्रेजों के लेखन में आ गया था, परंतु गांधी को संकोच था। कभी वे 'सो-कॉल्ड अन्टचेबलस' अथवा कभी 'सप्रेस्ड क्लासेस' लिखते थे। 1931 में, उन्होंने एक परिवर्तन की घोषणा की और यह निर्णय लिया कि 'हरिजन' (हरी के जन) अधिक उपयुक्त था।

इसमें अंबेडकर महत्वपूर्ण थे , जो बॉम्बे प्रेसिडेंसी से महार समुदाय से थे, और यह वह समुदाय था जिस पर 'अन्टचेबल' (अस्पृश्य) शब्द निश्चित रूप से लागू होता था। परंतु महार एक समय बहुत बड़ी और व्यापक रूप से फैली हुई कृषक जाति थी, जो भूस्वामी थे परंतु राजनीतिक उथल-पुथल के कारण भूमिहीन श्रमिकों में परिवर्तित हो गए थे। जब अंबेडकर 1924 में अमेरिका और ब्रिटेन से अपनी कानूनी शिक्षा प्राप्त कर लौटे, वे 'अन्टचेबल' शब्द का प्रयोग कर रहे थे। उन्होंने इस बात पर बल दिया कि अस्पृश्य लोग 'भारत के राष्ट्रीय जीवन में एक अलग अंश हैं' और स्वयं को उनका प्रवक्ता नियुक्त किया।

अतः भारत में अस्पृश्यता लाखों लोगों की पहचान बन गई । अब उसके 'अन्य' को नाम दिए जाने की आवश्यकता सामने आई। सर्वप्रथम, 1930 में अंबेडकर द्वारा भी, 'कास्ट हिन्दू' शब्द का प्रयोग किया गया। परंतु बाद में, उन्होंने उसे त्याग दिया और अन्य के रूप में 'हिन्दू' को अपनाया, जिससे अस्पृश्य जातिच्युत हिन्दू होने के स्थान पर गैर -हिन्दू रहे। यह व्यापक निहितार्थों के साथ एक प्रमुख परिवर्तन था।

अंबेडकर ने तर्क दिया कि अस्पृश्य, हिंदुओं से मौलिक रूप से भिन्न हैं, और एक पृथक तथा विशिष्ट पहचान पर बल देने के लिए उसका लाभ उठाया। स्वतंत्र भारत के संविधान की प्रारूपण समिति के सभापति के रूप में और प्रथम न्याय मंत्री के रूप में, वे अस्पृश्य संबंधी पहचान को दृढ़ता से अंतःस्थापित करने के लिए उत्तरदायी थे।[18] निम्नलिखित चित्र ब्रिटिश काल में अस्पृश्यता के औपचारिक श्रेणी बनने को दर्शाता है।

किस प्रकार अस्पृश्यता एक श्रेणी बन गई

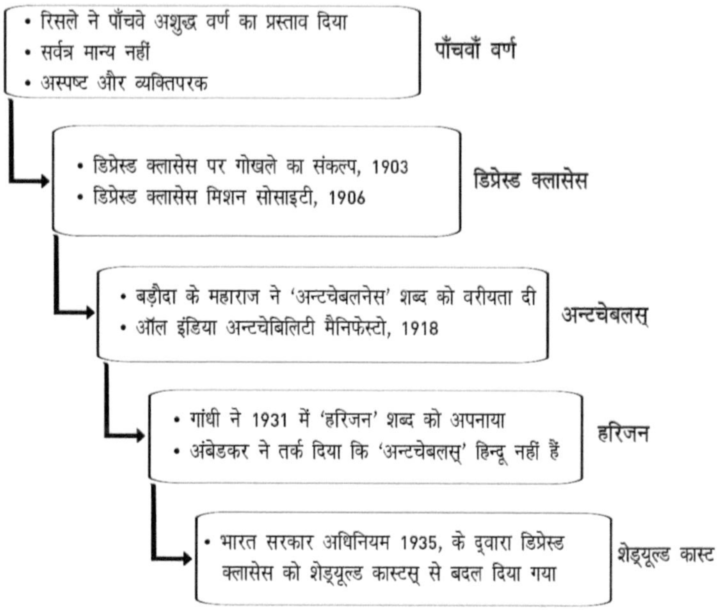

विद्वानों ने अन्टचेबिलिटी (अस्पृश्यता) शब्द के साथ-साथ उसके मानक श्रेणी होने के संबंध में भी अनेकों समस्याओं की पहचान की है:

- यह पूरे भारत में एक ही प्रकार की जातीयता की स्थापना करता है, जबकि वस्तुतः प्रत्येक प्रांत के निम्नतम समुदाय उनके इतिहासों, रीतियों, ऊंची जातियों के साथ संबंध, और आंतरिक सामाजिक-राजनीतिक संगठन में एक-दूसरे से भिन्न हैं। कारसले के अनुसार, समस्या यह है कि यह 'स्थानीय विषमताओं को छिपाने के साथ-साथ, क्षेत्रों के बीच एक ऐसी एकरूपता को स्थापित करता है जो वास्तविक से अधिक अवास्तविक है। यह भारतीय समाज की एक प्रमुख और विश्लेषणात्मक रूप से महत्वपूर्ण विशेषता, विविधता, के साथ सामंजस्य स्थापित करने की आवश्यकता को अनदेखा करते हुए, भारतीय समाज को भली भांति जानने की समस्या का सरलीकरण कर देता है'।[19]

- किसी एक प्रांत के अंदर भी, इस शब्द के अंतर्गत कई समुदाय आ जाते हैं जिन्होंने कि अपनी विशिष्ट पहचान को सावधानीपूर्वक बनाए रखा है। उदाहरण के लिए, इस अस्पृश्य समूह के अंतर्गत प्रत्येक जाति, अपना संदर्भ एक भिन्न प्रथम पूर्वज होने से देती है, जो कि पहचान के महत्वपूर्ण रूप से भिन्न ऐतिहासिक स्त्रोतों की ओर इंगित करता है।
- विभिन्न अस्पृश्य समुदायों के बीच तनाव बना रहा है। गांधी प्रायः इन लोगों को एक–दूसरे के विरुद्ध पूर्वाग्रहों के कारण झिड़कते थे।
- इनके बीच अशुद्धता की धारणा (निर्धारक मानदंड) भी इतनी जटिल है कि उसे इस सजातीय वर्गीकरण के अंतर्गत रखना संभव नहीं है।
- यह शब्द अपने सभी सदस्यों को पीड़ित अथवा उत्पीड़क होने के दो भागों में विभाजित करता है जबकि, वस्तुतः, प्रत्येक समुदाय का सामाजिक इतिहास भिन्न है। ऐसे समुदाय के लोग स्वयं को वंचित वर्ग के रूप में अनुभव करें और पीड़ित समझें तथा अन्य जातियों के प्रति द्वेष रखें।

कारसले यह पाते हैं कि अस्पृश्यता की श्रेणी को भारत की वास्तविक सामाजिक स्थिति पर ऊपर से थोपा गया था। वे कहते हैं:

> अतः "अन्टचेबिलिटी" ने भारतीय समाज की विविधता और विभिन्नता को दबा दिया, और एक समरूप तथा अत्यधिक सरलीकृत ढांचे की स्थापना की जिसके संदर्भों में भारतीय समाज को समझा जाना था। इस अवधारणात्मक विकास का सकारात्मक व्यावहारिक महत्व बहुत अच्छा था, परंतु सकारात्मकता पर विचार करने से पूर्व, वर्णन की नकारात्मकता को स्पष्ट रूप से समझ लिया जाना चाहिए। बीसवीं शताब्दी के अंत के साथ-साथ, यह नकारात्मकता ही वर्तमान गतिविधियों के लिए अधिकाधिक प्रासंगिक हो गई है।[20]
>
> "अन्टचेबिलिटी" न केवल विभिन्न सामाजिक, सांस्कृतिक और आर्थिक संपर्कों के बीच एक रिक्तता लाती है और सतत् रहती है, बल्कि ... प्रत्येक सकारात्मक कार्य पर यह विभाजन हावी हो जाता है। ... जिन लोगों को "अन्टचेबल" की श्रेणी में रखा गया है, वे चाहे जो भी कार्य करें अथवा अन्य लोगों द्वारा उनके विरुद्ध जो भी नकारात्मक कार्य किया जाए, उससे उसका कोई संदर्भ नहीं है: वे बहिष्कृत हैं। ... उनको दस्तकारों , कृषकों अथवा व्यापारियों

> के रूप में नहीं देखा जाएगा, न ही उनके आनुष्ठानिक योगदानों के रूप में देखा जाएगा, बल्कि उन्हें अन्टचेबिलिटी के अपरिभाषित, अस्पष्ट परंतु निश्चित रूप से महत्व कम करने वाले गुण के रूप में देखा जाएगा।[21]

भारत सरकार अधिनियम 1935 के अन्तर्गत, 'डिप्रेस्ड क्लासेस' शब्द को 'शेड्यूलड कास्टस' से प्रतिस्थापित किया गया। इसमें सामंजस्य स्थापित करना कठिन था कि जबकि दक्षिण भारत में अस्पृश्यता का पालन किया जाता था, उत्तर भारत में स्थिति भिन्न थी। अनेक विशेषज्ञों का यह मानना था कि देश के विस्तृत भूभागों में अस्पृष्य एक विशिष्ट और अलग समूह नहीं थे। निम्नलिखित चित्र दर्शाता है कि किस प्रकार ब्रिटिश सोशल इंजीनियरिंग ने आधुनिक जाति (कास्ट) व्यवस्था को जन्म दिया।

ब्रिटिश सोशल इंजिनीयरिंग और जाति व्यवस्था

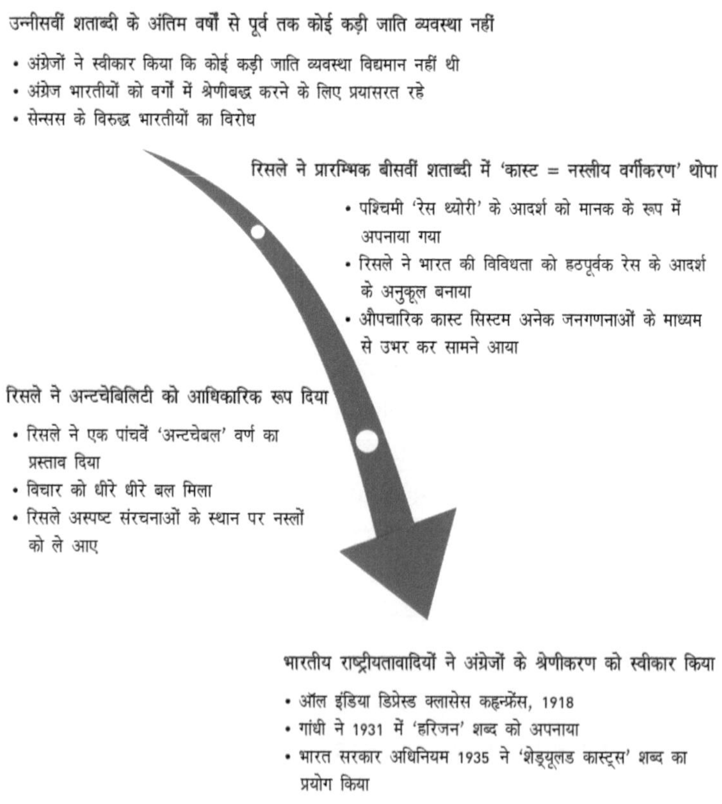

इस प्रकार *शेड्यूल्ड कास्ट्स* का आविष्कार किया गया : शब्दों पर चर्चाओं से प्रारंभ होकर, ब्रिटिश जनगणनाओं द्वारा इसे औपचारिक रूप से संरचना प्राप्त हुई, और तदुपरांत, भारतीय राष्ट्रवादियों और सुधारकों द्वारा अपनाया गया। जो प्रारंभ में एक सैद्धांतिक संरचना थी, अंततः आधार स्तर पर मूर्त रूप में आ गई। इसे अनुचित रूप से प्राचीन वैदिक समाज की विशेषता के रूप में परिभाषित किया गया।

कारसले कहते हैं:

> कास्ट एक कानूनी रूप से मान्यताप्राप्त समूह बन गया है जिसमें प्रत्येक व्यक्ति स्पष्ट रूप से है, अथवा नहीं है। जिन कास्टों के साथ राज्य-निर्धारित लाभ और विशेषाधिकार जुड़े हैं, उनमें सदस्यता सिद्ध करने और दावों को पुष्ट करने के लिए प्रमाणपत्र प्राप्त किया जाना आवश्यक है।[22]
>
> ... पूर्ववर्ती शताब्दियों में समाज के कम सुव्यवस्थित, नगण्य रूप से एकसमान , और अधिक अस्पष्ट विभाजनों में एक परिवर्तन लाया जा सका है। इस शताब्दी के प्रारंभ में रिसले के द्वारा किए गए प्रयोग के परिणामों में भी इन कमियों को स्पष्ट होते देखा गया था।[23]
>
> वर्तमान चर्चा यह है कि क्या अन्टचेबलस् उस कास्ट सिस्टम को दोहराएंगे अथवा अस्वीकार करेंगे जो उनके महत्व को कम करता है। इससे इस श्रेणी के स्वरूप की अशुद्ध व्याख्या के कारण एक कृत्रिम समस्या के उत्पन्न होने का संकट पैदा होता है।[24]
>
> ... यह विचार एक ऐसी श्रेणी को स्थापित करता है जो समाज की तारतम्य व्यवस्था में सबसे निचले स्थान पर है, परंतु व्यवहार में यह आर्थिक, सामाजिक, सांस्कृतिक और राजनीतिक रूप से भिन्न जातियों के साथ छल करते हुए उन्हें समान स्तर पर रखती है।[25]

6

बी आर अंबेडकर और दलित आंदोलन

जाति पर कोई भी चर्चा अंबेडकर के विचारों की समीक्षा किए बिना पूरी नहीं हो सकती है। वे एक महत् बुद्धिजीवी थे जो भारतीय राष्ट्रीयता आंदोलन के समय राजनीति में आये। अंबेडकर ने प्रसिद्ध अमरीकी दार्शनिक जॉन डुवी के अंतर्गत कोलम्बिया यूनिवर्सिटी से डॉक्टरेट की उपाधि प्राप्त की। उन्होंने भारत की स्वतंत्रता के लिए संघर्ष किया और महार जाति से होने के कारण, सभी पिछड़ी जातियों के हित का समर्थन किया, जिसमें राष्ट्रीयता के संघर्ष में अपने हिन्दू स्वदेशवासियों के साथ भी इस विषय को उठाया।

हम इस पुस्तक से संगत चार विषयों पर अंबेडकर के प्रमुख विचारों की समीक्षा करेंगे। निम्नलिखित तालिका में अंबेडकर की चार प्रमुख रचनाएं सूचीबद्ध हैं जिनका हमने अध्ययन किया है। प्रत्येक पर एक पृथक खंड में चर्चा की गई है।

अंबेडकर की प्रमुख रचनाएं	**मुख्य विषय-वस्तु**
ऐनहिलेशन ऑफ कास्ट[1]	कास्ट दुर्व्यवहार और हिन्दु धर्म की तीखी आलोचना
पाकिस्तान: भारत का विभाजन[2]	इस्लाम पर कड़ा प्रहार
द बुद्ध एण्ड हिज़ धम्म[3]	बौद्ध धर्म के संबंध में अपनी नई व्याख्या पर स्पष्टीकरण
बुद्ध ऑर कार्ल मार्क्स?[4]	बौद्ध धर्म के साम्यवाद से उत्कृष्ट होने के संबंध में तर्क

अंबेडकर और जाति

अंबेडकर का गांधी के साथ संबंध जटिलतापूर्ण था। कास्ट पक्षपात का मुद्दा इसका चरम बिन्दु था। इस तथ्य से दोनों सहमत थे कि नीची जातियों और

अस्पृष्यों के विरुद्ध निंदनीय दुर्व्यवहार और अमानवीय पक्षपात था, परंतु इस समस्या के समाधान के संबंध में उन में आधारभूत असहमति थी। गांधी हिन्दू धर्म के मूलभूत अंश के रूप में जाति को बनाए रखना चाहते थे और दुर्व्यवहार संबंधी समस्या को दूर करने के लिए कुछ संशोधन करना चाहते थे। जबकि अंबेडकर चाहते थे कि जाति व्यवस्था को पूरी तरह अस्वीकार किया जाए। गांधी दलितों का उल्लेख हरिजन के रूप में करते थे और हिंदुओं को पुनः समझाने के लिए अथक प्रयास किया कि वे उन्हें सम्मान के साथ अपनाएं। अंबेडकर ने अनुभव किया कि यह दलितों पर कृपा करके उन्हें 'समायोजित करने' का एक मार्ग था और इन अत्याचारपूर्ण संरचनाओं को नष्ट करने की ओर पर्याप्त रूप से कार्य नहीं किया गया।

अंबेडकर और गांधी के बीच महत्वपूर्ण वादविवाद में, अंबेडकर का जाति पर सबसे प्रत्यक्ष, पूर्णतः स्पष्ट वक्तव्य सम्मिलित है। इस वक्तव्य की पृष्ठभूमि अपने आप में रोचक है। एक हिन्दू सुधारवादी समूह ने 1936 में अपने वार्षिक सम्मेलन में जाति व्यवस्था पर भाषण देने के लिए अंबेडकर को आमंत्रित किया था। अंबेडकर ने अपने प्रारूप की एक अग्रिम प्रति मुद्रण और वितरण के लिए उन्हें भेजी। आयोजक प्रारूप के कुछ अंशों में हिन्दू धर्म की आलोचना के कारण अप्रसन्न हुए और उनको हटाने के लिए कहा। अंबेडकर ने स्पष्ट रूप से मना कर दिया। आयोजकों ने एकाएक उनके भाषण को हटा दिया।[5] अंबेडकर ने अपने भाषण को स्वतंत्र रूप से *ऐनहिलेशन ऑफ कास्ट* शीर्षक से, निबंध के रूप में प्रकाशित कर दिया। संभवतया (यद्यपि अप्रमाणित) उन हिन्दू नेताओं जिनसे उनका विरोध था, की संकीर्णता पर अपना क्रोध व्यक्त करने के लिए अपने प्रकाशित संस्करण में उन्होंने हिन्दू धर्म की और अधिक आलोचना की। यह निबंध एक ऐतिहासिक घटना बन गई जिसने भारतीय राष्ट्रवादियों के बीच एक जीवंत चर्चा को प्रारंभ कर दिया।

गांधी ने अंबेडकर के निबंध के उत्तर में एक लेख लिखा और उसे अपनी पत्रिका, हरिजन में प्रकाशित किया। अंबेडकर ने हरिजन लेख की बिन्दु-वार आलोचना करते हुए गांधी को एक प्रत्युत्तर दिया।

हमारे विश्लेषण के लिए, हमने अंबेडकर के निबंध को व्यापक विषय-वस्तुओं में पुनः व्यवस्थित किया है। कई क्षेत्र हैं जहां *हमारे विचार उनके विचारों के अनुरूप हैं और वर्तमान में ग्लोबल लेफ्ट द्वारा किए जा रहे दावों का खंडन करते*

हैं। उदाहरण के लिए, वे पश्चिम के इस मत को अस्वीकार करते हैं कि जातियाँ अलग-अलग नस्ल हैं और लिखते हैं: 'यह कहना कि जातियों की विशिष्टताएं वास्तव में नस्ल की विशिष्टताएं हैं, और विभिन्न जातियों को ऐसा मानना कि वे बहुत सारी विभिन्न नस्लें हैं, तथ्यों को पूरी तरह विकृत करना है'।[6] वे इसी निबंध में बाद में इस मत को दोहराते हैं: 'जाति व्यवस्था नस्लीय विभाजन को निर्धारित नहीं करती है। जाति व्यवस्था समान नस्ल के लोगों का सामाजिक विभाजन है'।[7] उनका यह कथन वर्तमान के दलित विद्वानों के विचारों से सर्वथा भिन्न है, जो इस बात पर ज़ोर देते हैं कि दलित अन्य हिंदुओं से एक भिन्न नस्ल हैं। यह एफ्रो-दलित आंदोलन जो दलितों को अश्वेतों के साथ मिलाती है, में मूलभूत त्रुटि है।

अंबेडकर कहते हैं कि भारत के किसी एक प्रांत के अस्पृश्य लोग दूसरे प्रांत के अस्पृश्य लोगों से भिन्न होते हैं। अतएव, उन्हें एक एकल नस्ल के रूप में एकसाथ जोड़ा नहीं जा सकता है। वे लिखते हैं: 'बंगाल के अस्पृश्य लोगों और मद्रास के अस्पृश्य लोगों के बीच क्या नस्लीय समानता है?'[8] उनके कहने का तात्पर्य यह है कि जबकि अस्पृश्य समान नस्ल के अंदर ही सामाजिक विभाजन हैं, वे समरूप नस्ल अथवा समूह नहीं हैं।

वे जाति के आधार पर हिन्दू धर्म को अस्वीकार करने के पश्चात, एक महत्वपूर्ण वक्तव्य देते हैं। इस अस्वीकृति के पश्चात भी, वे अनुभव करते हैं कि *उपनिषद्* स्वतंत्रता, समानता, और बंधुत्व के नए सिद्धांत के लिए आधार हो सकते हैं। वे लिखते हैं:

> आपको अनिवार्य रूप से अपने धर्म को एक नया सैद्धांतिक आधार देना चाहिए – एक आधार जो स्वतंत्रता, समानता, और बंधुत्व के साथ सामंजस्य में हो। मेरी इस विषय पर कोई विशेषज्ञता नहीं है। परंतु मुझे बताया गया है कि ऐसे धार्मिक सिद्धांतों के होने पर जो स्वतंत्रता, समानता, और बंधुत्व के साथ सामंजस्य में होंगे, आपको विदेशी स्रोतों से उनके विचार उधार लेने की आवश्यकता नहीं रहेगी, और कि आप उपनिषदों पर अपने ऐसे सिद्धांतों का निरूपण कर सकते हैं।[9]

यद्यपि वे इस निबंध के माध्यम से यह घोषणा करते हैं कि वे हिन्दू धर्म का त्याग कर रहे हैं, वे हिंदुओं के प्रति कोई द्वेष भाव नहीं रखना चाहते हैं। वे लिखते हैं: आपके धर्म से चले जाने के पश्चात भी, मैं आपकी गतिविधि को सक्रिय संवेदना

के साथ देखता रहूँगा, और आपको मेरी ओर से सहायता प्राप्त होती रहेगी चाहे उसका जो भी महत्व हो। आप राष्ट्र हित से जुड़े हुए हैं'।[10]

तथापि, उनका मूल संदेश हिन्दू ग्रंथों और साथ ही साथ पद्धतियों का घोर विरोध करता है। उनके समग्र आकलन का सार निम्नलिखित शब्दों में है: 'आप चाहे किसी भी दिशा में जाएँ, जाति वो दैत्य है जो आपके मार्ग में आएगा। अन्यथा कि आप इस दैत्य को मार देते हैं, आप कोई राजनीतिक सुधार नहीं कर सकते हैं, आप कोई आर्थिक उत्थान नहीं कर सकते हैं'।[11]

जाति के संबंध में अंबेडकर की आलोचना बहुत स्पष्ट और तर्कपूर्ण है। हम मुख्यतः उनके ही शब्दों का प्रयोग करते हुए, और साथ ही कुछ व्याख्या के साथ उनके विचारों का सार प्रस्तुत कर रहे हैं:[12]

- श्रमिकों के बीच भेदभाव: जाति मात्र श्रम का विभाजन नहीं है। 'यह श्रमिकों का विभाजन भी है। ... यह एक वर्गीकरण है जिसमें श्रमिकों के वर्गों को एक के ऊपर एक श्रेणीबद्ध किया जाता है'।
- व्यक्ति की प्रतिभा का नगण्य/उपेष्टतम आर्थिक उपयोग: जाति समाज को प्रत्येक व्यक्ति की इष्टतम क्षमता का लाभ नहीं लेने देती है क्योंकि यह व्यक्तियों के लिए पूर्व से ही कार्यों का निर्धारण कर देती है जो कि उनके अभिभावकों के सामाजिक स्तर पर आधारित है। उद्यमों में परिवर्तनों के लिए नए व्यवसायों को अपनाए जाने संबंधी गतिशीलता आवश्यक है जबकि जाति कर्मकार को गतिहीन कर देती है। श्रम का विभाजन स्वतंत्र चयन, व्यक्तिगत मनोभाव, और प्राथमिकताओं पर आधारित नहीं है। यह 'भाग्य के सिद्धांत' पर आधारित है। परिणामतः 'जाति से आर्थिक दक्षता नहीं आती है'।
- हिंदुओं के बीच विखंडन: जाति हिंदुओं में एकता नहीं ला रही है बल्कि उन्हें विखंडित रख रही है। 'जाति व्यवस्था सामूहिक कार्यकलाप से रोकती है; और सामूहिक कार्यकलाप में रुकावट डालकर, इसने हिंदुओं को एक एकीकृत जीवन और अपनी स्वयं की सत्ता की चेतना सहित एक समाज बनने से रोक दिया है'। इसका एक परिणाम यह है कि 'जाति हिन्दू धर्म को मिशनरी धर्म बनने से रोकती है'। इसका तात्पर्य है कि एक व्यापक हिन्दू अथवा भारतीय वृहत वर्णन के स्थान पर अलग-अलग जाति-विशिष्ट वृहत वर्णन हैं। अंततः व्यक्ति केवल अपनी जाति के प्रति

निष्ठावान् है। 'यह समाज-विरोधी भावना, यह अपने हितों की रक्षा करने की भावना, विभिन्न जातियों को एक दूसरे से अलग करने में उतनी ही उल्लेखनीय विशेषता है, जितनी कि राष्ट्रों की एक दूसरे के साथ अलगाव बनाने में है। ... अतएव, हिन्दू न केवल जातियों का एक मिश्रण हैं, बल्कि अनेकों परस्पर-विरोधी समूह हैं, जिसमें से प्रत्येक अपने लिए और अपने स्वार्थी आदर्श के लिए जी रहा है'।

- बड़े हितों के प्रति उदासीनता: 'उदासीनतावाद जाति व्यवस्था का परिणाम है, जिसने एक अच्छे ध्येय के लिए भी संघटन [समुदाय, समागम] और सहयोग को असंभव बना दिया है। इसके परिणामस्वरूप, 'जाति हिंदुओं को परस्पर सहायता, विश्वास, और साथी की भावना से वंचित रखती है'। वस्तुतः, इसका उल्टा होता है। एक-दूसरे की सहायता करने के स्थान पर, 'ऊंची जातियों ने नीची जातियों को दबा कर रखने के लिए षड्यन्त्र रचा है'।
- सुधार को रोकना : जाति विशेषाधिकारों का लाभ उठाने वाले लोग उसकी संरचनाओं को बनाए रखना चाहते हैं और सुधार का विरोध करते हैं। 'कट्टरपंथियों के हाथ में जाति एक शक्तिशाली अस्त्र रहा है जो सुधारकों को उत्पीड़ित करने और सभी सुधारों को समाप्त करने का कार्य करता रहा है'।

स्पष्टतया, हम इस मूल्याँकन को सही, उचित और निर्भीक पाते हैं। यह वह विचार/प्रेरण है जिसे हिन्दू सुधारकों को 1935 में अंबेडकर को अनिमंत्रित करने के स्थान पर, सुनना, वादविवाद और विचार करना चाहिए था। गांधी जैसे हिन्दू नेताओं की संकीर्णता के कारण वास्तविक सुधार लाने की एक अत्युत्तम संभावना को खो दिया गया। हम बीते समय को लौटा नहीं सकते हैं और यह निर्धारण नहीं कर सकते हैं कि क्या भारत का भविष्य कुछ भिन्न होता यदि हिन्दू नेता इतने आत्मरक्षक नहीं हो जाते, और इसके विपरीत, विभिन्न परिवर्तनों को खोजने के लिए अंबेडकर के साथ सहयोग करते।

तत्पश्चात, अंबेडकर आगे यह चर्चा करते हैं कि इन जाति संबंधी समस्याओं के विषय में क्या किया जाना चाहिए। उनका प्रस्ताव था: 'मेरा आदर्श समाज स्वतंत्रता, समानता और बंधुत्व पर आधारित होगा'।[13] यह 1789 के फ्रांसीसी क्रांति के आदर्शों की प्रतिध्वनि है। यह विडंबना है कि आज उनके अनुयायियों ने

आंदोलन को पहचान की राजनीति और क्रिटिकल रेस थ्योरी में परिवर्तित कर दिया है, जबकि फ्रांसीसी क्रांति ने *व्यक्ति* की स्वतंत्रता और अधिकारों पर बल दिया था। यह संबंध वैयक्तिक रूप से प्रत्येक नागरिक और राज्य के बीच होगा, जिसमें नागरिकों और राज्य के बीच *मध्यस्थ के रूप में कोई समूह पहचान नहीं होगा*। फ्रांस के राष्ट्रपति, एमानुएल मैक्रों द्वारा क्रिटिकल रेस थ्योरी के विरुद्ध अपने नवीनतम संघर्ष में इस बात पर बल दिया गया है, जैसा कि अध्याय 1 में स्पष्ट किया गया है।

अंबेडकर यह प्रश्न उठाते हैं कि ऐसा क्या है जो इसे होने से रोक रहा है? सभी जातियों को एकसाथ लाने के लिए एकसाथ भोजन करना तब तक प्रचलित हो चुका था, परंतु उन्होंने पाया कि इससे उद्देश्य पूरा नहीं हो रहा है। वे चाहते थे कि अंतर-विवाह हो जिससे आवश्यक परिवर्तन हो पाएंगे:

> सभी जातियों के लोगों के एकसाथ भोजन करने से जाति की भावना और जाति संबंधी चेतना को समाप्त करने में सफलता नहीं मिली है। मुझे विश्वास है कि अंतर-विवाह इसका वास्तविक उपचार है। रक्त का सम्मिश्रण ही निकट संबंधी की भावना का सृजन कर सकता है, और जब तक रक्त-संबंध की, कुटुंब होने की यह भावना प्रबल नहीं हो जाती, जाति द्वारा उत्पन्न यह अलगाववादी भावना – पराया होने की भावना – समाप्त नहीं होगी।[14]

वे आगे कहते हैं कि हिन्दू धर्म के कारण आवश्यक सुधार नहीं हो पा रहे हैं हिन्दू धर्म के विरुद्ध उनका निर्णय विनाशकारी है:

> जाति व्यवस्था का आंतरिक सुधार वस्तुतः असंभव है। ... जाति का एक ईश्वरीय आधार है। अतएव उस पवित्रता और ईश्वरत्व का नाश करना अनिवार्य है जिसके द्वारा जाति को सशक्त किया गया है। इसका अंतिम विश्लेषण यह है कि आपको शास्त्रों और वेदों की सत्ता को अनिवार्य रूप से नष्ट करना होगा।[15]

हिन्दू धर्म पर और विस्तृत रूप से प्रहार करते हुए, वे हिन्दू धर्म के संबंध में अपनी समझ को स्पष्ट करते हैं। हम सर्वप्रथम उनको उद्धृत करेंगे, तत्पश्चात अपनी प्रतिक्रिया देंगे। हम चर्चा करेंगे कि क्या उनको वास्तव में हिन्दू धर्म की व्यापक समझ थी।

> यह हिन्दू धर्म क्या है? क्या यह सिद्धांतों का समूह है, अथवा नियमों की कोई संहिता है? अब यह हिन्दू धर्म, जैसा की वेदों और स्मृतियों में अंतर्निहित है, मात्र यज्ञ संबंधी, सामाजिक, राजनीतिक और स्वच्छता नियमों और विनियमों का, मिलाजुला, एक समूह है। हिंदुओं द्वारा जिसे धर्म कहा जाता है, वह मात्र आदेशों और प्रतिषेधों का एक समूह है। धर्म, आध्यात्मिक सिद्धांतों के अर्थ में, वास्तव में सर्वजनीन, सभी प्रजातियों, सभी देशों, सभी समय पर लागू होता है, जो कि उनमें नहीं है; और यदि है, वह हिन्दू के जीवन का संचालक नहीं है। किसी हिन्दू के लिए, धर्म का तात्पर्य है आदेश और प्रतिषेध।[16]

यह हिन्दू धर्म का न्यूनतावादी दृष्टिकोण है। अंबेडकर इसे मात्र कट्टर नियमों के समूह के रूप में देखते हैं जिसमें कोई आध्यात्मिकता नहीं है। इस उद्घोषणा में, वे निम्नलिखित विभिन्न आयामों पर संभवतया विचार नहीं करते हैं:

- उपनिषदों में अंतर्निहित प्रगाढ़ दर्शन
- योग के देह-मन संबंधी अभ्यास और ध्यान जिनमें जाति पर आधारित कोई प्रतिबंध नहीं है। इस विषय पर असंख्य शास्त्र हैं।
- सम्पूर्ण तंत्र प्रणाली जो जन्म आधारित किसी भी प्रकार के विशेषाधिकार से मुक्त है और प्रत्येक अभ्यासी के पूर्ण नियंत्रण में है।
- भक्ति आंदोलन जो कि हिन्दू धर्म से ही उपजा था, उसमें समाज के सभी वर्गों के बीच भेद को समाप्त करने के लिए अनेक सफल विद्रोह हुए। ऐसे अनेकों संघटन हुए जिन्होंने उन 'नियमों' का उल्लंघन किया। इन तथ्यों ने समुचित कारणों से अंबेडकर को अशांत किया।

हिन्दू धर्म के संबंध में इस संकीर्ण समझ के साथ, वे आगे निम्नलिखित घोषणा करते हैं:

> अतएव, मुझे यह कहने में कोई संकोच नहीं है कि इस प्रकार के धर्म को अनिवार्य रूप से नष्ट किया जाना चाहिए, और मैं कहता हूँ कि इस प्रकार के धर्म को नष्ट करने हेतु कार्य करना कोई अधार्मिक नहीं है। ... इस मुखौटे को तोड़ डालने, इस मिथ्या प्रस्तुति को दूर करने, जो इस नियम को धर्म का मिथ्या नाम देने के फलस्वरूप उत्पन्न हुआ है, के लिए आप कर्तव्यबद्ध हैं। ... उन्हें जिसके संबंध में कहा जाता है कि यह धर्म है, यह धर्म नहीं है, बल्कि वह

वास्तव में नियम है। आप इसमें संशोधन करने अथवा समापन करने हेतु आग्रह करने की स्थिति में होंगे।[17]

हमें संदेह है कि क्या अंबेडकर यूनानी उत्कृष्ट साहित्य पर भी समान तर्क को लागू करेंगे। अरस्तू भी गुलामी के कट्टर समर्थक थे। प्लेटो और उन्होंने, दोनों ने शिशुहत्या का भी समर्थन किया। यदि अंबेडकर समान मापदंड को लागू करते हैं, तो हेगल से प्रारंभ करके लगभग सभी प्रमुख यूरोपीय ज्ञानोदय विचारकों सहित यूनानी उत्कृष्ट साहित्य पर पूर्ण प्रतिबंध लगा देना पड़ेगा। क्या हमें ज्ञानोदय विचारकों से सीखने से विरत होना पड़ेगा? इसके अतिरिक्त, अमरीकी संस्थापक भी ऐसे सिद्धांतों और पद्धतियों को लाने के दोषी थे, जिनकी आज मानवाधिकारों के उल्लंघन के रूप में भर्त्सना की जाती है और यहाँ तक कि अपराध की श्रेणी में रखा गया है।

हम इस संवाद में बाइबल का संदर्भ दे सकते हैं जिसमें गुलामी से लेकर बलात्कार तक के अत्याचारों का कोई अभाव नहीं है। अंबेडकर जब एक विस्तृत परंपरा को नष्ट करने का आह्वान कर रहे हैं क्योंकि उसमें आपत्तिजनक विषयवस्तु अंतर्निहित है, उन्हें यहूदी-ईसाई धर्म का भी समग्र विनाश करने हेतु एक समान मांग रखना चाहिए।

आधुनिक समय में, आइन्सटाइन की डायरियों में पाया गया कि उन्होंने चीनियों के विरुद्ध जातिसूचक शब्द कहे थे। क्या भौतिकशास्त्री उसके आधार पर उनके सभी सिद्धांतों को अस्वीकार कर देंगे?

हम इस तथ्य से सहमत हैं कि हिन्दू ग्रंथों की आधुनिक समय के अनुसार समीक्षा की जानी चाहिए और अनुकूलता के अनुसार अपनाया जाना चाहिए। जहां आवश्यक हो, नई व्याख्या की जानी चाहिए, और भ्रांतियों को दूर करने के लिए पुनरलेखन भी किया जा सकता है। स्मृतियों द्वारा स्वयं इस पद्धति का समर्थन किया गया है। जैसे , मनुस्मृति 4.176 अपने कार्यान्वयन में लचीलापन अपनाने का समर्थन करती है। इसमें स्पष्ट शब्दों में कहा गया है कि धर्म के किसी विशिष्ट पक्ष को त्याग देना चाहिए, यदि जनसामान्य द्वारा उसकी निंदा की गई हो। यह तथ्य कि शताब्दियों के समय में अनेकों स्मृतियाँ लिखी गईं और प्रायः विरोधी विचारों को प्रस्तुत किया गया, इस बात का प्रमाण है कि सामंजस्य बिठाने हेतु धर्म में पर्याप्त लचीलापन था , और मनुस्मृति इब्राहिमी पुस्तकों के समान कठोर

नियमों की पुस्तक नहीं है। मुख्यधारा के कई हिन्दू संगठनों, जिनमें आर्य समाज एक प्रमुख उदाहरण है, ने मनुस्मृति को आधुनिक समयानुकूल बनाने के लिए उसमें संशोधन किए हैं और उसकी पुन: व्याख्या की है।

अंबेडकर हिंदुओं को अपने ठोस सुझाव देते हैं कि वे किस प्रकार हिन्दू धर्म में सुधार लाएं। वे इस 'सुधार' के लिए आवश्यक 'प्रमुख कार्यों ' को सूचीबद्ध करते हैं। प्रथम है, पुस्तकों को जलाने और उनके उपयोग को नियम-विरुद्ध करने की प्राचीन इब्राहिमी परंपरा का अत्यंत चरम रूप। यह अंबेडकर द्वारा समर्थित उदारवादी विचारधारा के विपरीत है और बौद्ध धर्म, जिसे उन्होंने अपनाया, उसके सिद्धांतों से बिल्कुल भिन्न है। वे कहते हैं:

> हिन्दू धर्म की एक और मात्र एक मानक पुस्तक होनी चाहिए, जो सभी हिंदुओं को स्वीकार्य होनी चाहिए और सभी हिंदुओं द्वारा मान्य होनी चाहिए। निस्संदेह, इसका अर्थ यह है कि हिन्दू धर्म की अन्य सभी पुस्तकें जैसे वेद, शास्त्र और पुराण, जिन्हें कि पवित्र और प्रामाणिक माना जाता है, उन्हें कानून के द्वारा ऐसा मानने से रोका जाए, और इन पुस्तकों में अंतर्निहित किसी भी सिद्धांत, धार्मिक अथवा सामाजिक, का उपदेश देने पर दंडित किया जाए।[18]

यह एक अनुचित सुझाव है। वस्तुतः, कोई भी बौद्ध धर्मी, बौद्ध धर्म की एक पुस्तक को छोड़कर अन्य सभी पर प्रतिबंध लगाने के अंबेडकर के इस प्रकार के हस्तक्षेप की सराहना नहीं करेगा।

हिन्दू सुधार के लिए उनका दूसरा कार्य पुरोहिताई को समाप्त करना था, अथवा पुरोहित बनने के लिए पैतृक मानदंड को हटाना था। तथ्य यह है कि पुरोहितों के चयन के संबंध में अनेक प्रकार की देवालय परंपराएं हैं जिनमें *जन्म से नीची जाति के पुरोहित का ही मात्र चयन करने* संबंधी परम्पराएं भी सम्मिलित हैं। परंतु अंबेडकर कुछ अधिक ही कहते हैं और चाहते हैं कि राज्य जिस प्रकार सिविल सेवा अधिकारियों को प्रमाणित करते हैं, उसी प्रकार पुरोहिताई पर भी नियंत्रण करे। वे कहते हैं, 'कानून द्वारा यह उपबंध किया जाए कि कोई भी हिन्दू पुरोहित बनने का अधिकारी नहीं होगा अन्यथा कि उसने राज्य द्वारा निर्धारित परीक्षा को उत्तीर्ण किया हो'। वस्तुतः वे चाहते हैं कि सरकारी अनुज्ञप्ति के बिना पुरोहित के रूप में कार्य करने वाले के लिए यह दंडनीय अपराध होगा। प्रत्येक पुरोहित 'राज्य

का सेवक होगा'। राज्य को पुरोहितों की संख्या को सीमित करना चाहिए ताकि यह खुली -छूट की स्थिति न रहे।

पूर्व में उल्लेख किया गया है कि गांधी ने अंबेडकर के इस तीखे लेख का उत्तर देते हुए जाति व्यवस्था का समर्थन किया और सीमित सीमा तक ही उसमें सुधार करने की इच्छा व्यक्त की । वे चाहते थे कि आधारभूत संरचनाएं बनी रहें परंतु उनमें हरिजनों के प्रति कोई भेदभाव न हो। इससे अंबेडकर संतुष्ट नहीं हुए, उनका प्रत्युत्तर था:

> मैं महात्मा द्वारा अपने हरिजन में, जाति पर मेरे भाषण पर ध्यान देकर मुझे दिए गए सम्मान की अत्यंत सराहना करता हूँ। ... इस भाषण को प्रकाशित करने का मेरा उद्देश्य हिंदुओं को विचार करने के लिए, और अपनी स्थिति को समझने के लिए प्रेरित करना था।

उनका मानना था कि जाति ने हिंदुओं का नाश कर दिया है और वर्ण व्यवस्था 'एक फूटे हुए घड़े के समान' थी जिसमें अत्याचारपूर्ण जाति व्यवस्था का विकृत रूप लेने की अंतर्निहित प्रवृत्ति थी। स्वतंत्रता, समानता और बंधुत्व के सिद्धांतों की नितांत आवश्यकता थी। इसके लिए आवश्यक था कि 'जाति और वर्ण के पीछे की धार्मिक पवित्रता की भावना को नष्ट किया जाए'। अतः 'शास्त्रों की दिव्य सत्ता' को अनिवार्य रूप से ठुकराना होगा। कोई समझौता स्वीकार्य नहीं होगा ।

अंबेडकर का इस्लाम के प्रति नकारात्मक दृष्टिकोण

अंबेडकर और गांधी के बीच में इस्लाम असहमति का एक अन्य प्रमुख क्षेत्र था। गांधी मुसलमानों का तुष्टीकरण करते थे और भारत से बाहर उनके वैश्विक उद्देश्यों का समर्थन भी करते थे। दूसरी ओर, अंबेडकर मानते थे भारतीयों द्वारा इस्लाम या ईसाईयत को अपनाना संकटपूर्ण विकल्प होगा , क्योंकि उन्हें डर था कि इससे भारतीय समाज की संरचना छिन्न-भिन्न हो जाएगी।

अंबेडकर द्वारा हिन्दू धर्म को अस्वीकार किया जाना सुविदित है, परंतु यह मानना अनुचित है कि इस्लाम के प्रति उनके विचार सकारात्मक थे, अथवा निष्पक्ष थे। आज इस्लाम के साथ ग्लोबल लेफ्ट के रणनीतिक गठबंधन को

समर्थन देने के लिए इस अनुचित धारणा को लाया जा रहा है। इस समय दलित आंदोलन, अमेरिका में अश्वेतों और विश्वव्यापी रूप से मुसलमानों के साथ जुड़ा हुआ है और मार्क्सवाद के नए रूपों, जैसे कि विभिन्न प्रकार की क्रिटिकल थ्योरियों के रूप में स्थापित हो रहा है।

इस्लाम की आलोचना को रोकने के विश्वव्यापी प्रयासों को देखते हुए, यह समीक्षा करना महत्वपूर्ण है कि इस्लाम के संबंध में अंबेडकर का भय क्या था। वे लिखते हैं कि हिन्दू समाज की सामाजिक समस्याओं की व्यापक चर्चा की जाती है, परंतु यह पाखंड ही है कि इस्लाम में इस प्रकार की खुली आलोचना की अनुमति नहीं है। इस स्थिति को सुधारने के लिए, उन्होंने अपनी लगभग पाँच सौ पृष्ठों की पुस्तक, *पाकिस्तान: द पार्टीशन ऑफ इंडिया* में इस्लाम की विस्तृत बिन्दुवार आलोचना की है।

उनकी, दृढ़ता, स्पष्टवादिता, और साहसिकता उल्लेखनीय है, और यह आश्चर्य है कि उनके द्वारा इस्लाम की स्पष्ट और कड़ी निंदा के बावजूद , उनकी इस रचना पर अधिक ध्यान नहीं गया है।[19] हम विस्तृत रूप से उनकी पुस्तक से उद्धृत करेंगे क्योंकि इस विषय पर उनके विचारों को मुख्यधारा के शिक्षाविदों द्वारा गुप्त रखा जा रहा है।

वे अपने कड़े विश्लेषण में कहते हैं: 'कोई यह पूछ सकता है कि क्या ऐसी कोई सामाजिक कुरीति है जो हिंदुओं में पाई जाती है और मुसलमानों में नहीं पाई जाती है'। तत्पश्चात वे कहते हैं, 'बाल-विवाह को ले लीजिए', और आंकड़ों की एक तालिका के द्वारा यह सिद्ध करते हैं कि हिन्दू धर्म से अधिक इस्लाम इस अभिशाप को झेल रहा है।[20]

उनका आगामी विषय स्त्रियों की स्थिति पर है। वे कहते हैं, 'इस जगत् में मुस्लिम स्त्री सबसे असहाय व्यक्ति है'। इसे स्पष्ट करने के लिए, वे यहाँ एक मुसलमान नेता को उद्धृत करते हैं: 'इस्लाम ने उस पर अपनी अधीनता की मोहर लगा दी है। ऐसी सामाजिक प्रथाओं को धर्म द्वारा स्वीकृति दी गई है जिन्होंने उसको स्वयं की अभिव्यक्ति और व्यक्तित्व के विकास के लिए पूर्ण अवसर प्राप्त करने से वंचित रखा है'। उनका विस्तृत विश्लेषण इस निर्णय के साथ समाप्त होता है: 'कोई भी शब्द बहुविवाह और उपपत्नीत्व जैसी भयानक स्थिति और उससे उत्पन्न अनेक बुराइयों, को व्यक्त करने के लिए पर्याप्त नहीं हैं जो कि विशेष रूप से किसी मुसलमान स्त्री की दयनीयता का कारण हैं'।[21]

तत्पश्चात, वे इस्लाम में गुलामी के विषय को उठाते हैं और लिखते हैं:

इस्लाम में भाईचारे की बात कही गई है। हर कोई यही अनुमान लगाता है कि इस्लाम में गुलामी और जातिवाद नहीं है। गुलामी के संबंध में कुछ भी कहने की आवश्यकता नहीं है। इसका अब कानून द्वारा समापन हो चुका है। परंतु जब यह अस्तित्व में था, उसका अधिकांश समर्थन इस्लाम और इस्लामिक देशों द्वारा किया गया। जबकि पैगंबर द्वारा गुलामों के साथ न्यायोचित और मानवीय व्यवहार करने संबंधी कही गई बातें जो कुरान में अंतर्निहित हैं, सराहनीय हैं, इस्लाम में ऐसा कुछ भी नहीं है जो इस अभिशाप के उन्मूलन को समर्थन प्रदान करता हो।[22]

स्पष्टतया, पैगंबर को गुलामी स्वीकार्य थी और वे मात्र यह चाहते थे कि गुलामों के साथ दुर्व्यवहार न हो।

वे आगे कहते हैं कि इस्लाम में एक भयावह जाति व्यवस्था चल रही है। इसे स्पष्ट करने के लिए, वे जनगणना आंकड़ों और अन्य स्त्रोतों का उद्धरण देते हैं। इस्लाम ने अपने अधिकतर लोगों को नीची जाति और यहाँ तक कि अस्पृश्य के रूप में दिखा रखा है:

मुसलमान स्वयं दो मुख्य सामाजिक विभाजनों को मानते हैं, (1) अशरफ अथवा शरफ और (2) अजलफ। अशरफ का अर्थ है 'कुलीन' और इसमें विदेशियों के सभी असंदिग्ध वंशज तथा उच्च जाति हिंदुओं से धर्म-परिवर्तन किए हुए लोग सम्मिलित हैं। अन्य सभी मुसलमान, जिनमें व्यवसायिक समूह और नीची जातियों के सभी धर्म-परिवर्तन किए हुए लोग सम्मिलित हैं, उन्हें तिरस्कारपूर्ण शब्दों, 'अजलफ', 'अशिष्ट' अथवा 'अधम लोग' से जाना जाता है: उन्हें कमीना अथवा इतर, 'नीच' अथवा रसील, रिज़ाल का अपभ्रंश, 'निकम्मा' भी कहा जाता है। कुछ स्थानों में एक तृतीय वर्ग, अर्जल अथवा 'सबसे निम्नतम' भी जोड़ा गया है। उनके साथ कोई भी मुसलमान संपर्क नहीं रखता है, और उनके लिए मस्जिद में प्रवेश करना, सार्वजनिक कब्रिस्तान का उपयोग करना निषिद्ध है।[23]

तत्पश्चात अंबेडकर अशरफ, अजलफ और अर्जल जातियों में से प्रत्येक के अंतर्गत आने वाली उप-जातियों के नामों को सूचीबद्ध कर इसकी और व्याख्या

करते हैं। उदाहरण के लिए, सैद, शेख, पठान, और मुगल उच्च जाति में हैं। अधिकतर मुसलमान नीची जातियों से हैं। अंत में, वे उन समुदायों के नाम देते हैं जिनका इस्लाम में अस्पृष्यों के रूप में तिरस्कार किया गया है।

उनके लिए पर्दा प्रथा विशेष रूप से कष्टकर है: 'वस्तुतः मुसलमानों में हिंदुओं की सभी सामाजिक कुरीतियाँ हैं और इसके अतिरिक्त, और अधिक भी है। यह अधिक कुरीति, मुसलमान स्त्रियों के लिए पर्दा की अनिवार्य प्रथा है'। वे लिखते हैं:

> पर्दा प्रथा के परिणामस्वरूप, मुसलमान स्त्रियों को अलग किया गया है। महिलाओं को बाहरी कक्षों, बरामदों अथवा बगीचों में नहीं आना होता है; उनके कक्ष पीछे के आँगन में होते हैं। ... युवा और वृद्ध, सभी को उसी कक्ष में रहना होता है। उनकी उपस्थिति में कोई पुरुष सेवक कार्य नहीं कर सकता है। कोई भी स्त्री मात्र अपने पुत्रों, भाईयों, पिता, चाचाओं, और पति, अथवा कोई अन्य निकट संबंधी जो विश्वासपात्र हो, से मिल सकती है। वह प्रार्थना करने के लिए मस्जिद भी नहीं जा सकती है और वह जब भी बाहर जाए, उसे बुर्का पहनना अनिवार्य है। बुर्का पहन कर सड़क पर चलती हुई स्त्रियों का दृश्य भारत में सबसे वीभत्स दृश्यों में से एक है। इस प्रकार के अकेलेपन का मुसलमान स्त्रियों की शरीर की अवस्था पर प्रतिकूल प्रभाव पड़ता है। वे सामान्यतः रक्ताल्पता, तपेदिक, और पायरिया से पीड़ित होती हैं। उनके शरीर विकृत हो जाते हैं, उनकी पीठ झुक जाती है, हड्डियाँ आगे को निकल आती हैं, हाथ और पैर टेढ़े-मेढ़े हो जाते हैं। उनकी पसलियों, संधियों और लगभग सभी हड्डियों में पीड़ा होती रहती है। हृदय की तेज धड़कन की समस्या प्रायः उनमें रहती है। श्रोणि संबंधी विकृतता के कारण प्रसव के समय उनकी असमय मृत्यु होती है।
>
> पर्दा मुसलमान स्त्रियों को मानसिक और नैतिक पोषण से वंचित रखता है। स्वस्थ सामाजिक जीवन से वंचित होने के कारण, नैतिक पतन की प्रक्रिया अवश्य आरंभ होती है और हो जाती है। बाहरी जगत् से पूर्णतया अलग रहने के कारण वे छोटे-मोटे घरेलू झगड़ों में व्यस्त रहती हैं, ... उनका दृष्टिकोण संकीर्ण और सीमित हो जाता है। वे अन्य समुदायों की अपनी बहनों से पीछे रह जाती हैं, किसी भी बाहरी कार्यकलाप में भाग नहीं ले पाती हैं और गुलामी की मानसिकता और हीनभावना से ग्रस्त रहती हैं। ज्ञान अर्जन में उनकी कोई रुचि

> नहीं होती, क्योंकि उन्हें घर की चहारदीवारी से बाहर किसी भी वस्तु में रुचि न रखना ही सिखाया गया है। परदे में रहने वाली स्त्रियाँ जीवन के किसी भी संघर्ष के लिए असहाय, कातर, और अक्षम हो जाती हैं।[24]

अंबेडकर कहते हैं कि मुसलमान पुरुषों का अनैतिक आचरण पर्दा प्रथा के कारण है, क्योंकि इन पुरुषों का महिलाओं के साथ सामान्य सामाजिक संपर्क नहीं होता है। उनके अनुसार इस अलगाव के कारण अस्वास्थ्यकर प्रवृत्तियाँ और यौन संबंधी असंयमित व्यवहार उपजता है:

> पर्दा प्रथा के शारीरिक और बौद्धिक प्रभाव नैतिकता पर उसके प्रभावों की तुलना में नगण्य हैं। पर्दा प्रथा की उत्पत्ति के मूल में दोनों लिंगों की यौन इच्छा के संबंध में गहरा संदेह है और इसका उद्देश्य स्त्री-पुरुष को अलग रखकर उन पर नियंत्रण रखना है। ... पर्दा प्रथा ने मुसलमान पुरुषों के नैतिक आचरण को प्रतिकूल रूप से प्रभावित किया है। ... किसी मुसलमान का अपने परिवार से बाहर किसी स्त्री से कोई संपर्क नहीं है। परिवार की स्त्रियों से भी, उसका संपर्क यदा-कदा बातचीत तक सीमित है। एक पुरुष के लिए, बच्चों और वयोवृद्धों के अतिरिक्त, न तो स्त्रियों का साथ है, और न ही उनके साथ घुलना मिलना है। यह अकेलापन ... निश्चित रूप से पुरुषों के नैतिक आचरण पर दुष्प्रभाव डालेगा। यह कहने के लिए किसी मनोचिकित्सक की आवश्यकता नहीं है कि एक ऐसी सामाजिक व्यवस्था जो स्त्री और पुरुष, दोनों के बीच सभी संपर्क को काट देता है, यौन संबंधी असंयमित आचरण और अप्राकृतिक तथा अन्य दूषित आदतों और तौर-तरीकों को जन्म देता है।[25]

वे कहते हैं कि इस अकेलेपन के कारण मुसलमानों और अन्य लोगों के बीच भी अलगाव हो जाता है। इसके अतिरिक्त, इसके कारण मुसलमान व्यापक राजनीति और राष्ट्र के सामाजिक कल्याण के प्रति उदासीन रहते हैं: 'पर्दा प्रथा के दुष्परिणाम मात्र मुस्लिम समुदाय तक ही सीमित नहीं रहते हैं। यह मुसलमानों और हिंदुओं के बीच सामाजिक अलगाव के लिए उत्तरदायी है जो कि भारत में सार्वजनिक जीवन के लिए अभिशाप है'।

आगे अंबेडकर मुसलमानों पर तुच्छ और स्वार्थी उद्देश्यों के अतिरिक्त राजनैतिक समझ के अभाव का भी आरोप लगाते हैं:

मुसलमानों को राजनीति में कोई रुचि नहीं है। वे धर्म में सबसे अधिक रुचि रखते हैं। इसे किसी मुस्लिम प्रधान निर्वाचन क्षेत्र में किसी प्रत्याशी को समर्थन देने के लिए रखी गई मांगों से आसानी से देखा जा सकता है ... वे प्रत्याशी द्वारा किए जाने वाले कार्यों को परखने की आवश्यकता नहीं समझते। ... उसे मस्जिद के पुराने लैंपों को बदलकर अपनी लागत पर नए लैंप लगाने, मस्जिद के लिए नए कालीन की व्यवस्था करने क्योंकि पुराना कालीन फट गया है, अथवा मस्जिद की मरम्मत करवाने क्योंकि वह जीर्ण-शीर्ण हो गया है, इन सब के लिए सहमत होना होगा। ... एक मुस्लिम बहुल निर्वाचन क्षेत्र पर्याप्त रूप से संतुष्ट हो जाता है यदि प्रत्याशी एक भव्य भोज देने के लिए सहमत होता है और, यदि वह इतने रुपये प्रति मत देने के लिए सहमत होता है। मुसलमानों के लिए, चुनाव मात्र धन का मुद्दा है, और कदाचित ही [किसी] सामाजिक कार्यक्रम से उनका कोई लेना-देना है ... । मुस्लिम राजनीति जीवन के विशुद्ध सांसारिक विषयों, नामतः, धनी और निर्धन, पूंजी और श्रम, पढ़े-लिखे और सामान्य जन, युक्ति और अंधविश्वास के बीच के भेदों पर कोई ध्यान नहीं देती है। (यह) अनिवार्य रूप से मौलवी आधारित (क्लेरिकल) है, और मात्र एक ही भेद, जो कि हिंदुओं और मुसलमानों के बीच है, को मानती है। मुस्लिम समुदाय की राजनीति में जीवन के सांसारिक विषयों का कोई स्थान नहीं है; और यदि उन्हें कोई स्थान दिया जाता है तो है उन्हें मुस्लिम राजनीतिक जगत् की एकमात्र शासी सिद्धांत, नामतः, धर्म के अधीन कर दिया जाता है।[26]

वे कहते हैं कि उन्हें सर्वाधिक पीड़ा इस तथ्य से होती है कि मुसलमानों को जागरूक करने और उनको अपनी स्थिति में सुधार लाने के लिए किसी सामाजिक आंदोलन का पूर्णतया अभाव है:

परंतु यह अधिक कष्टप्रद है ... भारत के मुसलमानों के बीच सामाजिक सुधार हेतु उस स्तर का कोई संगठित आंदोलन नहीं है जो कुरीतियों का उन्मूलन कर सके। हिंदुओं में अपनी सामाजिक कुरीतियाँ हैं। परंतु उनमें यह संतोषप्रद विशेषता है कि उनमें से कुछ लोग कुरीतियों की उपस्थिति के संबंध में सचेत हैं, और कुछ ... उनको दूर करने के लिए सक्रियता से विरोध कर रहे हैं। मुसलमान ... यह समझते ही नहीं कि ये कुरीतियाँ हैं, और परिणामतः उनको दूर करने के लिए विरोध नहीं करते हैं। वे अपनी विद्यमान प्रथाओं में किसी प्रकार के परिवर्तन का विरोध करते हैं। ... मुसलमानों ने 1930 में सेंट्रल असेंबली में लाए

गए बाल-विवाह विधेयक, जिसके द्वारा बालिका की विवाह की आयु को बढ़ाकर 14 वर्ष और बालक के विवाह की आयु को बढ़ाकर 18 वर्ष किया गया था, का इस आधार पर विरोध किया कि यह मुस्लिम धर्मविधान के विरुद्ध है।[27]

और गहराई में जाकर, अंबेडकर मुस्लिम शरीया कानून के मर्म को स्पष्ट करते हैं, जिसके अनुसार यह विश्व मुस्लिम शासन के अंतर्गत देशों और गैर मुस्लिम, अर्थात् काफ़िरों के शासन के अंतर्गत देशों में बंटा हुआ है। इस प्रकार की व्यवस्था में सच्चे लोकतंत्र का कोई स्थान ही नहीं है:

> मुस्लिम शरीया कानून के अनुसार, यह विश्व दो गुटों, दार-उल-इस्लाम (इस्लाम का घर), और दार-उल-हर्ब (युद्ध का घर) में बंटा हुआ है। किसी देश में मुस्लिम शासन होने पर वह दार-उल-इस्लाम है। वह देश दार-उल-हर्ब है जहां मुसलमान निवास तो करते हैं परंतु उसके शासक नहीं हैं। चूंकि यह मुसलमानों का कानून है, भारत हिंदुओं और मुसलमानों की साझा मातृभूमि नहीं हो सकती है। यह मुसलमानों की भूमि हो सकती है – परंतु यह 'समता के साथ रह रहे हिंदुओं और मुसलमानों' की भूमि नहीं हो सकती है। इसके अतिरिक्त, यह केवल तभी मुसलमानों की भूमि होगी जब इस पर मुसलमानों का शासन होगा। जिस क्षण यह भूमि किसी गैर मुस्लिम शक्ति के अधिकार में आ जाती है, यह मुसलमानों की भूमि नहीं रह जाती है। यह दार-उल-इस्लाम के स्थान पर, दार-उल-हर्ब बन जाती है।[28]

उनका कहना है कि जब मुस्लिम शासित देश गैर मुस्लिम देशों को पराजित नहीं कर पाते हैं, तो वे 'इस्लामिक जिहाद की चरमपंथी अवधारणा' को अपना लेते हैं। वे इसका सार निम्न रूप से प्रस्तुत करते हैं:

> मुस्लिम शरीया कानून का एक और आदेश है, जिसे जिहाद कहते हैं ... यह "मुस्लिम शासक का कर्तव्य है कि वह इस्लाम के शासन का विस्तार करता रहे जब तक कि पूरा विश्व उसके आधिपत्य में न आ जाए। ... पारिभाषिक रूप से, मुस्लिम शासक, जो कि ऐसा करने के लिए सक्षम है, उसका यह कर्तव्य है कि वह दार-उल-हर्ब को दार-उल-इस्लाम में परिवर्तित करे।" और जिस प्रकार भारत में मुसलमानों के हिजरत करने की घटनाएं हैं, ऐसी भी घटनाएं हैं जो यह दर्शाती हैं कि वे जिहाद की घोषणा करने से भी नहीं हिचकिचाए।[29]

किसी मुसलमान की अपने देश के प्रति निष्ठा की तुलना में इस्लाम के प्रति उसकी निष्ठा के विषय में, अंबेडकर संभावित कपट को प्रकट करते हैं:

> ... इस्लाम का एक नियम जो ध्यान देने योग्य है कहता है कि किसी देश में जहां मुस्लिम शासन नहीं है, वहाँ मुस्लिम विधान और उस देश के विधान के बीच टकराव होने पर मुस्लिम विधान को ही अनिवार्य रूप से मान्यता दी जाए, और मुसलमान के द्वारा मुस्लिम विधान का पालन करना और उस देश के विधान को अमान्य करना औचित्यपूर्ण होगा। ... किसी मुसलमान की निष्ठा, चाहे वह असैनिक अथवा सैनिक हो, चाहे मुस्लिम शासन अथवा गैर-मुस्लिम शासन के अंतर्गत रह रहा हो, इसका आदेश कुरान द्वारा दिया जाता है कि वह अपने ईश्वर, अपने पैगंबर और मुसलमानों में जो सत्ताधारी हैं, उनके प्रति अपनी निष्ठा को स्वीकारे...[30]

चूंकि हिन्दू इस्लाम में विश्वास नहीं रखते, उन्हें काफ़िर का नाम दे दिया गया है। इस कारण से वे मुसलमानों से सम्मान पाने के लिए अयोग्य हो जाते हैं। इसके परिणामस्वरूप, उच्च पदों पर आसीन हिंदुओं की सरकार, चाहे वह लोकतान्त्रिक हो अथवा नहीं, मुसलमानों को स्वीकार्य नहीं हो सकती है:

> मुसलमानों के लिए, हिन्दू काफ़िर है। काफ़िर सम्मान पाने का पात्र नहीं होता है। वह अकुलीन है और उसकी कोई प्रतिष्ठा नहीं है। इसी कारण से, मुसलमान के लिए काफ़िर द्वारा शासित देश दार-उल-हर्ब है। ... इसे सिद्ध करने के लिए और किसी प्रमाण की आवश्यकता नहीं है कि मुसलमान हिन्दू सरकार के आदेशों का पालन नहीं करेंगे। श्रद्धा और संवेदना की आधारभूत भावनाएं, जो व्यक्तियों को सरकार की सत्ता का पालन करने के लिए प्रवृत्त करती हैं, इनमें होती ही नहीं हैं। परंतु यदि किसी प्रमाण की आवश्यकता है, उसका भी अभाव नहीं है। यह इतना अधिक है कि क्या प्रस्तुत किया जाए और क्या छोड़ा जाए, यह भी एक समस्या है।... खिलाफत आंदोलन के मध्य में, जब हिन्दू तत्परता से मुसलमानों की सहायता कर रहे थे, मुसलमान तब भी यह नहीं भूले कि उनकी तुलना में हिन्दू एक निम्न और निकृष्ट नस्ल हैं।[31]

मुख्यधारा में प्रचलित विचार के विपरीत, अंबेडकर को दृढ़ विश्वास है कि इस्लाम अत्यधिक विभाजनकारी और आदिम युगीन है:

> हिन्दू धर्म तथाकथित रूप से लोगों में विभाजन करता है और इसके विपरीत, इस्लाम लोगों को संगठित करता है। यह आधी सच्चाई है। क्योंकि इस्लाम जिस कठोरता से एकजुट करता है, उतनी ही कठोरता से भेदभाव भी करता है। इस्लाम एक बंद समाज है और यह मुसलमानों और गैर मुसलमानों में जो अंतर करता है, वह पूर्णतः वास्तविक, पूर्णतः स्पष्ट, और अत्यधिक भिन्न करने वाला अंतर है। इस्लाम का भातृत्व मानवों के बीच सार्वभौमिक भातृत्व नहीं है। यह मात्र मुसलमानों के लिए मुसलमानों के बीच भातृत्व है। बंधुत्व है, परंतु उसका लाभ उस समाज के लोगों के अंदर तक ही सीमित है। जो उसके बाहर हैं ... उनके लिए द्वेष और शत्रुता के अतिरिक्त कुछ नहीं है।[32]

इस्लाम की भयावहता के इस प्रकार विश्लेषण के कई पृष्ठों के पश्चात, अंबेडकर आश्चर्य व्यक्त करते हैं कि 'मुसलमान सामाजिक सुधार के विरुद्ध क्यों हैं। ' इसके उत्तर में, वे प्रथमतः वैश्विक रूप से मुसलमानों के पश्चगामी होने के लिए बताए गए कारणों का विश्लेषण करते हैं। वे यह पाते हैं कि मुसलमानों को वैश्विक रूप से 'अप्रगतिशील लोग' के रूप में घोषित किया गया है। इस्लाम ने उन्हें 'उनकी जन्मजात बर्बरता में स्थिर कर दिया है... यह क्रिस्टलीकरण के समान एक मानसिक संश्लेषण की अवस्था में स्थित है, निष्क्रिय और अभेद्य। यह अपरिवर्तनीय है; और राजनीतिक, सामाजिक अथवा आर्थिक परिवर्तनों का इस पर कोई प्रभाव नहीं पड़ता है'। वे मुसलमानों की विज्ञान के प्रति घृणा के संबंध में फ्रांसीसी प्राच्यविद, जोसेफ रेनन को उद्धृत करते हैं:

> मुसलमान की एक आवश्यक विशिष्टता विज्ञान के प्रति उसकी घृणा है, उसकी धारणा कि प्राकृतिक विज्ञान में अनुसंधान निरर्थक है, तुच्छ है, लगभग अपवित्र है—क्योंकि ये ईश्वर के साथ प्रतिद्वंदिता करने के प्रयास हैं।[33]

अंबेडकर विशिष्ट रूप से भारत में स्थिति की गहन छानबीन करते हैं और यह निष्कर्ष देते हैं कि मुसलमान स्वयं को हिंदुओं के विरोधी के रूप में परिभाषित करते हैं। उन्हें निरंतर रूप से हिंदुओं से प्रतिद्वंदिता करना है: 'उनकी सारी शक्ति स्थानों और पदों के लिए हिंदुओं के विरुद्ध एक निरंतर संघर्ष को बनाए रखने की ओर संचालित रहती है, जिसमें सामाजिक सुधार से संबंधित प्रश्नों के लिए न तो समय है, न विचार है, और न ही कोई स्थान है'। वे कहते हैं कि मुसलमान हिंदुओं

के साथ सामाजिक न्याय के लिए भी, चाहे वह सामान्य हित में हो, सहयोग नहीं करना चाहते हैं।[34]

उदाहरण के लिए, वे अनुभव करते हैं कि निर्धन मुसलमान निर्धन हिंदुओं के साथ मिलकर सभी धर्मों के धनी लोगों के विरुद्ध संघर्ष नहीं करते हैं, क्योंकि वे किसी धनी मुस्लिम भूस्वामी के विरुद्ध संघर्ष नहीं करना चाहते हैं। मुसलमान अपने बीच भातृत्व को अन्य सभी प्रकार के सामाजिक न्याय से प्राथमिकता देते हैं। मुसलमान किसी विषय पर हिन्दू शासित राज्यों के विरुद्ध विद्रोह करेंगेपरंतु उसी विषय पर मुस्लिम शासित राज्यों के विरुद्ध विद्रोह नहीं करेंगे। वे लिखते हैं:

> मुसलमानों के लिए सोच-विचार का प्रमुख विषय लोकतंत्र नहीं है। ... (वह) है कि बहुसंख्यक शासन के साथ लोकतंत्र, मुसलमानों को हिंदुओं के विरुद्ध उनके संघर्ष में किस प्रकार प्रभावित करेगा। क्या यह उन्हें सुदृढ़ करेगा, अथवा उन्हें निर्बल बनाएगा? यदि लोकतंत्र उन्हें निर्बल करेगा, तो वे लोकतंत्र को नहीं अपनाएंगे। वे चाहेंगे कि मुस्लिम राज्यों में अव्यवस्था की स्थिति ही बनी रहे। वे हिन्दू प्रजा पर मुस्लिम शासक के नियंत्रण को कम नहीं होने देंगे। मुस्लिम समुदाय में राजनीतिक और सामाजिक अकर्मण्यता को मात्र एक कारण से ही स्पष्ट किया जा सकता है। मुसलमानों का यही विचार है कि हिंदुओं और मुसलमानों को निरंतर संघर्षरत रहना चाहिए।[35]

अंबेडकर इस संबंध में गांधी की भी आलोचना करते हैं। वे उन्हें पाखंडी मानते हैं, क्योंकि उन्होंने मुसलमानों को संरक्षण दिया और उनके द्वारा समर्थित सिद्धांतों की अवहेलना की: 'उन्होंने (गांधी ने) मुसलमानों द्वारा हिंदुओं के विरुद्ध घोर अपराध किए जाने के पश्चात भी उन्हें कभी दोषी नहीं ठहराया'।[36] अंबेडकर भारत में मुसलमानों द्वारा हिंदुओं की हत्या की निंदा करते हैं और इस तथ्य से पीड़ित होते हैं कि गांधी इस प्रकार के व्यवहार की भर्त्सना नहीं करते हैं:

> श्रीमान गांधी हिंसा की किसी भी और प्रत्येक घटना की निंदा करने में अत्यंत समयनिष्ठ रहे हैं और काँग्रेस को भी, उसकी इच्छा के विपरीत, इनकी निंदा करने के लिए बाध्य किया है। परंतु श्रीमान गांधी ने [हिंदुओं की] इन हत्याओं का

> कभी विरोध नहीं किया। न केवल मुसलमानों ने इन हिंसात्मक कार्यों की कभी निंदा की , बल्कि श्रीमान गांधी ने इनकी निंदा करने के लिए अग्रणी मुसलमानों को भी कभी नहीं बुलाया। इस संबंध में वे मौन रहे।[37]

अंबेडकर मुसलमानों द्वारा हिंदुओं के विरुद्ध कुख्यात दंगों के संबंध में लिखते हैं:

> मालाबार में मोपलाओं के द्वारा हिंदुओं के विरुद्ध किए गए अत्यंत वीभत्स अत्याचार अवर्णनीय हैं। पूरे दक्षिण भारत में, प्रत्येक विचारधारा के हिंदुओं के बीच आतंक की भावना व्याप्त हो गई थी। इसमें और वृद्धि हो गई जब किंचित खिलाफत नेता इतने गुमराह हो गए कि उन्होंने 'मोपलाओं को धर्म के लिए किए जा रहे वीरतापूर्ण संघर्ष के लिए शुभकामनाएं' देते हुए संकल्प पारित किए'।[38]

स्थिति इतनी भयावह होते हुए भी, गांधी ने उनकी प्रशंसा 'वीर धर्मभीरु मोपलाओं के रूप में की जो उसके लिए संघर्ष कर रहे हैं जिसे वे धर्म मानते हैं, और उस रूप में कर रहे हैं, जो उनके अनुसार धार्मिक है'।

इस्लाम के संबंध में अंबेडकर की विस्तृत रचनाओं का वस्तुनिष्ठ पठन वर्तमान में प्रचलित मानदंड के अनुसार उन्हें इस्लाम के प्रति द्वेषी पाएगा।

अंबेडकर और बौद्ध धर्म

अंबेडकर ने एक बृहत ग्रंथ द *बुद्ध एण्ड हिज़ धम्म* लिखा, जो बौद्ध धर्म के संबंध में उनकी विवेचना का सुस्पष्ट स्पष्टीकरण देता है। प्रस्तावना में, वे यह स्पष्ट करते हैं कि मानक व्याख्याओं में कौन से तथ्य हैं जिन्हें वे अस्वीकार करते हैं। सर्वाधिक प्रासंगिक पक्ष जिसे वे अस्वीकार करते हैं, बुद्ध के उपदेशों का सारतत्व है: फोर नोबल ट्रूथस, अथवा चार आर्य सत्य। अंबेडकर लिखते हैं:

> चार आर्य सत्य गैर-बौद्ध धर्मियों द्वारा बौद्ध धर्म के सिद्धांत को स्वीकार करने के मार्ग में बहुत बड़ी बाधा हैं। क्योंकि ये चार आर्य सत्य मनुष्य को आशा का आधार नहीं देते हैं। ... बुद्ध के सिद्धांत को नैराश्य का सिद्धांत बनाते हैं। क्या ये मूल सिद्धांत का अंश हैं अथवा भिक्षुओं द्वारा बाद में जोड़ी गई हैं?[39]

उनके द्वारा पुनर्जन्म की अवधारणा को अस्वीकार करने में अनेकों विरोधाभास हैं। एक ओर, वे स्पष्ट रूप से कहते हैं कि बौद्ध धर्म में पुनर्जन्म जैसी कोई धारणा नहीं है, जबकि दूसरी ओर, वे कहते हैं कि बुद्ध बोधिसत्त थे (संस्कृत में बोधिसत्व)। यह पुनर्जन्म पर आधारित विचार है जिसकी वे निम्न रूप से व्याख्या देते हैं:

> ज्ञानोदय से पूर्व गौतम मात्र बोधिसत्त थे। ज्ञानोदय होने के पश्चात वे बुद्ध हो गए। बोधिसत्त कौन और क्या है? बोधिसत्त वह व्यक्ति है जो बुद्ध होने का प्रयास कर रहा है। किस प्रकार एक बोधिसत्त बुद्ध बन सकता है? एक बोधिसत्त निरंतर दस जन्मों तक बोधिसत्त होना चाहिए। ... अपने दसवें जन्म में वे धर्ममेघ हो जाते हैं। बोधिसत्त को बुद्ध की असीम दिव्य दृष्टि प्राप्त हो जाती है।[40]

वे स्पष्ट रूप से वर्णन करते हैं कि बोधिसत्त को दसवें जन्म में बुद्धत्व प्राप्त होने से पूर्व के नौ पूर्व जीवनों में से प्रत्येक में क्या-क्या प्राप्त हुआ। दलाई लामा और बोधिसत्त की पूरी परंपरा पुनर्जन्म पर आधारित है।

इस विरोधाभास का कारण स्पष्ट है: अंबेडकर हिन्दू धर्म में अवतार की अवधारणा से स्वयं को दूर करना चाहते थे। अतः वे चाहते थे कि बौद्ध धर्म, जिसे उन्होंने अपनाया था, से इसका लोप कर दिया जाए। परंतु त्रुटि यह है कि स्वयं बुद्ध कहते हैं कि उन्हें अपने स्वयं के पूर्व जन्मों में से अनेकों की स्मृति है।

हिन्दू धर्म और बौद्ध धर्म दोनों में आत्मा के पुनर्जन्म के विषय में अंबेडकर की समझ त्रुटिपूर्ण है। इसके द्वारा वे इन दोनों धर्मों के बीच परस्पर-विरोधी तत्त्वमीमांसक भेद होने का दावा करते हैं। हमारा निम्न संक्षिप्त विश्लेषण दर्शाता है कि किस प्रकार दोनों पद्धतियों में परम आत्मा के संबंध में भिन्न विचारों के होते हुए भी पुनर्जन्म का विचार दोनों में उपयुक्त बैठता है:

- हिन्दू धर्म में परम आत्मा (आत्मन्) की धारणा है, और वह आत्मा न तो कभी जन्म लेती है और न ही उसकी मृत्यु होती है। अतः वह पुनर्जन्म नहीं लेती है। जो सत्ता पुनर्जन्म लेती है वह लघुतर है, उसे जीव-आत्मन् कहा जाता है, जोकि आत्मा द्वारा धारण किया गया शरीर/देह/दैहिक रूप है, और स्वयं आत्मा नहीं है।
- बौद्ध धर्म में चैतन्य का प्रवाह है जिसमें क्षणिक अवस्थाएं हैं जिसका कोई स्थायी आत्म अथवा आधार नहीं है। आत्म का अनुभव माया/भ्रम है।

ऐसी कोई 'सत्ता' नहीं है जो पुनर्जन्म लेती है, परंतु प्रक्रिया के रूप में पुनर्जन्म होता है। कर्म चैतन्य पर छाप छोड़ते हैं, जिन्हें संस्कार अथवा वासना कहा जाता है। संस्कार की ऊर्जा एक बीज के समान है जो एक प्रभाव उत्पन्न करती है, जिसे फल कहा जाता है। देह की मृत्यु के उपरांत, अतृप्त संस्कार एक नए देह के रूप में पुनर्जन्म लेने की व्यवस्था करते हैं। परंतु कोई आत्म नहीं है जो पुनर्जन्म लेता है।

- एक पद्धति (हिन्दू धर्म) में परम आत्मा विद्यमान है, परंतु वह नहीं है जो जन्म लेती है अथवा मृत्यु को प्राप्त होती है। दूसरी पद्धति (बौद्ध धर्म) में कोई परम आत्मा नहीं है। अतएव, कोई भी पद्धति यह विश्वास नहीं करती कि कोई परम आत्मा पुनर्जन्म लेती है।

अंबेडकर की हिन्दू धर्म में कर्म संबंधी समझ भी त्रुटिपूर्ण है। उनका कहना है कि कर्म का हिन्दू विचार 'सोल' (जीवात्मा) पर आधारित है, परंतु सोल एक इब्राहिमी विचार है और अतएव यह भ्रम उत्पन्न करता है। यद्यपि बौद्ध धर्म में ऐसी कोई सत्ता नहीं है जो कर्म संचय करती हो, उसके अनुसार संस्कार अथवा वासनाएं वह कार्मिक छाप हैं जो उस प्रक्रिया को प्रभावित करती हैं जिसके द्वारा परिणाम उत्पन्न होते हैं। अतः, यह कर्म को अस्वीकार नहीं करती है।

अंबेडकर और मानक बौद्ध धर्म के बीच एक अन्य गंभीर विवाद ध्यान के प्रति उनका दृष्टिकोण है। बुद्ध का अष्टांग मार्ग उनकी निर्दिष्ट पद्धति है जिसका सभी बौद्ध धर्मावलंबी लोगों को पालन करना है। इस मार्ग में सातवाँ और आठवां चरण सचेतन ध्यान और *ध्यान* पद्धतियाँ हैं। मौलिक बौद्ध ग्रंथ, *सतिपट्ठान सुत्त* और *विसुद्धिमग्ग* कई पद्धतिबद्ध ध्यान तकनीकों पर बल देते हैं जिनका बुद्ध ने स्वयं के प्रबोधन के लिए अभ्यास किया। बुद्ध के उपदेश का सार यह है कि ये सार्वभौमिक मार्ग हैं जो सभी को उपलब्ध हैं, और वे मात्र उसी का उपदेश दे रहे हैं *जिसका उन्होंने स्वयं अनुभव किया* है।

परंतु अंबेडकर बौद्ध धर्म संबंधी अपनी विवेचना में, ध्यान की उपेक्षा करते हैं, अथवा उस पर कम बल देते हैं। उनके अनुसार ध्यान, शिक्षा और मानसिक उत्कर्ष का प्रयास मात्र है। किसी भी सच्चे बौद्ध धर्मी के लिए, ध्यान सामान्य मानसिक कार्यकलाप से भिन्न है, और यदि ध्यान के महत्व को तुच्छ किया जाता है, बौद्ध धर्म का सम्पूर्ण आधार ही समाप्त हो जाता है।

बौद्ध धर्म के इन मूल सिद्धांतों को हटाकर, वे एक नए रूप का आविष्कार करते हैं। अक्टूबर 1956 में अंबेडकर ने एक प्रेस सम्मेलन किया, जिसमें उन्होंने हिन्दू धर्म सहित थेरवाद और महायान बौद्ध धर्म को औपचारिक रूप से अस्वीकार कर दिया। उन्होंने अपनी मृत्यु से लगभग छह सप्ताह पूर्व, अपने नवयान बौद्ध धर्म का आरंभ किया। इस नए धर्म में सम्मिलित होने हेतु उनके अनुयायियों के लिए औपचारिक शपथ ग्रहण समारोह में बाईस प्रतिज्ञाएं थीं। यद्यपि उनमें से एक में बुद्ध के अष्टांग मार्ग का उल्लेख करने का ढोंग किया गया है, ध्यान का कहीं पर भी कोई उल्लेख नहीं है।[41]

सार यह है कि, अंबेडकर ने बौद्ध धर्म को धर्मनिरपेक्ष बना दिया और उसके आध्यात्मिक आयाम को नष्ट कर दिया:

- उन्होंने निर्वाण अथवा ज्ञानोदय के परंपरागत विचार को अत्यधिक अलौकिक और पलायनवादी कहकर अस्वीकार कर दिया।
- उनके विचार से ध्यान के अभ्यास पर अत्यधिक समय व्यतीत करना दायित्वहीन होना था क्योंकि इससे व्यक्ति सामाजिक संबंधों से दूर हो जाता है।
- वे नहीं मानते थे कि निर्वाण प्राप्त करना आध्यात्मिक उपलब्धि है, बल्कि एक सामाजिक संरचना है जो समन्वय और न्याय पर आधारित समाज से संबंधित है। अंबेडकर का लक्ष्य बौद्ध धर्म को सामाजिक न्याय की एक व्यवस्था में परिवर्तित करना था। वे चाहते थे कि उनका रूपांतरित बौद्ध धर्म अस्पृष्यों और ऐसे अन्य लोगों के लिए न्याय के साथ लोकतंत्र का पोषण करे।

तथापि, यह ध्यान देना महत्वपूर्ण है कि अंबेडकर ने आध्यात्मिकता को निरर्थक नहीं समझा। वे अस्पृश्यता को हटाने का प्रयास मात्र कर रहे थे जो उनके अनुसार हिन्दू तत्त्वमीमांसा पर आधारित थी। उनको समस्या हुई क्योंकि बौद्ध धर्म में भी हिन्दू धर्म की समान तत्त्वमीमांसा को अपनाया गया था। अतः बिना परिवर्तनों के उसे अपनाना उनके लिए संभव नहीं था।

अंबेडकर के अनुयायियों ने उनके आंदोलन की समानता स्वर्गीय वियतनामी भिक्षु, थिच नात हान द्वारा पश्चिम में लाए गए बौद्ध धर्म के स्वरूप के साथ करने का प्रयास किया है। पश्चिम के लोग इसे ‘एन्गैजड बुद्धीज़्म’ कहते हैं क्योंकि इसमें

समाज और पर्यावरण के सामने आने वाली समस्याओं के प्रति मानव चेतना को जागृत करने के लिए ध्यान और अन्य अभ्यासों का उपयोग किया जाता है। तत्पश्चात, यह सामाजिक और राजनीतिक कार्यकलाप के माध्यम से पीड़ा और अन्यायों को दूर करने में सहायता के लिए बौद्ध धर्म संबंधी नीतियों और ध्यान के अभ्यास से प्राप्त अन्तर्दृष्टियों को प्रयोग में लाता है। अहिंसा, भौतिकता के प्रति अनासक्ति, पशुओं और प्रकृति की रक्षा और शांति बनाए रखने पर अत्यधिक बल दिया जाता है। परंतु यह तुलना कठिन है, क्योंकि अंबेडकर के बौद्ध धर्म में ध्यान का स्थान नहीं है, जबकि थिच नात हान का बौद्ध धर्म इसी के साथ प्रारंभ होता है। परिणामस्वरूप, अंबेडकर का बौद्ध धर्म पूर्णतः राजनीतिक है।

बौद्ध धर्म के संभवतया धर्मनिरपेक्ष स्वरूप का समर्थन करने के पश्चात भी, अंबेडकर धर्मनिरपेक्षता का विरोध करने का दावा करते थे ; वे धर्म के अपने ढांचे के अंतर्गत ही कार्य करना चाहते थे। उन्होंने कहा: 'जो धर्म के महत्व को अस्वीकार करते हैं, वे यह समझने में असफल होते हैं कि एक विशुद्ध धर्मनिरपेक्ष आदर्श की तुलना में एक धार्मिक आदर्श के समर्थन में कितनी बड़ी क्षमता और स्वीकृति होती है'।[42] 1954 में ऑल इंडिया रेडियो के एक प्रसारण में, उन्होंने कहा कि धर्मनिरपेक्ष जनादेशों को तोड़ा जा सकता है जबकि प्रत्येक को धर्म का सम्मान करना चाहिए ।[43] अन्य शब्दों में, यद्यपि उनके आंदोलन ने बौद्ध धर्म को उसके मुख्य आध्यात्मिक तत्त्वों से अलग कर दिया और उसे पूर्णतः एक सामाजिक न्याय का आंदोलन बना दिया, अंबेडकर उसे धर्म के नाम से ही बुलाना चाहते थे ताकि उसे धर्म, और विशेषकर बौद्ध धर्म, की पवित्रता प्राप्त हो।

ईसाई धर्म और इस्लाम के संबंध में, उन्होंने कहा:

> इस पर ध्यान दिया जाना बहुत आवश्यक है कि धर्म-परिवर्तनों का समग्र रूप से देश पर क्या प्रभाव पड़ेगा। इस्लाम अथवा ईसाई धर्म में धर्म-परिवर्तन से डिप्रेस्ड क्लासेस का अराष्ट्रीयकरण हो जाएगा। यदि वे इस्लाम को अपनाते हैं, मुसलमानों की संख्या दुगुनी हो जाएगी...और मुस्लिम प्रधानता का संकट भी वास्तविक हो जाएगा। यदि वे ईसाई धर्म को अपनाते हैं... देश पर ब्रिटेन की पकड़ और सुदृढ़ हो जाएगी।[44]

उन्होंने बौद्ध धर्म को चुनने को भारत के लिए न्यूनतम रूप से हानिकारक मार्ग बताया क्योंकि वे बौद्ध धर्म को भारतीय संस्कृति का अंग मानते थे।

उनका प्रयोजन स्पष्ट था। अंबेडकर कट्टर भारतीय राष्ट्रवादी थे। भारतीय संस्कृति के अनुकूल धर्म को समर्थन करने को उन्होंने निरंतर प्राथमिकता दी। उनकी विचारधारा को निम्न तालिका में प्रस्तुत किया गया है:

	हिन्दू धर्म	ईसाईयत	इस्लाम	बौद्ध धर्म
भारत की एकता के अनुकूल	हाँ	नहीं	नहीं	हाँ
जातिगत शोषण को दूर करने में सहायक	नहीं	एन/ए (लागू नहीं)	नहीं	हाँ

अंबेडकर और साम्यवाद

अंबेडकर द्वारा बुद्ध और कार्ल मार्क्स पर एक महत्वपूर्ण तुलनात्मक अध्ययन किया गया था। तत्पश्चात इसे एक लघु पुस्तक, *बुद्ध ऑर कार्ल मार्क्स?* शीर्षक से प्रकाशित किया गया था। आरंभ में वे कहते हैं कि दोनों व्यवस्थाएं संपत्ति के निजी स्वामित्व का विरोध करती हैं क्योंकि यह दुर्भाग्य और कष्ट का कारण होती है। दोनों के भिन्न होने का कारण उनके द्वारा प्रयोग की जाने वाली पद्धतियाँ हैं।

तत्पश्चात वे उनकी पद्धतियों का विश्लेषण करते हैं और स्पष्ट करते हैं कि क्यों बौद्ध धर्म मार्क्सवाद से उत्कृष्ट है। प्रमुख भेद यह है कि बुद्ध सर्वप्रथम व्यक्ति के नैतिक स्वभाव में आंतरिक परिवर्तन लाना चाहते थे ताकि वह स्वेच्छा से उनके मार्ग का अनुसरण करे, जबकि साम्यवाद हिंसा का उपयोग करता है और निरंकुशता को थोपता है। वे लिखते हैं:

> ... बुद्ध द्वारा अपनाया गया माध्यम व्यक्ति को उसके नैतिक स्वभाव में परिवर्तन लाकर धर्मांतरित करना था ताकि वह स्वेच्छा से मार्ग का अनुसरण करे। साम्यवादियों द्वारा अपनाये गये माध्यम उतने ही स्पष्ट, संक्षिप्त और द्रुतगामी हैं। वे हैं (1) हिंसा और (2) सर्वहारा-वर्ग पर निरंकुशता। साम्यवादियों का कहना है कि साम्यवाद को स्थापित करने के मात्र दो माध्यम हैं। प्रथम हिंसा है। विद्यमान व्यवस्था को तोड़ने के लिए इसके अतिरिक्त कुछ भी पर्याप्त नहीं होगा। द्वितीय है सर्वहारा-वर्ग पर निरंकुशता। नई व्यवस्था को बनाए रखने के लिए इसके अतिरिक्त कुछ भी पर्याप्त नहीं होगा। अब यह स्पष्ट है कि बुद्ध और कार्ल मार्क्स के बीच क्या समानताएं और असमानताएं हैं। माध्यमों के संबंध में असमानताएं हैं। दोनों का लक्ष्य एक ही है।[46]

अंबेडकर कहते हैं कि साम्यवादियों ने अपने बहुमूल्य लक्ष्यों को प्राप्त करने के प्रयास में, अन्य बहुमूल्य वस्तुओं को नष्ट कर दिया। वे पूछते हैं, 'क्या वे भूस्वामी की हत्या किए बिना उसकी संपत्ति पर अधिकार नहीं ले सकते थे?' अतएव, दीर्घकालिक रूप से देखते हुए, उन्होंने साम्यवाद के बल-प्रयोग की तुलना में बौद्ध धर्म के स्वेच्छा के दृष्टिकोण को उत्कृष्ट माना।

वे कहते हैं कि महत्वपूर्ण अंतर, बाहरी बल-प्रयोग (साम्यवाद में) की तुलना में व्यक्ति को आंतरिक रूप से परिवर्तित किए जाने (बौद्ध धर्म में) के बीच है: 'व्यक्ति को बल का प्रयोग करने वाली सरकार और नैतिक परिवर्तन लाने वाली सरकार के बीच चयन करना है'।[47] वे न्याय परायण शासन और बलपूर्वक शासन के बीच अंतर को स्पष्ट करने के लिए बुद्ध के एक धर्मोपदेश का वर्णन करते हैं। रूसी साम्यवादी क्रांति का उदाहरण देते हुए, वे कहते हैं कि क्रांति के द्वारा लाए गए परिवर्तनों को केवल बल के प्रयोग से ही बनाए रखा जा सकेगा। बल के प्रयोग को एक बार रोक दिए जाने पर, पुनः अराजकता फैल जाएगी।

> यह संभवतया उस स्थिति का सबसे सूक्ष्म चित्रण है कि नैतिकता के असफल हो जाने पर, और उसके स्थान पर निरंकुश शासन के आने पर क्या होता है। बुद्ध यह चाहते थे कि प्रत्येक मनुष्य नैतिक रूप से इतना प्रशिक्षित हो जाए कि वह स्वयं न्याय परायणता के राज्य का प्रहरी बन जाए।[48]

वे कहते हैं कि बल के प्रत्याहरण के पश्चात मात्र धर्म ही है जो लोगों को इस परिवर्तन के मार्ग पर चलते रहने के लिए प्रेरित कर सकता है। वे रुसियों को एक शिक्षा देते हैं: 'रूसी लोग बल के प्रत्याहरण के पश्चात साम्यवाद को बनाए रखने के लिए एक अनंतिम सहायता के रूप में बौद्ध धर्म पर कोई ध्यान देते प्रतीत नहीं हो रहे हैं'।[49]

वे निरंकुशता को समस्यात्मक मानते हैं क्योंकि उसको बनाए रखने के लिए निरंतर बल प्रयोग की आवश्यकता होती है। बुद्ध ने इसका विरोध किया: 'बुद्ध निरंकुशता के पूर्णतः विरोधी थे। वे जन्म से मृत्यु-पर्यंत लोकतंत्रवादी ही रहे'।[50] लोकतंत्र का लाभ स्पष्ट है: 'संसदीय सरकार में लोगों का एक कर्तव्य है और उनके पास एक अधिकार है; विधि का पालन करने का कर्तव्य और उसकी आलोचना करने का अधिकार। निरंकुश शासन में आपको केवल

आज्ञा का पालन करना है परंतु उसकी आलोचना करने का कोई अधिकार नहीं है'।[51]

निरंकुशता को थोड़े समय के लिए ही उपयुक्त माना जा सकता है जिससे कि सुरक्षित लोकतंत्र की स्थापना की जा सके। 'निरंकुशता अपना कार्य पूरा कर लेने के पश्चात, लोकतंत्र के मार्ग में आने वाली सभी बाधाओं और अवरोधों को दूर कर लेने और लोकतंत्र के मार्ग को सुरक्षित कर लेने के पश्चात, अपने आप ही क्यों नहीं समाप्त हो जाती है?'[52] स्थायी निरंकुशता आध्यात्मिक मूल्यों को नष्ट करती है अतएव वह औचित्यपूर्ण नहीं है: 'मानवता न केवल आर्थिक मूल्यों को, बल्कि आध्यात्मिक मूल्यों को भी बनाए रखना चाहती है। स्थायी निरंकुश शासन ने आध्यात्मिक मूल्यों पर कभी भी ध्यान नहीं दिया और न ही इस ओर ध्यान देने की कोई इच्छा प्रतीत होती है'।[53]

अंबेडकर को गर्व है कि रुसियों द्वारा साम्यवाद लाए जाने के हजारों वर्ष पूर्व, बुद्ध ने अपने संघ में अल्प स्तर पर, और बल अथवा निरंकुशता का प्रयोग किए बिना ही साम्यवाद को कार्यान्वित किया था:

> रुसियों को अपने साम्यवाद पर गर्व है। परंतु वे यह भूलते हैं कि बुद्ध ने निरंकुशता के बिना संघ में साम्यवाद की स्थापना की थी। यह एक महान आश्चर्य की बात है ... यह बहुत अल्प स्तर पर साम्यवाद था, परंतु यह ... निरंकुशता के बिना किया गया था, एक चमत्कार जिसे करने में लेनिन असफल रहे। बुद्ध की पद्धति भिन्न थी। उनकी पद्धति थी मनुष्य के मन में परिवर्तन लाना: उसके स्वभाव में परिवर्तन लाना; ताकि मनुष्य जो भी करे, अपनी स्वेच्छा से बिना किसी बल- प्रयोग के अथवा बाध्यता के करे। उनका मुख्य माध्यम... उनका धम्म था और उनके धम्म का निरंतर उपदेश था। बुद्ध का मार्ग लोगों को वह कार्य करने के लिए बाध्य नहीं करना था जिसे वे नहीं करना चाहते थे, परंतु जो उनके हित में होता। उनका मार्ग था व्यक्तियों के स्वभाव में परिवर्तन लाना ताकि वे उन कार्यों को स्वेच्छा से करें जो कि वे अन्यथा नहीं करते।[54]

उनके अनुसार वह समाज जहाँ व्यक्ति स्वेच्छा से कार्य करते हुए फ्रांसीसी क्रांति की आकांक्षाओं को प्राप्त करे, एक आदर्श समाज होगा:

> समाज का लक्ष्य एक नए आधार की स्थापना करना था जिसका सार फ्रांसीसी क्रांति के तीन शब्दों में है: बंधुत्व, स्वतंत्रता और समानता। इस उद्घोष के कारण फ्रांसीसी क्रांति का स्वागत किया गया। हम रूसी क्रांति का स्वागत करते हैं क्योंकि इसका उद्देश्य समानता लाना है। परंतु समानता लाने में, समाज बंधुत्व अथवा स्वतंत्रता की बलि नहीं दे सकता है। बंधुत्व अथवा स्वतंत्रता के बिना समानता का कोई महत्व नहीं रह जाएगा। प्रतीत होता है कि बुद्ध के मार्ग का अनुसरण करने पर ही तीनों को एक साथ प्राप्त किया जा सकता है।[55]

संक्षिप्त रूप से, साम्यवाद और फ्रांसीसी क्रांति, दोनों के लक्ष्यों को प्राप्त करने का सबसे उपयुक्त माध्यम बुद्ध के मार्ग से है। दोनों में से कोई भी अपने घोषित लक्ष्यों को प्राप्त नहीं कर सके, जबकि बुद्ध ने उन्हें बहुत समय पूर्व प्राप्त कर लिया था।

पूर्व में चर्चा किए गए अनुसार, उनके तर्क के साथ समस्या यह है कि अंबेडकर ने बौद्ध धर्म के मूल नियमों जिनमें ध्यान सम्मिलित है, को पूर्व में ही अस्वीकार कर दिया है। बौद्ध धर्म में यह अपेक्षित है कि व्यक्ति सर्वप्रथम गहन आंतरिक परिवर्तन लाए और *तत्पश्चात* ही समाज की सहायता करने के लिए बाह्य भूमिका निभाए। परंतु अंबेडकर बौद्ध धर्म के चार आर्य सत्य अथवा उसकी अनुशंसित ध्यान पद्धतियों को स्वीकार नहीं करते हैं।

निष्कर्ष यह है कि अंबेडकर बुद्ध और मार्क्स के बीच फंसे हुए हैं, और किसी भी व्यवस्था का पूर्णतः अनुसरण नहीं कर पा रहे हैं। एक ओर, वे बुद्ध द्वारा सिखाए गए बौद्ध धर्म से गंभीर रूप से असहमत हैं। ये असहमतियाँ बौद्ध धर्म की आधारभूत तत्त्वमीमांसा (जैसे पुनर्जन्म और कर्म) और साथ ही साथ, उसकी ध्यान पद्धतियों, दोनों के विषय में हैं। दूसरी ओर, वे मार्क्सवाद के विरुद्ध तर्क देने के लिए बौद्ध धर्म और उसके आध्यात्मिक परिवर्तन का उपयोग करना चाहते हैं।

अतएव, वे मार्क्सवाद के विरुद्ध अपने तर्क को पुष्ट करने के लिए उनके स्वयं के द्वारा *पुनरपरिभाषित* बौद्ध धर्म का सहारा लेते हैं। इस संबंध में, समस्या यह है कि वे बौद्ध धर्म के मूल नियमों अथवा उसकी पद्धतियों से सहमत हुए बिना, उससे संबंधित समाधान देते हैं।

यह गंभीर त्रुटि है: किस आधार पर वे यह दावा करते हैं कि यह पद्धति कार्य करेगी? क्या यह सत्य नहीं है कि अंबेडकर को बौद्ध धर्म के संबंध में प्राथमिक ज्ञान पुस्तकों से प्राप्त हुआ, न कि किसी जीवित गुरु से जैसा कि गुरु-शिष्य

परंपरा में अपेक्षित है? वे पारंपरिक रूप से बौद्ध धर्मी नहीं थे जिसमें कि एक शिक्षक ध्यान और अन्य पद्धतियों में उन्हें दीक्षित करते। क्या अंबेडकर ने बुद्ध द्वारा विहित ध्यान साधना का पालन न करते हुए भी आध्यात्मिक परिवर्तन प्राप्त कर लिया?

यदि अंबेडकर के नवनिर्मित बौद्ध धर्म को गम्भीरतापूर्वक लेना है, और उसे मात्र परिकल्पना नहीं मानना है, उन्हें उसे वास्तविक अनुभव पर आधारित करना होगा। द *बुद्ध एण्ड हिज़ धम्म* में, उनका यह कहना सही है कि बौद्ध धर्म में जो भी शिक्षा दी गई है, वह व्यवहार में अनुभवजन्य परीक्षण पर आधारित है। बुद्ध ने मात्र वही सिखाया जिसका उन्हें व्यक्तिगत आंतरिक अनुभव के माध्यम से प्रत्यक्ष ज्ञान हुआ । अंबेडकर की नई व्यवस्था पर भी समान मानदंड लागू होना चाहिए। वे मात्र उसी की शिक्षा दे सकते हैं जिसका अनुभव उनको स्वयं आंतरिक रूप से हुआ हो। परंतु अंबेडकर ने अपनी नई पद्धतियों का उपयोग करके आध्यात्मिक परिवर्तन प्राप्त करने का दावा कभी नहीं किया।

उनकी व्यवस्था में, बौद्ध धर्म के आध्यात्मिक साधनों को अस्वीकृत किया गया। और सामाजिक न्याय के लक्ष्यों को व्यवहार में, यहाँ तक कि एक लघु प्रायोगिक समूह में भी प्रमाणित नहीं किया गया। तथापि, वे बुद्ध की पद्धति को अस्वीकार करते हैं, और उसके स्थान पर अपनी पद्धति लाते हैं। यह दुर्भाग्यपूर्ण है कि वे अधिक समय तक जीवित नहीं रहे, अन्यथा उन्हें भी बुद्ध के समान अपने विचारों को अनुभवजन्य परिणामों के आधार पर स्थापित करने का अवसर प्राप्त होता।

भौतिक स्तर पर सभी कुछ प्राप्त करने के पश्चात भी, मानवता अहंकार द्वारा ही, और मुख्य रूप से स्वार्थ, लोभ, लालसा, शरीर से जुड़ी इच्छाओं के बंधन, इत्यादि आदिम अहंकार द्वारा ही चालित हो रही है। अन्य शब्दों में, ये वही मानसिक व्याधियां हैं जिनसे स्वयं को दूर करने का उपदेश बुद्ध ने अपने अनुयायियों को दिया था। बौद्ध धर्म की केन्द्रीय मान्यता यह है कि हमारे सामने आने वाली समस्याओं का मन के इस स्तर पर समाधान नहीं हो सकता है। अहंकार से ऊपर उठकर आध्यात्मिक विकास करने की आवश्यकता है।

यह विडंबना है कि अंबेडकर से दिखावटी प्रेम करने वाले अनेक लोगों में, बुद्ध की पद्धति का अभ्यास करने और अपने चैतन्य का विकास करने, और *तत्पश्चात* समाज की सहायता करने में सक्षम होने हेतु प्रतिबद्धता नहीं है। वे इस

महत्वपूर्ण आंतरिक उन्नति के कार्य की उपेक्षा करते हैं और बौद्ध धर्मी होने के बड़े-बड़े दावों की आड़ में राजनीतिक, सामाजिक, अथवा अन्य प्रकार की शक्तियों की अभिलाषा रखते हैं। निम्नलिखित चित्र में अंबेडकर के सिद्धांत का सार प्रस्तुत किया गया है।

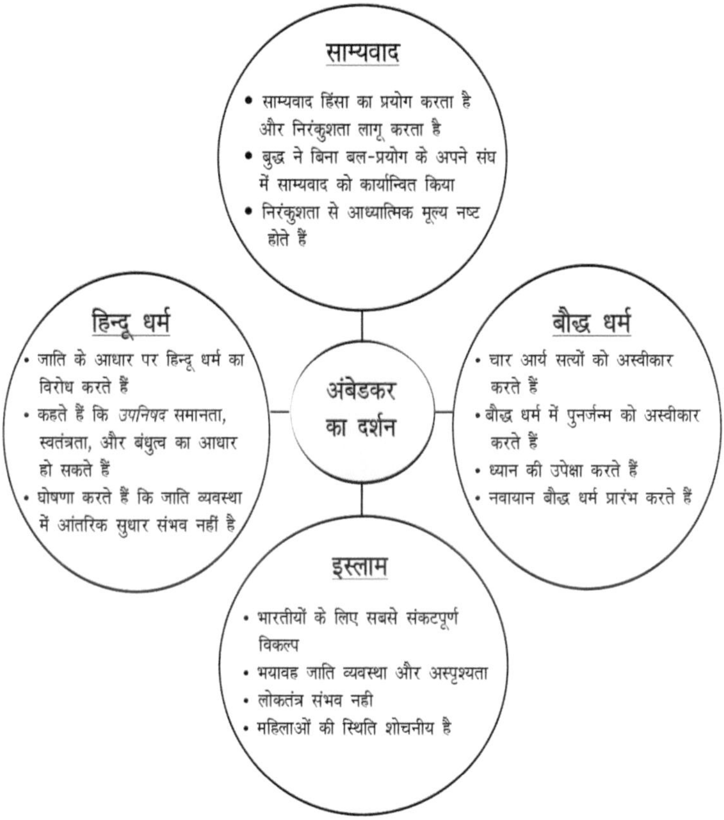

7

जाति/कास्ट के गुण और अवगुण[1]

इस अध्याय में हम जाति/कास्ट व्यवस्था का एक समग्र आकलन दे रहे हैं। अंग्रेज अर्थशास्त्री, एंगस मॅडिसन के अनुसार, भारत लगभग 1800 ई. तक विश्व का सबसे समृद्ध देश था। इसी समय पर अंग्रेज भारत की आर्थिक गति को पूरी आक्रामकता से रोकने के लिए तत्पर हो गए थे। प्रचुर संपन्नता की इतनी लंबी अवधि इस धारणा के साथ अनुकूल नहीं बैठती है कि कास्ट ने प्राचीन समय से भारत को आर्थिक रूप से पिछड़ा हुआ बना दिया है। आइए हम इस व्यवस्था के प्रमुख लाभ और हानियों का एक संतुलित विचार करें।

निरंकुशता के विरुद्ध नियंत्रण और संतुलन

जाति संरचना विकेंद्रीकृत स्व-शासन की एक व्यवस्था थी जिसमें अनगिनत अर्ध-स्वायत्त सामाजिक समूह अपने-अपने सदस्यों को सेवाएं प्रदान करते थे। यही भारत की भाषाओं, रीतियों, आध्यात्मिक पद्धतियों, प्रचलित कलाओं, और संस्कृति संबंधी विविधता का कारण है विश्व के किसी अन्य देश में इतनी अधिक विविधता नहीं है।

जब तक जातियाँ अपनी स्वयं की स्थानीय परंपराओं के आधार पर कार्य करती रहीं, यह संरचना किसी केंद्रीकृत नियंत्रण की आवश्यकता के बिना एक विशाल और विविध समाज को बनाए रखने में सक्षम रही। यह किसी एक वर्ण अथवा सामाजिक पूंजी में शक्ति के संकेन्द्रण से दूर रही। अंग्रेजों ने इसे विघटित कर दिया क्योंकि उनके हित भिन्न थे और इसके लिए ऊपर से नीचे औपनिवेशिक नियंत्रण आवश्यक था।

ब्राह्मणों के विषय में, धर्मशास्त्र आर्थिक क्षमता से कर्मकांड के अधिकार को स्पष्ट रूप से अलग करते हैं। ब्राह्मणों को कर्मकांड का अधिकार प्राप्त था, और

यह उनके लिए अनिवार्य उत्तरदायित्व था। समाज के प्रति उनका दायित्व ज्ञान प्राप्त करना और वैदिक परंपरा का संरक्षण करना है। यह कोई 'विशेषाधिकार' नहीं है क्योंकि ब्राह्मणों को राजनीतिक सत्ता प्राप्त करने अथवा संपदा का संचय करने की अनुमति नहीं है। ब्राह्मण उपहारों अथवा प्रतिपूर्ति के लिए याचना नहीं कर सकता है और उसे मात्र उतनी ही भौतिक वस्तुएं प्राप्त होंगी जो उसे जीविकोपार्जन के लिए आवश्यक है। धर्मशास्त्रों के अनुसार, आवश्यकता से अधिक संचय करने से उसकी अधोगति होती है।[2]

क्षत्रियों के विषय में, उनका (विशेषकर राजाओं का) कर्तव्य कानून और व्यवस्था को बनाए रखना है, धर्म का संरक्षण करना है और जनसाधारण की रक्षा करना है। उन्हें कोई स्वेच्छाचारी अथवा निरंकुश होने की शक्ति नहीं दी गई है। उनका कर्तव्य है कि अपने मंत्रियों से परामर्श लें , लोगों की सुनें, और उनकी समस्याओं का समाधान दें। मंत्री परिषद् में शूद्रों सहित समाज के सभी वर्गों के प्रतिनिधि सम्मिलित थे।

धर्मशास्त्रों में यह भी प्रावधान है कि कोई राजा, यदि वह धर्म का संरक्षण करने अथवा लोगों और उनकी संपत्तियों की रक्षा करने में असफल होता है, उसे, उसके मंत्रियों द्वारा जन-समर्थन से हटाया जा सकता है। यद्यपि वास्तविक रूप से यह दावा नहीं किया जा सकता है कि दोषहीन शासन होता था, मुख्य तथ्य यह है कि जीवंत चर्चा होती थी, और एक युग से दूसरे युग में राजनीतिक विचारधारा चलती जाती थी।

अंग्रेज शासनकाल में , अंग्रेजों द्वारा प्रशिक्षित और नियुक्त सिविल सेवकों के अंतर्गत अनेक विकेंद्रीकृत कार्य एकीकृत हो गए। अंग्रेजों द्वारा नियुक्त ये व्यक्ति दो प्राथमिक उद्देश्यों की पूर्ति करते थे: ऊर्ध्व स्तर पर, वे करों का संग्रहण(अत्यधिक वसूली) करते थे जिसने भारतीय अर्थव्यवस्था को विश्व के धनाढ्यतम से निर्धनतम बना दिया। निम्न स्तर पर, औपनिवेशिक सिविल व्यवस्था पुलिस, न्यायालयों, और सेना के माध्यम से नियंत्रण बनाए रखने के उद्देश्य की पूर्ति करती थी – ये सभी शासन की एक विस्तृत व्यवस्था में अंग्रेजों के अधीन थे।

अंग्रेजों ने इस संबंध में नियम बनाकर कि कौन किस विशेष आर्थिक कार्यकलाप को कर सकेगा, अर्थव्यवस्था को नियंत्रित किया। उन्होंने शिक्षा व्यवस्था को नियंत्रित किया; संस्कृत और अन्य भारतीय भाषाओं पर आधारित देशी शिक्षा विघटित हो गई और उसका स्थान अंग्रेजी भाषा ने ले लिया। लंदन में

स्थित लोगों द्वारा अध्यापन और पठन सामग्री का निर्धारण किया जाने लगा। उन्होंने विभिन्न नियमों के द्वारा धार्मिक जीवन को नियंत्रित किया, यथा हिन्दू मंदिरों और उनके दैनंदिन के प्रशासन पर औपनिवेशिक नियंत्रण (जिसे कि अभी भी समाप्त नहीं किया गया है)। भौतिक पर्यावरण पर भी सिविल सेवकों का नियंत्रण था, और इसमें ब्रिटेन की औद्योगिक क्रांति की पूर्ति के लिए व्यापक वन-कटाई परियोजनाएं भी सम्मिलित थीं।

श्रम का विभाजन और विशेषज्ञता का हस्तांतरण

हमने देखा कि वर्णों और जातियों की प्रारम्भिक सामाजिक गतिशीलता और लचीलापन बाद में किस प्रकार समाप्त हो गया। वर्तमान समय के समान, उस समय कोई सार्वजनिक शिक्षा नहीं थी। प्रारम्भिक आयु से बच्चे अपने माता-पिता से कौशलों और ज्ञान को ग्रहण करते थे। धीरे-धीरे, भाई-भतीजावाद ने प्रवेश कर लिया और योग्यता-आधारित वर्ण व्यवस्था जन्म-आधारित जाति व्यवस्था में परिवर्तित हो गई। व्यवसाय परिवारों से सम्बद्ध हो गए और गतिशीलता घट गई।

पुरालेखों से स्पष्ट होता है कि अनेक व्यवसायिक जातियाँ सम्पन्न और सुव्यवस्थित थीं, और सुदृढ़ व्यवसायिक संघों जिन्हें 'गण' नाम से जाना जाता था, का उदय हुआ। शूद्र सामाजिक रूप से उन्नत हुए और राजा भी बने। उन्हें ब्राह्मणों के लिए निर्दिष्ट अनुष्ठानों को निष्पादित करने की अनुमति नहीं थी।[3]

वैश्यों और शूद्रों के व्यवसायिक संघ अथवा निकाय थे। ब्राह्मणों के लिए चर्च जैसा कोई संगठन नहीं था, जिसमें प्रधान पादरी, पादरी इत्यादि का सोपानतन्त्र होता है। यह इस दावे का खंडन करता है कि ब्राह्मणों ने 'कास्ट सिस्टम' को लागू किया। वस्तुतः उनके पास कोई संगठनात्मक तंत्र ही नहीं था जो कुछ भी लागू करता। शक्ति के इन सभी साधनों पर गैर-ब्राह्मणों का नियंत्रण था। अतः ब्राह्मणों के द्वारा समाज का नियंत्रण करना असंभव था।

ब्राह्मणों का प्रभाव मात्र इस तथ्य से था कि वे किसी कर्मकांड को निष्पादित करने से मना कर सकते थे और अपने ज्ञान के अंतरण से मना कर सकते थे। यह अन्य लोगों पर सकारात्मक रूप से प्रभाव डालने के स्थान पर शक्ति का एक नकारात्मक रूप था।

जातियों की परस्पर-निर्भरता: जजमानी व्यवस्था

भारतीय ग्रामों में जातियाँ आर्थिक रूप से सदैव एक दूसरे पर निर्भर रहीं हैं। कोई भी अकेली जाति शेष ग्राम परितंत्र के बिना आत्म-निर्भर नहीं थी। इसका कारण यह था कि किसी का भी ग्राम के सम्पूर्ण संसाधनों पर पूर्ण नियंत्रण नहीं था। अधिकतर ग्रामवासी अपनी जातियों की परंपरागत विशिष्ट व्यवसायों का अनुसरण करते थे। इस विशिष्टता के फलस्वरूप सेवाओं का उत्कृष्ट आदान-प्रदान होता था। जातियों के बीच का संबंध संविदात्मक, व्यक्तिगत, अथवा अस्थायी नहीं था बल्कि दीर्घकालिक परस्पर विश्वास पर आधारित था।[4]

यह परंपरागत व्यवसायिक दायित्वों की जजमानी व्यवस्था है और ग्रामीण भारत में अभी भी कुछ मात्रा में विद्यमान है। यह जातियों के बीच आदान-प्रदान की व्यवस्था थी।[5] प्रत्येक जाति सम्पूर्ण ग्रामीण जीवन में एक विशिष्ट भूमिका निभाती है। इस भूमिका में सामाजिक समर्थन और आर्थिक आदान-प्रदान सहित आर्थिक, सामाजिक, और नैतिक कार्य सम्मिलित हैं।[6] निम्नलिखित उदाहरण यह दर्शाता है कि जजमानी व्यवस्था किस प्रकार कार्य करती है:

> ... बच्चे के जन्म-भोज पर, ब्राह्मण 'नाम संस्कार' (नामकरण करने) के समारोह का संचालन करता है, सुनार नवजात शिशु के लिए स्वर्ण आभूषण देता है, धोबी गंदे वस्त्रों को धोता है, नाई मालिश करता है, खटी (बढ़ई) लकड़ी की चौकी (स्टूल) देता है जिस पर समारोह के समय शिशु को रखा जाएगा, लोहार कड़ा (लोहे की चूड़ी) देता है, कुम्हार पकाई गई तरकारियों और पेयजल के लिए कुल्हड़ (मिट्टी का गिलास) उपलब्ध कराता है, पासी भोजन करने के लिए पत्तल (पत्ते के प्लेट) उपलब्ध कराता है, और भंगी (मेहतर) भोज के पश्चात स्थान को साफ करता है। सहायता प्रदान करने वाले सभी लोगों को भोजन, धन और वस्त्रों का उपहार दिया जाता है जो कि परिपाटी, जजमान के प्रभाव, और प्राप्तकर्ता के अनुनय-विनय पर निर्भर करता है।[7]

जजमानी व्यवस्था एकीकृत भूमिकाओं और मानकों का एक तंत्र है। सांस्कृतिक मूल्य इन्हें मान्यता प्रदान करते हैं और इनका समर्थन करते हैं।[8] यह व्यवस्था श्रम के विभाजन और जातियों की आर्थिक परस्पर-निर्भरता को बनाए रखती है।[9] अधिकतर प्रांतों में परंपरागत पद्धति के अनुसार भुगतान कटाई के समय में किया

जाता है; प्रत्येक भू-स्वामी किसान खाद्यान्नों की नई उपज को विभिन्न जातियों में वितरित करता है। अतिरिक्त भुगतान के रूप में घर के लिए भूमि, पशुओं के चरने के लिए स्थान, ईंधन के रूप में लकड़ी और उपले(गोबर से बने ईंधन), उपकरणों के लिए ऋण इत्यादि दिए जाते हैं। इसके अतिरिक्त, भू-स्वामी किसान विभिन्न समारोहों पर वस्त्र और उपहार तथा आकस्मिक स्थितियों में ऋण के रूप में धन भी देते हैं।[10]

उदाहरण के लिए, ग्राम के पदाधिकारी अथवा समुदाय सेवक (उदा., चौकीदार) पूरे ग्राम के साथ जजमानी संबंध बनाए रखते हैं। अतएव, चौकीदार के परिवार को ग्राम में प्रत्येक भू-स्वामी किसान के परिवार से कटाई पर अंशदान प्राप्त होता है। ग्राम सेवक ग्राम की भूमि का कर-मुक्त उपयोग कर सकते हैं। ऐसे परिवारों के पास ये अधिकार हैंकि वे ग्राम के एक खंड विशेष में रहने वाले सभी लोगों को सेवा प्रदान करें।[11]

विकेंद्रीकृत प्रचार

जातियों ने अपने आंतरिक विषयों पर निर्णय लेने के लिए पंचायतों (जाति-विशिष्ट शासन) का विकास किया। इसमें राजा का कोई हस्तक्षेप नहीं होता था। । यह अपने विवादों को आंतरिक रूप से निपटाने का कुशल और सस्ता साधन था। इससे स्थानीय स्थिरता भी आई, क्योंकि राजा के स्तर पर आक्रमणों और विद्रोहों के बावजूद, ग्रामीण स्तर पर स्थानीय जीवन चलता रहा। यह सभी के कल्याण के लिए एक विकेंद्रीकृत व्यवस्था थी और कई रूपों में लोकतंत्र के समान थी। पंचायत व्यवस्था आधारभूत स्तर पर हिन्दू धर्म के लंबे समय तक बने रहने का एक कारण रही है।

धीरे-धीरे जातियाँ अधिक असंबद्ध और कठोर होती गईं पंचायतों ने जाति की एकता और दृढ़ता को बनाए रखने के लिए सजातीय विवाह पर बल दिया। वे किसी व्यक्ति को गंभीर अपराध के लिए देश निकाला दे सकते थे। इसे घोर अपयश का कारण माना जाता था।

आधुनिक समय में, अनेकों जातियों का आपस में विलय होकर बड़े कास्ट समूह बन गए हैं, जिनमें प्रत्येक के अपने राजनीतिक प्रचार तंत्र हैं जो समाज की मुख्यधारा अथवा केंद्र सरकार के साथ बातचीत करते हैं। ये कास्ट समूह

मुख्यतः राजनीतिक वोट बैंक हैं और उनका अधिकांश परंपरागत कार्य नष्ट हो चुका है।

पारिस्थितिकीय भूमिका

जाति समूहों के बीच उनके व्यवसाय की सीमाएं स्पष्ट थीं और इस पर परस्पर सहमति थी। मछली पकड़ना केवल मछुआरा जाति का कार्य था, कृषि कार्य मात्र कृषक जाति का कार्य था, और मृत पशु की त्वचा पर मात्र चमार जाति का अधिकार था। मछुआरों के बीच भी, बहुसंख्यक जातियाँ थीं जिनमें से प्रत्येक मछली पकड़ने वाला एक विशिष्ट माध्यम में पारंगत था। समय के साथ, जाति पंचायतों ने अत्यधिक मछली पकड़ने को रोकने के लिए नियम बनाए, जिससे कि मछलियों के भंडार को समाप्त होने से रोका जा सके। कुछ जातियाँ सम्पूर्ण ग्राम के लाभ के लिए पवित्र उपवनों का संरक्षण करने के लिए उत्तरदायी थीं।

इस प्रकार, जाति व्यवस्था ने प्राकृतिक संसाधनों के लिए प्रतिस्पर्धा को कम किया और उनका अति-दोहन होने से रोका। किसी भी कौशल विशिष्ट में जाति की आंतरिक विशेषज्ञता पूर्ण रूप से आगे की पीढ़ियों में आई। मुक्त व्यापार व्यवस्था में खुली प्रतिस्पर्धा की तुलना में किसी भी व्यवसाय विशिष्ट के लिए आवश्यक संसाधनअधिक संरक्षित थे। जातियों के बीच व्यवसायिक अधिकार-क्षेत्र संबंधी प्रतिबंध आपसी प्रतिद्वंदिता को सीमित करते थे।

सकारात्मक रूप से, यह समाजों और प्रकृति के बीच एक सामंजस्यपूर्ण स्थिर-अवस्था का संतुलन था। नकारात्मक रूप से, इसने समाज को निष्क्रियता की स्थिति में ला दिया और प्रतिस्पर्धा न होने के कारण नवाचार का अभाव हो गया।

आर्थिक सुरक्षा

ग्राम के शिल्पकारों, नापितों, धोबियों, कृषि श्रमिकों और इसी प्रकार के अन्य लोगों द्वारा दी गई सेवाओं के लिए, फसल-कटाई के तत्काल पश्चात, वस्तु अथवा नकदी में वार्षिक भुगतान करने की व्यवस्था बन गई। भुगतान करने की व्यवस्था उत्पादन की मात्रा पर नहीं, बल्कि इस सिद्धांत पर आधारित थी कि भू-स्वामियों को स्थानीय ग्राम कर्मकारों की देख-रेख करनी चाहिए। इसमें विशेष

परिस्थितियों तथा आपदाओं हेतु व्यय भी सम्मिलित था। इससे संरक्षक-यजमान संबंध का विकास हुआ जिसमें भू-स्वामियों का अन्य कर्मकार-वर्ग के परिवारों पर प्रभुत्व था। स्वभाविक रूप से, किसी भी विषम परिस्थिति के समान, सभी प्रकार के दुराचार और अत्याचार होते थे। इससे संघर्ष उत्पन्न होता था । ऐसे तनाव वेदों अथवा ऐसे किसी विचार के कारण उत्पन्न 'दुष्ट ब्राह्मण षड्यन्त्र' के कारण नहीं हैं। यह स्थानीय स्तर पर प्रतिद्वंदी हितों के बीच मात्र वर्ग संघर्ष है।

यद्यपि अर्थव्यवस्था स्थानीय संसाधनों और मांगों का प्रभावी रूप से उपयोग करने में सक्षम रही, यह बड़ी मात्रा में उत्पादन और व्यापार को देखते हुए कम ही था ।

जातियाँ और अंतर्मुखता: मुख्य समस्या

जाति-आधारित सामाजिक व्यवस्था के कई लाभ थे। समुदाय स्वतंत्र रूप से अपने कार्यों का प्रबंध करने की ओर ध्यान केंद्रित करते थे। आर्थिक क्षेत्र और सीमाएं स्पष्ट रूप से निर्धारित थीं। प्रत्येक जाति के अपने नेता, परम्पराएं, देवी/देवता, अनुष्ठान और त्योहार, 'नियम' तथा विवादों के न्यायिक निर्णय थे। बाहरी व्यक्तियों के प्रति 'मैं अपने कार्य पर ध्यान देता हूँ, आप अपने कार्य पर दें' का भाव था। यह भारत की अपरिमित विविधता की मुख्य बात थी, क्योंकि हजारों विशिष्ट संस्कृतियाँ, अलग , और मुख्यतः एकाकी समूहों में, विकसित हुईं। इससे सामंजस्य भी स्थापित हुआ क्योंकि जातियाँ एक-दूसरे के जीवन में हस्तक्षेप नहीं करती थीं।

साथ ही, अपनी जाति से बाहर के बृहत घटनाक्रम में इस उदासीनता ने लोगों को बाहरी व्यक्तियों के प्रति विमुख कर दिया। अंबेडकर ने इस बात की भी निंदा की: 'जाति व्यवस्था के परिणामस्वरूप उदासीनता आई, जिसने किसी अच्छे कारण के लिए भी संघटित होने और सहयोग करने को असंभव बना दिया'।[12] चूंकि किसी के निहित स्वार्थ अन्यत्र हो रही घटनाओं से प्रभावित नहीं हो रहे थे, बाहरी घटनाओं की जानकारी रखना आवश्यक नहीं समझा गया।

दुर्भाग्यवश, भारत का अन्य देशों से अलग होकर रहने का अर्थ यह था कि यह उस समय के बाहरी संकटों को समझने में असमर्थ होता जा रहा था। यद्यपि बारम्बार आक्रमणकारी भारत के अन्य भागों में प्रवेश करते रहे थे और विध्वंस कर चुके थे, उस समय के धनी और शक्तिशाली राज्यों ने आक्रमणकारियों के

संबंध में अध्ययन करने के लिए उनके देशों में विद्वानों को भेजने का कोई प्रयास नहीं किया, अर्थात्, वह कार्य करना जिसे परंपरागत रूप से पूर्वपक्ष (विरोधियों को निष्पक्ष रूप से समझना) कहा जाता है। । अतएव, भारत और उसके लोगों द्वारा विदेशियों को समझने के स्थान पर, विदेशियों ने भारत और उसके लोगों को अधिक अच्छे रूप में समझा।

ऐसे कई उदाहरण हैं जहां भारतीय शासक किसी विदेशी शत्रु का सामना करने के लिए संगठित हुए। परंतु यह प्रायः स्वयं की रक्षा करने की प्रतिक्रिया थी, जब शत्रु एकदम द्वार पर आ गया। ये शत्रुओं को प्रथम से ही आगे न बढ़ने देने और उन पर विजय भी प्राप्त करने के लिए सक्रिय रूप से संगठित नहीं हुए। भारतीयों में विजेता की विस्तारवादी मानसिकता का अभाव था, और वे अपने स्वयं के स्थानीय विषयों के अंदर ही आत्म-तुष्ट थे। अतएव, भारतीयों ने उस प्रकार बड़े परिमाण में दल निर्माण कौशलों का विकास नहीं किया जैसा कि, रोमवासियों ने अपने विदेशी अभियानों और साम्राज्यका विस्तार करने संबंधी शासन के अंश के रूप में किया।

कुछ लोग यह कह सकते हैं कि भारतीय परम्पराएं महत् उद्देश्यों की पूर्ति के लिए स्थानीय राजाओं और समुदायों के संगठित होने हेतु सहायक नहीं हैं, परंतु हमारा विचार भिन्न है। महाभारत में कृष्ण उस दूर-द्रष्टा का उदाहरण हैं जो धर्म की रक्षा करने हेतु युद्ध करने के लिए अनेकों भिन्न समूहों को संगठित करते हैं। यदि उपरोक्त वर्णित जाति विखंडन वांछनीय होता, कृष्ण विभिन्न अग्रणीयों को एकजुट करने का प्रयत्न नहीं करते। अतएव, यह कहना कि उच्च आध्यात्मिकता के चिह्न के रूप में भारतीयों को विखंडित ही रहना चाहिए, मात्र एक बहाना है। जब व्यक्तिगत निहित स्वार्थ दांव पर लगे हों, भारतीय समुदाय एकजुट होते हैं। फिर उन परिस्थितियों में जिन में निहित स्वार्थ सम्मिलित नहीं हैं, सामूहिक रूप से कार्य करना असंभव क्यों है। अन्यथा, भारतीयों को बचाने के लिए मदर टेरेसा जैसी लोक-प्रसिद्ध व्यक्तियों की आवश्यकता होगी क्योंकि साथी-भारतीय तो आवश्यकता के समय में सामाजिक दायित्वों को निभाने से पीछे हट जाएंगे।

अंतर्मुखी होकर ध्यान केंद्रित करना वेदान्त की शिक्षाओं के अनुरूप है। दुर्भाग्यवश, इससे जीवन जीने के आनंद को अधिकतम करने के स्थान पर जीवन से न्यूनतम अपेक्षाएं रखने की प्रवृत्ति बन गई। भारतीय परम्पराएं *चाहती* हैं कि हम

भौतिक सुखों का आनंद लें परंतु इसे धर्म का अनुसरण करते हुए प्राप्त किया जाए और धार्मिक नियमों का उल्लंघन न किया जाए।

निष्कर्ष में, हम यह मानते हैं कि जातियों के बीच अलगाव और अंतर्मुखता को व्यक्तिगत स्वभाव बनाए जाने के फलस्वरूप भारतीय मन पर एक निरंतर नकारात्मक प्रभाव पड़ा है। इस कारण से भी यह आवश्यक है कि वर्तमान समय और नवीनतम प्रौद्योगिकियों के अनुरूप सामाजिक प्रणालियों को अद्यतन बनाया जाए।

जाति व्यवस्था का पतन

इस व्यवस्था की मौलिक गतिशीलता अनेक सामाजिक और राजनीतिक उथल-पुथल की घटनाओं के कारण विघटित और खोखली हो गई। समय के साथ-साथ, वर्ण जाति में परिवर्तित हो गई, जिसने आगे कास्ट का रूप ले लिया। कास्ट सिस्टम अब प्रायः समाप्त हो चुका है, परंतु उसका भूत आज भी भारत पर मंडराता रहता है।

आधुनिक लोकतंत्र और सामाजिक गतिशीलता के परिणामस्वरूप एक नए प्रकार की व्यवस्था बनी है जो मुख्य रूप से वोट बैंकों और संसाधनों के आबंटन हेतु प्रचार पर आधारित है। सार्वजनिक शिक्षा और नौकरी संबंधी गतिशीलता ने युवा पीढ़ियों में अपने माता-पिता का अनुसरण करने की इच्छा को घटा दिया है। प्रौद्योगिकियों और आर्थिक रुझानों ने पुराने आदर्शों को अप्रचलित बना दिया है।

वास्तविक रूप से परंपरागत वर्ण भूमिकाओं में कुछ रहा नहीं है। जन्म से ब्राह्मण, क्षत्रिय, वैश्य, शूद्र और दलित कदाचित् ही परंपरा द्वारा उनको सौंपी गई भूमिकाओं तक सीमित हैं। प्रत्येक व्यक्ति, चाहे कहीं भी जन्मे हों, स्वतंत्र रूप से अपने इच्छित व्यवसाय में जाते हैं और उनके लिए वे खुली प्रतिस्पर्धा में भाग ले सकते हैं।

अनेकों पुराने व्यवसाय गायब हो चुके हैं, और आशाजनक संभावनाओं वाले व्यवसायों में कुछ ऐसे हैं जिनका विगत में कोई अस्तित्व ही नहीं था। पूर्व के कुछ 'निम्न स्तर' के व्यवसाय जैसे चमड़े का कार्य अब अत्यधिक-धनाढ्य उद्योगपतियों द्वारा चालित अरबों-खरबों डॉलर के विश्वव्यापी उद्योग हैं। प्रौद्योगिकी के कारण पुराने वर्जित कर्म और लांछन जैसे विषय न्यून हो गए हैं। उदाहरण के लिए, जब भारत में कोई संभ्रांत ग्राहक किसी पसंद की मधुशाला में

मदिरा क्रय करता है, वह मधुशाला कर्मी के वर्ण/जाति/कास्ट की चिंता नहीं करता है।

दुर्भाग्यवश, पहचान संबंधी पुराने शब्दों का अभी भी प्रयोग किया जाता है जबकि प्रसंग और अर्थ पूर्णतया भिन्न हो चुके हैं। इससे भ्रम उत्पन्न हो जाता है। लोग सोचते हैं कि आज का ब्राह्मण प्राचीन ब्राह्मण के ही समान है, अतएव आज भी उसकी सभी त्रुटियों के लिए वेदों को दोषी ठहराया जाता है।

हम यह निष्कर्ष निकाल सकते हैं कि कास्ट सिस्टम का उद्भव, बने रहना और विघटन हिन्दू धर्म से अलग रहा है। यह सदैव पूर्णतया सामाजिक घटना रही है जो मुख्य रूप से हिन्दू समाज में घटित हुई। मनुस्मृति सहित धर्मशास्त्रों में, उस समय और स्थान की सामाजिक वास्तविकता का वर्णन किया गया है। उनमें कोई निर्देश नहीं दिया गया है। मनुस्मृति (IV.176) में स्पष्ट रूप से कहा गया है कि किसी भी नियम को अस्वीकार किया जा सकता है यदि वह अप्रसन्नता और क्रोध का कारण हो।

कास्ट सिस्टम के पतन से हिन्दू धर्म की उत्तरजीविता को कोई संकट नहीं है। हिन्दू धर्म एक वट वृक्ष के समान है जिसकी जड़ें, तना और शाखाएं अनेक भिन्न पद्धतियों से बनी हुई हैं। यह कोई एक ही मार्ग नहीं है जो असफल हो जाए।

8

निष्कर्ष

यह प्रवेशिका वैदिक समाज द्वारा परिकल्पित सामाजिक संरचनाओं के सिंहावलोकन के साथ प्रारंभ होती है। इन संरचनाओं को विश्व के सामने आ रही पूंजी वितरण की समस्याओं और सत्ता के लिए संघर्षों का पूर्वानुमान था। *अतः इनका लक्ष्य एक ऐसे संयुक्त समाज का निर्माण करना था जो विविधता के साथ विकसित होते हुए लंबे समय तक बनी रहे।*

दुर्भाग्यवश, समय बीतने के साथ और परिस्थितियों ने उस परिकल्पना में अनेक परिवर्तन ला दिए। इसके परिणामस्वरूप, अनेकों समुदायों में ये अपभ्रंश रूप स्थापित हो गए। दावा यह किया जाता है कि इन्हें वेदों में स्थापित किया गया, अतएव इन समस्याओं को हिन्दू धर्म का मूलतत्त्व समझा जाता है। हिन्दू धर्म के विरुद्ध पश्चिमी सार्वभौमिकतावाद का सहारा लिया जाता है।

इस प्रकार के दृढ़ पूर्वाग्रह के विरुद्ध निडर होकर सुधार लाए जाने की आवश्यकता है। हम आशा करते हैं कि यह प्रवेशिका हिन्दू दृष्टिकोण के समर्थन में प्रमाण उपलब्ध कराएगी और समुदाय को उनकी स्वयं की धरोहर के आलोक में शिक्षित करने हेतु एक प्रवेशिका के रूप में सक्षम होगी।

कुछ निम्नलिखित क्षेत्र हैं जो पश्चिमी दृष्टिकोण से हिन्दू धर्म की आलोचना किए जाने पर वाद-विवाद और तर्कों का गठन करने के लिए दिशानिर्देश के रूप में कार्य करेंगे:

- पश्चिमी मानक और विचार अन्य संस्कृतियों पर, उनके विशिष्ट इतिहासों, संस्कृतियों, और सभ्यता-गत विश्व दर्शन पर विचार किए बिना प्रतिचित्रित कर दिए जाते हैं। परंतु यदि पश्चिम पर दृष्टि घुमाई जाए, तो पश्चिम की विचित्रता पर कई प्रश्न उठेंगे, जैसे : धर्मनिरपेक्षवाद की आवश्यकता क्यों पड़ी? किन संघर्षों के कारण चर्च और स्टेट अलग

हुए? क्या पश्चिमी समाधानों ने पश्चिम में सामाजिक समस्याओं का निराकरण कर दिया है?

- हिन्दू विचारों और पद्धतियों को प्रायः अप्रासंगिक रूप से लिया जाता है। उदाहरण के लिए, जब किसी समाज में व्यक्तियों द्वारा वर्ण-आधारित जीवनशैली का अनुसरण नहीं किया जाता है और वर्ण-आश्रम अवसंरचना का अस्तित्व नहीं होता है, पारिणामिक कास्ट सिस्टम को वास्तविक वैदिक समाज के प्रतिबिंब के रूप में नहीं देखा जा सकता है।
- विशेष रूप से, इस तथ्य को चुनौती देना आवश्यक है कि क्या कास्ट को नस्ल के समान माना जा सकता है। और इस पूर्वधारणा पर आवश्यक रूप से प्रश्न उठाया जाना चाहिए कि एक संख्यात्मक बहुमत का तात्पर्य अनिवार्य रूप से एक प्रधान (और उत्पीड़क) समुदाय है। भारत के विषय में, अल्पसंख्यक समुदाय के पास भी अत्यधिक शक्ति हो सकती है, जैसे कि शैक्षिक संस्थाओं और मानव संसाधन विभागों जैसे कुछेक निगमित कार्यों पर ईसाइयों का नियंत्रण।
- प्राचीन भारतीय पद्धतियों की प्रायः आधुनिक दृष्टिकोण से समीक्षा की जाती है, परंतु अन्य धर्मों पर इन मानकों को लागू नहीं किया जाता है। उदाहरण के लिए, ईसाई धर्म और इस्लाम पर समान कठोर मानक लागू नहीं किए जाते हैं।
- औपनिवेशिकरण की चर्चा करते समय इस्लामी औपनिवेशिकरण को अनदेखा किया जाता है। यह तर्क कि मुगल भारत में बस गए और यहाँ के 'मूल निवासी' बन गए, अनुचित है। अमेरिका में इसी प्रकार के तर्क द्वारा यह दावा किया जा सकता है कि श्वेत अधिवासियों को नेटिव अमरिकियों का उत्पीड़क नहीं माना जाना चाहिए क्योंकि श्वेत वहाँ बस गए थे और उन्होंने अमेरिका को अपना घर माना।
- हिन्दू धर्म के बहुमूल्य ज्ञान को पचाने की समस्या गंभीर है। पश्चिम हिन्दू धर्म को टुकड़ों में तोड़ रहा है। उन्हें उनके संदर्भ और अंतर्निहित एकता से अलग कर रहा है। उसमें से उपयोगी तथ्यों को चुनकर हथिया ले रहा है। हिन्दू स्त्रोतों का महत्व कम होता जा रहा है और अंततः उनकी उपेक्षा की जा रही है। यह दिखाया जा यह है कि इन सांस्कृतिक तथा वैज्ञानिक उपलब्धियों की उत्पत्ति पश्चिम से हुई है और इस प्रकार एक मिथ्या

> इतिहास गढ़ा जा रहा है। अतः हिन्दू धर्म में अब क्या बचता है जब उसके सकारात्मक गुणों का ही ह्रास हो गया हो, और इससे यह नकारात्मक चित्रण के लिए असुरक्षित हो जाता है।

हम वर्तमान में हिंदुओं के समक्ष सामान्य रूप से आने वाले कुछेक अभियोगों और विवादास्पद चर्चाओं पर अपनी प्रतिक्रिया का सार प्रस्तुत करेंगे। इसके द्वारा विश्व में सामान्य सामाजिक समस्याओं के संबंध में दिए गए प्रमुख पश्चिमी समाधानों के अंतर्निहित दोष भी प्रकाश में आएंगे।

मिथक 1: हिन्दू धर्म जाति से अविभाज्य है

हमने यह स्पष्ट किया कि कास्ट अपने वर्तमान स्वरूप में हिन्दू समाज द्वारा समर्थित आदर्शों को प्रस्तुत नहीं करती है। इसके विपरीत, समाजों में कास्ट और कास्ट-जैसे पूर्वाग्रह विद्यमान हैं जिनकी उत्पत्ति वेदों से नहीं हुई है। अतएव, वर्तमान कास्ट सिस्टम के बने रहने/अस्तित्व के लिए हिन्दू धर्म की न तो आवश्यकता है और न ही वह पर्याप्त है।

प्राचीन वर्ण व्यवस्था को औपनिवेशिक शासन के अंतर्गत पुनरनिर्मित करके आधुनिक कास्ट सिस्टम को बनाया गया था। वर्तमान के जातिगत दुराचार के लिए प्राचीन इतिहास को दोषी ठहराना और हिन्दू धर्म का सामाजिक शोषण के कारण के रूप में चित्रण करना अनुचित है। ऐसे दावे इस तथ्य को स्पष्ट नहीं करते हैं कि किस प्रकार वाल्मीकि (रामायण के रचयिता), अथवा व्यास (महाभारत के रचयिता) निम्नतम स्तर से ऊपर उठे और सभी के पूजनीय बने। न ही यह स्पष्ट करता है कि किस प्रकार महर्षि वशिष्ठ सर्वाधिक वंचित समुदाय में जन्म लेने के पश्चात भी अपनी प्रतिभा दिखा सके। कालिदास भी, जिनका महानतम संस्कृत कवि के रूप में सम्मान किया जाता है, दीन परिस्थितियों में जन्मे थे।

मिथक 2: भारत के पिछड़ेपन के लिए जाति उत्तरदायी है, और इसमें विदेशी हस्तक्षेप आवश्यक है

ऐतिहासिक अभिलेखों से स्पष्ट होता है कि भारत और उसका हिन्दू समाज संपन्नता, समाज कल्याण, और आंतरिक सामंजस्य में समान काल के पश्चिमी समाजों से श्रेष्ठ था।

इसके अतिरिक्त, इसने अपनी सामाजिक समस्याओं का स्वयं आंतरिक रूप से ही, बिना किसी बाह्य मध्यस्थता के समाधान कर लिया। जबकि भारत में अभी भी सामाजिक पूर्वाग्रह की कुछेक घटनाएं देखी जा सकती हैं, परंतु इसमें बहुत जटिलता है। समाज के हितैषी लोगों द्वारा आंतरिक रूप से दिए जाने वाले समाधान विदेशी सत्ताओं द्वारा दिए जाने वाले समाधानों से श्रेयस्कर होंगे।

वर्ण-आश्रम संरचना की निकट से समीक्षा करने पर यह स्पष्ट होता है कि सही रूप से पालन किए जाने पर, यह एक विविधतापूर्ण समाज का निर्माण करता है जिसमें सभी साथी मनुष्यों और प्रकृति के साथ तालमेल में जीवन जीते हैं। पूंजी और सत्ता के कुछ सीमित हाथों में रहने के कारण प्रायः संघर्ष की संभावनाएं उत्पन्न होती हैं। ऐसे संघर्षों को रोकने के लिए वर्ण-आश्रम व्यवस्था में पूंजी के प्रकारों को भिन्न-भिन्न और विकेंद्रीकृत रखा गया है। परस्पर जुड़े हुए ब्रह्मांड में प्रत्येक को योगदान देने वाला माना जाता है और इस प्रकार वर्ण-आश्रम व्यवस्था किसी समाज को संसाधनों, मानव पूंजी, प्रतिभा और इच्छाओं के सामंजस्यपूर्ण रूप से प्रबंधन को इष्टतम करने में सहायता करती है।

मिथक 3: जाति व्यवस्था को दलितों का शोषण करने हेतु बनाया गया है

भारत के अतिरिक्त, प्रत्येक सभ्यता में गुलामी का रिकार्ड किया हुआ/अभिलेखित इतिहास रहा है। अधिकतर समाज गुलामों की संख्या को बनाए रखने के लिए अतिरिक्त गुलामों को बंधक बनाने हेतु विदेशी भूमियों का शोषण करते थे। इसके विपरीत, भारत ने अपनी संपन्नता के लिए अन्य देशों पर विजय प्राप्त करने का मार्ग कभी नहीं अपनाया। इसकी आंतरिक सामाजिक व्यवस्था मानव पूंजी और परितंत्र सुलभ कर देती थी।

वर्ण-आश्रम व्यवस्था ने यह सुनिश्चित किया कि इस परितंत्र में किसी का भी शोषण नहीं हो, साथ में प्रत्येक द्वारा योगदान दिया जाना भी सुनिश्चित किया। सभी व्यवसायों और कार्यों में मानव पूंजी और संसाधनों के वितरण ने गुलामी के रूप में मानव पूंजी के शोषण को होने से रोका।

मिथक 4: जाति व्यवस्था हिंसक है और समाज में फूट को जन्म देती है

यह उल्लेखनीय है कि परंपरागत वर्ण-आश्रम व्यवस्था में आंतरिक सामाजिक हिंसा का कोई स्थान नहीं था। भारत की विस्तृत सामाजिक विविधता को देखते

हुए, यह तालमेल व्याप्क रूप से बहुत बड़ी जनसंख्या में बना हुआ था और इतिहास में लंबे समय तक बना रहा।

आधुनिक सामाजिक संरचनाओं द्वारा लोकतंत्र और धर्मनिरपेक्षता के होते हुए भी, आंतरिक तालमेल के साथ समान स्तर की विविधता को प्राप्त नहीं किया जा सका। पश्चिमी सामाजिक व्यवस्थाओं का वर्ग के आधार पर स्तरीकरण किया जाता है, जिसमें वर्ग का आधार मुख्यतः भौतिक संपदा होती है। वर्ग संबंधी सोपान में ऊपर उठने की अत्यधिक बाध्यता रहती है। इस प्रकार की बाध्यता मानसिक स्वास्थ्य समस्याओं के साथ-साथ सामाजिक तनावों और हिंसा को जन्म देती है।

दूसरी ओर, वर्ण-आश्रम संरचना में, विभिन्न प्रकार की पूंजियों को वर्णों में वितरित कर दिया जाता है: कोई भी वर्ण दूसरे से उत्कृष्ट नहीं है क्योंकि प्रत्येक का अपना क्षेत्र है। निपुणताओं और सक्षमताओं में विविधता है, जिससे सभी वर्णों के व्यक्तियों में आत्मसम्मान का निर्माण होता है। क्षमता के विशिष्ट क्षेत्रों में उत्कृष्टता, अर्थव्यवस्था में सहायक होती है और प्रत्येक समुदाय के गर्व को बढ़ाती है। समाज में योगदान और अपने क्षेत्र में उत्कृष्टता से उत्पन्न वर्णगत आत्मसम्मान इतना प्रगाढ़ है कि किसी अन्य वर्ण में जाने की कोई आवश्यकता ही नहीं है।

अतएव, परंपरागत भारत ने वर्णों के बीच हिंसा नहीं देखी । प्रत्येक समुदाय ने सामाजिक-आर्थिक-आध्यात्मिक क्षेत्र में महत्वपूर्ण भूमिका निभाई, अपने स्तर और समाज में योगदान के संबंध में स्वयं को विशिष्ट और गौरवान्वित पाया। प्रत्येक को क्षेत्र विशिष्ट पूंजी दी गई।

मिथक 5: मात्र ऊंची जाति के व्यक्ति शक्ति और संपदा का संचय कर सकते हैं

परंपरागत रूप से सच्चाई इसके एकदम विपरीत है। ब्राह्मणों के लिए, वस्तुतः, भौतिक संपदा का संचय करना वर्जित है। और शूद्र वर्ण के कई राजा हुए हैं, जिनमें महान मराठा योद्धा, शिवाजी और कई अन्य सम्मिलित हैं। साथ ही, स्थानीय नेता भी सामान्यतः शूद्र थे और इन्होंने पर्याप्त शक्ति का संचय किया, जिसका उदाहरण तमिलनाडु के नायक हैं।

विभिन्न वर्ण और जातिगत पहचान अन्य लोगों पर प्रभुत्व जमाने के लिए नहीं थे। न ही ये किसी समूह के लिए अधिकारों की मांग करने हेतु कोई आयोजन

तंत्र थे। अन्य शब्दों में, पहचान की राजनीति और भेदभाव करना आधुनिक समय की उपज हैं और परंपरागत रूप से इनकी कोई आवश्यकता नहीं थी।

वर्ण-आश्रम व्यवस्था में पहचान का उद्देश्य मात्र यह है: प्रत्येक पहचान का उससे सम्बद्ध एक विशिष्ट *स्वधर्म* (व्यक्तिगत जीवन-वृत्ति) है जो किसी यज्ञ अथवा समाज के प्रति विशिष्ट योगदान को निर्धारित करता है।

मिथक 6: विविधता और संधारणीयता के प्रति पश्चिमी दृष्टिकोण वैदिक दृष्टिकोणों से उत्कृष्ट हैं

विभाजनकारी क्रिटिकल रेस थ्योरी पर आधारित विविधता, समानता और समावेशी कार्यक्रम संधारणीयता को प्राप्त करने के तंत्र हैं। हम विविधता और समावेशन के इस आदर्श पर प्रश्न उठा रहे हैं। यह 'विविधता' व्यक्ति से वोकइज़्म के प्रति निष्ठा दिखाने की अपेक्षा रखती है और मतभेदों को रद्द करने की संस्कृति (कैन्सल कल्चर) के नाम पर दबा दिया जाता है। असहमति को धैर्यपूर्वक नहीं लिया जाता है, जिसका अर्थ है कि डी ई आई सैद्धांतिक रूप से समावेशी नहीं है। वैयक्तिक पहचान को नकारा जाता है, और समूहबद्ध बनावटी पहचानों को प्रोत्साहित किया जाता है। जैसा कि हमने पूर्व में दर्शाया है, जहां विचारों की स्वाभाविक विविधता नहीं होती है, उन्हें लंबे समय बने रहने में कठिनाई होती है।

पश्चिमी डी ई आई-आधारित संधारणीयता जनसाधारण पर नियंत्रण करने और विरोधियों को चुप कराने का एक साधन है। इससे पश्चिम में और जहां कहीं भी इन संकटपूर्ण सामाजिक सिद्धांतों को थोपा जा रहा है, इसके परिणामस्वरूप एक विभाजक समाज का निर्माण हो रहा है। संधारणीयता के पश्चिमी विचारों को संयुक्त राष्ट्र, वर्ल्ड इकनॉमिक फोरम, शिक्षा प्रणाली, और उद्योग के माध्यम से शेष विश्व पर थोपा जा रहा है। इन शीर्ष-से-नीचे की संरचनाओं को मानवता को बचाने की आड़ में निरंकुशता से लागू किया जा रहा है, परंतु तथ्य यह है कि उच्च वर्गीय लोगों और नेताओं की एक नई पीढ़ी विकसित की जा रही है जो इन अधिदेशों का पालन करेगी।

संधारणीयता के प्रति वैदिक दृष्टिकोण भिन्न है और सही अर्थों में विकेंद्रीकृत है। इसे प्रकृति के साथ सामंजस्य की गहन संरचनाओं पर खड़ा किया गया है। व्यक्ति के अहम् की अंतहीन इच्छाओं जो अत्यधिक-उपभोग को जन्म देती हैं,

से ऊपर उठकर व्यावहारिक (जागतिक/संवेदी) क्षेत्र से पारमार्थिक (अतीन्द्रिय) क्षेत्र की यात्रा परम वैदिक लक्ष्य है।

यह संधारणीयता के पश्चिमी प्रतिमान के विपरीत है, जिसमें अबाध उपभोग की मानवीय इच्छाओं की पूर्ति के लिए प्रौद्योगिकी के माध्यम से प्रकृति में परिवर्तन लाया जाता है। इसके परिणामस्वरूप, संयुक्त राष्ट्र के संधारणीय विकास लक्ष्य और निगमित ई०एस०जी कार्यक्रमों के माध्यम से प्रस्तुत किया जा रहा पश्चिमी संधारणीयता प्रतिमान वैश्विक संभ्रांतों के हाथों में शक्ति और संसाधनों के बढ़ते हुए संकेन्द्रण के साथ विभाजक समाजों का निर्माण कर रहा है।

Bibliography

Agarwal, C.B. 1934. *The Harijans in Rebellion.* Bombay: Taraporewala and Sons.

Ahmad, Qeyamuddin. 1988. *India by Al-Biruni.* 2nd. New Delhi: National Book Trust.

Ahuja, Ram. 1993. *Indian Social System.* Jaipur: Rawat Publishers. Aiyangar, K.V. Rangaswami. 1934. *Aspects of Ancient Indian Economic*

Thought. Benares Hindu University: Benares.

Ambedkar, Bhimrao Ramji. 2015. *'Buddha or Karl Marx?* CreateSpace Independent Publishing Platform. https://www.baiae.org/index. php/ja/downloads-baiae.html?download=12: buddha-or-karl-marx- pdf.

———. 1936. *Annihilation of Caste with a reply to Mahatma Gandhi.* Lahore: Self-Published. http://www.ambedkar.org/ambcd/02. Annihilation%20of%20Caste.htm.

———. 1990. *Pakistan: The Partition of India.* Mumbai: Education Department, Govt. of Maharashtra. https://mea.gov.in/Images/ attach/amb/Volume_08.pdf.

———. 1979. *Who were the Shudras?* New Delhi: Ministry of External Affairs, Government of India. Accessed February 15, 2022. https:// www.mea.gov.in/Images/attach/amb/Volume_07.pdf.

———. 1989a. *Writings and Speeches. Vol. 3.* Bombay: Government of Maharashtra.

———. 1989b. *Writings and Speeches. Vol. 5.* Bombay: Government of Maharashtra.

Auti, V. M. 1970. *Varkari Sampradaya Ke Kaviyon Ki Hindi Rachnaon Ka Anushilan.* Pune: Pune University.

Bag, A.K. 1997. *History of Technology in India.* Vol. I. New Delhi: Indian National Science Academy.

Basham, A.L. 2004. *The Wonder That Was India.* 3rd. London: Picador. Betham, R.M. 1908. *Marathas and Dekhani Musalmans.* Calcutta:

Superintendent of Government Printing.

Biswas, Soutik. 2016. *Why are many Indian Muslims seen as untouchable?* 10 May. Accessed February 15, 2022. https:// www.bbc.com/news/ world-asia-india-36220329.

Cadell, Patrick. 1938. *A History of the Bombay Army.* London: Longmans. Chakraborti, Haripada. 1960. *Trade and Commerce of Ancient India.*

Calcutta: Academic Publishers.

Chakravorty, Sanjoy. 2019. *Viewpoint: How the British reshaped India's caste system.* 19 June. Accessed February 15, 2022. https://www.bbc. com/news/world-asia-india-48619734.

Charsley, Simon. 1996. "'Untouchable': What is in a Name?" *The Journal of the Royal Anthropological Institute* (Royal Anthropological Institute of Great Britain and Ireland) 2 (1): 1-23.

Chattopadhyaya, Brajdulal. 2014. *Essays in Ancient Indian Economic History.* 2nd. Delhi: Indian History Congress and Primus Books.

Chauhan, G.S. 2014. *Bani of Bhagats Part 2.* Amritsar: All India Pingalwara Charitable Society.

Constable, Philip. 2001. "The Marginalization of a Dalit Martial Race in Late Nineteenth- and Early Twentieth-Century Western India." *The Journal of Asian Studies* 60 (2): 439-478. doi:https://doi. org/10.2307/2659700.

Das, Veena. 2003. *The Oxford Companion to Sociology and Social Anthropology.* New Delhi: Oxford University Press.

Datta, Bhupendranath. 1944. *Studies in Indian Social Polity.* Calcutta: Purabi Publishers.

Dharampal. 2003. *Rediscovering India: Collection of Essays and Speeches, 1956-1998.* Mussoorie: Society for Integrated Development of Himalayas.

———. 1983. *The Beautiful Tree: Indigenous Indian Education in the Eighteenth Century.* Mapusa: Goa.

Eggeling, Julius. 1900. *The Satapatha Brahman Part V.* Oxford: Clarendon Press.

Eraly, Abraham. 2007. *The Mughal World.* New Delhi: Penguin Books.

EWTN Global Catholic Network. 2003. *Bishops' Conference India -6.* Accessed April 30, 2022. https://www.ewtn.com/catholicism/ library/bishops-conference-india 6-8243.

Ghorpade, Arjun. 2011. *Chokhamela.* Aurangabad: Baba Saheb Ambedkar Marathwada University.

Ghurye, G.S. 1959. *The Scheduled Tribes.* 2nd. Bombay: Popular Book Depot.

Goyal, S.R. 1987. *A History of Indian Buddhism.* Meerut: Kusumanjali Prakashan.

Gupt, Harihara Prasad. 1986. *Vaishnava Kabir.* Allahabad: Bhasha Sahitya Samsthan.

Gupta, Dipankar. 2000. *Interrogating Caste - Understanding Hierarchy and Difference in Indian Society.* New Delhi: Sage.

Haberman, David L. 2003. *The Bhaktirasamrtasindhu of Rupa Gosvamin.* New Delhi: Indira Gandhi National Centre for the Arts.

Hardgrave Jr., Robert L. 1969. *The Nadars of Tamilnad: The Political Culture of a Community in Change.* Berkeley and Los Angeles: University of California Press.

Jain, Dinendra Chandra. 1980. *Economic Life in Ancient India as Depicted in Jain Canonical Literature.* Vaishali, Bihar: Research Institute of Prakrit, Jainology & Ahimsa.

Jaiswal, Suvira. 1998. *Caste: Origin, Function and Dimension of Change.*

New Delhi: Manohar Publishers.

Jayaswal, K.P. 1934. *An Imperial History of India in a Sanskrit Text.*

Lahore: Motilal Banarsidass.

Kane, Pandurang Vaman. 1941. *History of Dharmashastra.* Vol. II. Poona: Bhandarkar Oriental Research Institute.

———. 1990. *History of Dharmashastras: Ancient and Medieval Religions and Civil Law in India Vol II. Part 1.* Pune: Bhandarkar Oriental Research Institute.

Kapur, Kamlesh. 2010. *Portraits of a Nation: History of Ancient India.* New Delhi: Sterling Publishers.

Keay, F.E. 1918. *Ancient Indian Education.* London: Oxford University Press.

Kunhappa, Murkot. 1988. *Sree Narayana Guru.* New Delhi: National Book Trust.

Law, Bimal Churn. 1943. *Tribes in Ancient India.* 1st. Poona: Bhandarkar Oriental Research Institute.

Longer, Victor. 1981. *Forefront Forever: The History of the Mahar Regiment.* Saugar: Mahar Regiment Centre.

Mahavir. 2001. *Vaidik Arthvyavastha.* New Delhi: Samaanantar Prakashan.

Majumdar, R.C. 1971. *History of Ancient Bengal.* Calcutta: G. Bharadwaj & Company.

———. 2001. *The Age of Imperial Unity - History and Culture of Indian People.* 7th. Vol. 2. Bharatiya Vidya Bhavan.

McClish, Mark, and Patrick Olivelle. 2012. *The Arthasastra: Selections from the Classic Indian Work on Statecraft.* Indianapolis: Hackett Publishing Company Inc.

Mek, Amy. 2022. *Shocking Glimpse Into Life After The Great Reset – World Economic Forum's Sinister Plans.* 1 November. Accessed January 11, 2022. https://truthtalk.uk/2022/shocking-glimpse-into- life-after-the-great-reset-world-economic-forums-sinister-plans/.

Menon, A. Sreedhara. 2011. *Kerala History and Its Makers.* New Delhi: DC Books.

Mookerji, Radha Kumud. 1969. *Ancient Indian Education.* 4th. New Delhi: Motilal Banarsidass.

Nadkarni, M. V. 2003. "Is Caste System Intrinsic to Hinduism? Demolishing a Myth." *Economic and Political Weekly* (Economic and Political Weekly) 38 (45): 4783-4793. Accessed 15 February 2022.

Neelotpal, S. 2013. *Meera Padavali.* Delhi: Prabhat Prakashan. Olivelle, Patrick. 2000. *Dharmasutras.* New Delhi: Motilal Banarsidass.

———. 2005. *Manu's Code of Law.* New York: Oxford University Press. Omvedt, Gail. 2003. *Buddhism in India: Challenging Brahmanism and*

Caste. New Delhi: Sage Publications.

Pandey, Alpana. 2015. *Medieval Andhra: A Socio-Historical Perspective.*

Partridge India.

Pandurangi, K.T. 1999. *Indian Thought on Human Values.* 2nd. Bangalore: Bharatiya Vidya Bhavan.

Radhakrishnan, S. 1953. *The Principal Upanishads.* New Delhi: Harper Collins.

Ramteke, D.L. 1983. *Revival of Buddhism in Modern India.* New Delhi: Deep and Deep.

Rao, C. Hayavadana. 1936. *The Srikara Bhashya: Being the Virasaiva commentary on the Vedanta Sutras by Sripati.* Bangalore: Bangalore Press.

Rathore, Akash Singh, and Ajay Verma. 2011. *B.R. Ambedkar: The Buddha and his Dhamma – A Critical Edition.* New Delhi: Oxford University Press.

Ray, Rajat Kanta. 2003. *The Felt Community.* New Delhi: Oxford University Press.

Roy, Pratap Chandra. 1923. *The Mahabharata of Krishna Dwaipayana Vyasa Volume VIII.* Calcutta: Oriental Publishing Co.

Rudolph, Lloyd I., and Susane Hoeber Rudolph. 1967. *Modernity of Tradition: Political Development in India.* Chicago: University of Chicago Press.

Russell, R.V. 1916. *The Tribes And Castes Of The Central Provinces Of India.* Vol. IV. London: Macmillan.

Saha, Sharmistha. 2020. *Rereading History: On Ambedkar's "The Untouchables: Who Were They and Why They Became Untouchables".* 17 October. Accessed February 15, 2022. https:// www.allaboutambedkaronline.com/post/ an-outline-of-the- untouchables-who-were-they-and-why-they-became-untouchables. Sastri, K. A. Nilakanta. 1987.

A Comprehensive History of India Volume 2. New Delhi: People's Publishing House.

Sharma, Arvind. 2000. *Classical Hindu Thought.* Oxford University Press: New Delhi.

———. 1996. *Hinduism for our Times.* New Delhi: Oxford University Press.

Sharma, Arvind. 2015. "Review of The Pariah Problem: Caste, Religion, and the Social in Modern India by Rupa Viswanath." *International Journal of Dharma Studies* 3 (8): 1-2. doi:https://doi.org/10.1186/ s40613-015-0018-0.

Sharma, Ram Sharan. 1998. *Perspectives in Social and Economic History of India.* New Delhi: Munshiram Manoharlal Publishers.

———. 1958. *Sudras in Ancient India.* New Delhi: Motilal Banarsidass.

Sharma, Ravindra Nath. 1977. *Culture and Civilization as Revealed in the Srauta Sutras.* Delhi: Nag Publishers.

Siddiqui, Iqtidar Husain. 2014. *Delhi Sultanate: Urbanization and Social Change.* 2nd. New Delhi: Viva Books.

Singh, K.S. 1993. *The Scheduled Castes.* New Delhi: Anthropological

Survey of India and Oxford University Press.

———. 1994. *The Scheduled Tribes.* New Delhi: Anthropological Survey of India and Oxford University Press.

Singh, Upinder. 2013. *Rethinking Early Medieval India.* New Delhi: Oxford University Press.

Srinivas, M N. 1971. *Social Change in Modern India.* New Delhi: Orient Longman.

Srivastava, A.R.N. 1986. *Tribal Freedom Fighters of India.* New Delhi: Publications Division of Ministry of Information and Broadcasting, Government of India.

Srivastava, Badrinarayan. 1957. *Ramanand Sampradaya Tatha Hindi Sahitya Par Unka Prabhaav.* Prayag: Hindi Parishad, Prayag Vishvidyalaya.

Srivastava, Surabhi. 2008. *Socio-economic History of the Gurjara Pratihara Times.* Lucknow: New Royal Book Company.

Tripathi, Rama Shankar. 1989. *History of Kanauj.* New Delhi: Motilal Banarsidass.

Tschurenev, Jana. 2019. *Empire, Civil Society, and the Beginnings of Colonial Education in India.* New Delhi: Cambridge University Press.

Upadhyaya, Baldev. 1954. *Bhagavat Sampradaya.* Varanasi: Kashi Nagari Pracharini Sabha.

Von Furer Haimendorf, Christoph, and Elizabeth Von Furer Haimendorf. 2022. *The Gonds of Andhra Pradesh.* New York: Routledge.

टिप्पणियाँ

अध्याय 1 : वैदिक खुली संरचना

1 (Mek 2022)
2 (Mek 2022)
3 (Mek 2022)
4 देखिए: 'American leadership in advancing the SDGs to achieve equity and sustainability'. Retrieved on January 11, 2023 (https://www. brookings.edu/blog/up-front/2020/11/12/american-leadership-in-advancing-the-sdgs-to-achieve-equity-and-sustainability/)

अध्याय 2 : वर्ण, जाति, और कास्ट

1 (Ahuja 1993, 287)
2 (Ahuja 1993, 286)
3 (Ahuja 1993, 287)
4 (Ahuja 1993, 288)
5 (Ahuja 1993, 288)
6 (Ahuja 1993, 292)

अध्याय 3 : एक संक्षिप्त सामाजिक इतिहास

1 ऋग्वेद के कवास और ऐतरेय आरण्यक के महिदास इसके उदाहरण हैं।
2 (Majumdar 2001, 546-47)
3 (Aiyangar 1934, 55)
4 (Law 1943, 350)
5 (Jaiswal 1998, 15)
6 (R. S. Sharma 1998, 58)
7 (Majumdar 2001, 548)
8 (U. Singh 2013, 168-69)
9 (Eraly 2007, 166)
10 (Eraly 2007, 166)

11 (Ambedkar, Who were the Shudras? 1979, 22)

12 Sharma, R.S. *Sudras in Ancient India*, p. 29, Motilal Banarsidass, New Delhi,1958 as cited in (A. Sharma 2000, 142)

13 See: 'The *Brihadaranyaka Upanishad* | Swami Krishnananda'. Retrieved on February 15,2022 (https://www.swami-krishnananda.org/brdup/Brihadaranyaka_Upanishad.pdf p. 39)

14 (A. Sharma 1996)

15 *Rg Veda* V 60.5. Translated by (Pandurangi 1999, 3)

16 (Radhakrishnan 1953)

17 (A. Sharma 2000, 136)

18 As quoted in: (A. Sharma 2000, 165)

19 (Gupta 2000, 190)

20 (Saha 2020)

21 (Saha 2020)

22 कई उदाहरणों के लिए, देखिए: (A. Sharma 2000, 132-80)

23 आपस्तम्ब धर्मसूत्र में संभवतया अस्पृश्यता का समर्थन किया गया है, परंतु हिन्दू धर्म का पालन करने वाले कदाचित् ही उसे पढ़ते हैं। ऐसा प्रतीत होता है कि इसे मुख्य रूप से उनके द्वारा पढ़ा जाता है जो हिन्दू धर्म पर प्रहार करने के मार्ग ढूंढते रहते हैं। अधिकतर हिन्दू उसके विषय में जानते भी नहीं हैं। और कई अन्य अपेक्षाकृत अधिक ज्ञात धर्मशास्त्रों ने भिन्न मत व्यक्त किया, 'बदरी ने शूद्रों के हितों का समर्थन किया और यह मत प्रतिपादित किया कि (शूद्रों सहित) सभी को वैदिक यज्ञ करने का अधिकार था।' देखिए: *'History of Dharmashastra (Ancient and Medieval Religions and Civil Law in India). Volumes I-V'.* Bhandarkar Oriental Research Institute, Pune. Retrieved on February15,2022(https://indianculture.gov.in/indian-culture-repository?search_api_fulltext=History%20of%20Dharmasastra&f%5B0%5D=parent_library_ic_repository%3AArchaeological%20Survey%20of%20India). और अंबेडकर उल्लेख करते हैं कि यद्यपि धर्मशास्त्रों में एक स्थान पर उल्लेख है कि शूद्र को उपनयन का अधिकार नहीं है, संस्कार गणपती ग्रंथ में स्पष्ट रूप से घोषणा की गई है कि शूद्र इसके अधिकारी हैं। वे यह भी दर्शाते हैं कि जैमिनी, जो पूर्व मीमांसा के रचयिता थे, ने कहा कि शूद्र वैदिक अनुष्ठानों का निष्पादन कर सकते हैं। अंबेडकर वैदिक अनुष्ठानों के निष्पादन के लिए शूद्रों की पात्रता को स्पष्ट करने के लिए भारद्वाज श्रौत सूत्र (v. 28) और कात्यायन श्रौत सूत्र (1 और 5) का उद्धरण देते हैं। देखिए: 'Shudras and the Counter Revolution' in (Ambedkar, Writings and Speeches. Vol. 3 1989a, 423)

24 (Olivelle 2005, 124)

25 (Olivelle 2005, 185)
26 (Olivelle 2000, 359)
27 (Chattopadhyaya 2014, 95)
28 (Olivelle 2000, 361)
29 (Ahmad 1988, 236)
30 (Olivelle 2000, 69)
31 (Olivelle 2005, 103)
32 (Kane 1941, 161)
33 (Kane 1941, 170)
34 (Kane 1941, 170)
35 (Kane 1941, 168)
36 (Kane 1941, 173-76). इसी प्रकार, स्मृत्यर्थसार में कहा गया है कि हाट की ओर जाने वाले सार्वजनिक मार्ग पर, धार्मिक शोभायात्राओं में, मंदिरों में, त्योहारों के समय, यज्ञों में, पवित्र स्थलों पर, आपदाओं में अथवा देश पर आक्रमण होने पर, बड़े जल स्रोतों के तटों पर, महान व्यक्तियों की उपस्थिति में, अथवा अग्नि की घटना अथवा अन्य कोई आपदा होने पर शारीरिक स्पर्श होने से कोई समस्या नहीं होती है।
37 साथ ही, आपस्तम्ब धर्मसूत्र में कहा गया है कि शूद्र ऊंची जाति के स्वामियों के लिए भोजन पका सकते हैं। (Datta 1944, 27)
38 (R. N. Sharma 1977, 55)
39 *Rig Veda* (X.45.6). इसमें प्रत्येक वर्ण से चार और एक पाँचवाँ, जो वर्णों से बाहर था, अर्थात्, एक दलित सम्मिलित थे। यस्क ने अपने निरुक्त (VI.7) में ऐसा कहा है। देखिए (Mookerji 1969, 52).
40 (R. S. Sharma 1958, 63)
41 (R. S. Sharma 1958, 68)
42 (McClish and Olivelle 2012, lxiv)
43 (Datta 1944, 30)
44 उदाहरण के लिए, बैजवाप गृह्य सूत्र के अनुसार शूद्रों को गर्भाधान से कौल, इन सात संस्कारों की अनुमति है। स्मृतिकार अपरार्क का मत यह प्रतीत होता है कि गर्भाधान से कौल के आठ संस्कार शूद्रों सहित सभी वर्णों के लिए थे। निर्णयसिंधु में यथा उद्धृत मदनरत्न, रूपनारायण और हरिहर के भाष्य के अनुसार, शूद्रों को छह संस्कार और पाँच दैनिक महायज्ञ करने का अधिकार था। (Kane, History of Dharmashastra 1941, 198)

अध्याय 4: जाति संबंधी विकृतियाँ

1 देखिए: 'Lingayat SCs, OBCs may not welcome minority tag'. The New Indian Express. RetrievedonFebruary15,2022(https://www.

newindianexpress.com/states/karnataka/2018/mar/23/ lingayat-scs-obcs-may-not-welcome-minority-tag-1791248.html)

2 उदाहरण के लिए: सिगाल जातक में, बुद्ध एक निम्न वर्ण के व्यक्ति द्वारा एक क्षत्रिय कन्या से विवाह की इच्छा रखने के कारण उसकी भर्त्सना करते हैं। सिंहकोट्ठुक जातक में, निम्न वर्ण में जन्म लिया हुआ एक भिक्षु उन धार्मिक ग्रंथों का पाठ करना चाहता है, जिनका उच्च वर्ण में जन्मे भिक्षु पाठ कर रहे थे, परंतु बुद्ध उसे डांटते हैं कि उच्च वर्णों में जन्मे भिक्षु सिंहों के समान हैं जबकि वह शृगाल की संतान के समान है। उसकी तुलना उस गर्दभ के साथ की जाती है जो सिंह का चर्म पहनकर सिंह के स्तर को प्राप्त करना चाहता है। (Goyal 1987, 283)

साथ ही, कण्णकथल सुत्त में, बुद्ध कहते हैं, 'चार वर्ण हैं - क्षत्रिय, ब्राह्मण, वैश्य, शूद्र, इन चार वर्णों में से, दो – क्षत्रियों और ब्राह्मणों को अभिवादन, सत्कार और दंडवत् प्रणाम में वरीयता दी जाती है'। (Datta 1944, 177)

3 (Goyal 1987, 285)

4 उदाहरणार्थ: बौद्ध शिक्षक जैसे सारिपुत्र, मौद्गल्यायन, और महाकश्यप सभी ब्राह्मण थे। पश्चात के बौद्ध धर्म संप्रदाय में, दर्शनशास्त्र, तर्कशास्त्र, नीतिशास्त्र, काव्य और नाट्य रचना में बौद्धिक दिग्गज लगभग संपूर्णतया ब्राह्मण वर्ण से थे। बौद्ध मार्ग प्रदर्शक जैसे अश्वघोष, नागार्जुन, आर्यदेव, असंग, वसुबन्धु, दिग्नाग, धर्मकीर्ति, और धर्मोत्तर ब्राह्मण परिवारों में जन्मे थे, वैदिक विद्या में शिक्षित हुए थे, और रूढ़िवादी वैदिक परंपरा में पालन-पोषण हुआ था। असाधारण बौद्धिक शक्ति सम्पन्न इन लोगों ने तर्कशास्त्र और न्यायशास्त्र पर विद्वतापूर्ण रचनाएं लिखीं जिनसे बौद्ध दर्शन के प्रमुख नियमों में से अनेकों की स्थापना हुई। (Goyal 1987, 271-72)

5 (Goyal 1987, 392)

6 (Goyal 1987, 392)

7 (Goyal 1987, 419)

8 (Goyal 1987, 392)

9 9 (Goyal 1987, 397)

10 (Siddiqui 2014, 80)

11 (Siddiqui 2014, 80)

12 (Kapur 2010, 195)

13 (Biswas 2016)

14 (Biswas 2016)

15 (Biswas 2016)

16 (EWTN Global Catholic Network 2003)

17 देखिए: 'Maneesha Panchakam". Chinmaya Mission. Retrieved on February 15, 2022 (https://www.v0.chinfo.org/images/userupload/Reflections/05_Manisha_Panchakam.pdf) और

"manIShApanchakam". Sanskrit Documents. Retrieved on February 15, 2022 (https://sanskritdocuments.org/sites/snsastri/ Manishapanchakam.pdf) 18 See: 'Sanskritisation' in (Srinivas 1971)

18 देखिए: 'Sanskritisation' in (Srinivas 1971)

19 उदाहरणार्थ, प्रारम्भिक वैदिक ग्रंथों में से एक, शतपथ ब्राह्मण में एक शूद्र राजा द्वारा महत्वपूर्ण वैदिक यज्ञ किए जाने का उल्लेख प्राप्त होता है। (Eggeling 1900, 397); Satapatha Brahmana (XIII.5.4.6), (Olivelle 2000, 131)

20 (Ambedkar, Who were the Shudras? 1979, 114)

21 (Roy 1923, 137)

22 (Ambedkar 1979, 119-22)

23 (R. S. Sharma 1958, 241)

24 देखिए (Jayaswal 1934, 3) और (Jayaswal 1934, 45)

25 (Majumdar, History of Ancient Bengal 1971, 99)

26 देखिए (Ray 2003, 98)

27 (A. Sharma 2015)

28 (R. S. Sharma 1958, 54)

29 (R. S. Sharma 1958, 48-49)

30 (R. S. Sharma 1958, 242)

31 (R. S. Sharma 1958, 53)

32 छत्रपति शिवाजी के समय में, महार, मांग और रामोशी सैनिक मराठा दुर्गों के ढलानों और पहुँच-मार्गों की सुरक्षा करते थे। (Constable 2001, 447). रामोशी पहाड़ी दुर्गों को सुरक्षित करते थे जबकि महार और मांग तोपखाना और सेना में सेवा देते थे। वे गुप्तचर भी थे, जो चौकसी करते थे और शत्रुओं को बहका देते थे। (Betham 1908, 141)

33 उदाहरणार्थ, सूबेदार गोपाल बाबा वलंगकर (नाइन्टीन्थ बॉम्बे इन्फैन्ट्री), 1880 के दशक के उत्तरार्ध में दपोली में महार नेता और सामाजिक कार्यकर्ता, ज्योतिराव फुले के एक सहयोगी, महारों को 'दूषित क्षत्रिय' बुलाते थे। (Constable 2001, 446-47)

34 देखिए: 'Indian Army's Mahar regiment: Home to two army chiefs and a Param Vir Chakra'. The Print. Retrieved on February 15, 2022 (https://theprint.in/report/indian-armys-mahar-regimenthome-to-two-army-chiefs-and-a-param-vir-chakra/26313)

35 (K. Singh 1993, 6)

36 उत्तरप्रदेश का जाटव समुदाय स्वयं को चमार कहलाने से असहमत रहता है। लोमश रामायण के अनुसार, जो नेपाल में प्रचलित है, जाटव अपनी कुल-परंपरा भगवान शिव

की प्रत्यक्ष वंशावली से जोड़ते हैं। जाटव जीवन (1924) और यदुवंश का इतिहास (1942) में, जाटवों का उल्लेख क्षत्रिय जाति के रूप में किया गया है। डबगर (प्रायः चमार माना जाता है), गुजरात, मध्य प्रदेश, और राजस्थान में फैला हुआ एक दलित समुदाय है। उनकी मौखिक परंपरा उनकी उत्पत्ति राजपूतों से बताती है जिनको मृत पशुओं के चर्म के साथ कार्य करने के कारण पदावनत कर दिया गया था। मेघवाल अनुसूचित जाति समुदाय कई सजातीय विवाह नहीं करने वाले समुदायों में बंटा हुआ है जैसे चौहान, परमार, सोलंकी इत्यादि। इन नामों में से अनेकों की उत्पत्ति राजपूतों से है। माधोपुर (उत्तर प्रदेश में है) के चमार भी स्वयं को पदावनत क्षत्रिय मानते हैं। (K. Singh 1993, 326, 387, 939, 304).

37 (Agarwal 1934, 69). Also (Longer 1981, 4)

38 (Constable 2001, 448-49)

39 यजुर्वेद के कुछ अध्याय संपूर्णतया विभिन्न उद्योगों की परिगणना करते हैं जो इनसे संबंधित थे। उदाहरणार्थ: यजुर्वेद 30.15 चर्म कर्मकारों (चर्मकार अथवा विद्यमान चमार) का उल्लेख करता है, यजुर्वेद 16.27 और 30.7 वस्त्र कर्मकारों (जुलाहा) का उल्लेख करता है, यजुर्वेद 16.27 और 30.7 लौह कर्मकारों (लोहार) का उल्लेख करता है, यजुर्वेद 16.27 और 30.6 रथकार अथवा रथ निर्माण करने वालों का उल्लेख करता है, यजुर्वेद 16.46 और 30.6 धनुष और तीर बनाने वालों का उल्लेख करता है, यजुर्वेद 30.8 कील और सुई बनाने वालों का उल्लेख करता है, यजुर्वेद 30.12 मूर्तिकारों अथवा मूर्ति बनाने वालों का उल्लेख करता है। (Mahavir 2001, 116) साथ ही, अथर्व वेद में यह उल्लेख किया गया है कि शिल्पकारों के घर और शिल्पशालाएं विशाल होती थीं। देखिए (Atharva Veda 7.73.1). (Mahavir 2001, 113) भी देखिए।

40 (Mahavir 2001, 228)

41 (Mahavir 2001, 114)

42 उदाहरण के लिए, ऋग्वेद 1.31.8, 1.31.9 and 8.46.3 देखिए। Pg. 112, *Vaidik Arthvyavastha*, Dr. Mahavir, Samaanantar Prakashan, New Delhi, 2001 भी देखिए। वैदिक मंत्रों में शूद्र शिल्पकारों का उल्लेख है जो अपनी शिल्पशालाओं में राजा के लिए लोहे के अस्त्र बनाते थे और बदले में राजा उनकी रक्षा करते थे जो कि उनकी एकजुटता और सहजीवन संबंध का संकेत है। (देखिए *Rig Veda* 10.92.7 and *Rig Veda* 10.48.3.) अभियंताओं और वास्तुकारों के रूप में शूद्रों की भूमिका बाद के समय में भी बनी रही। मौर्य काल के समय, राजमहल के पश्चिमी ओर के क्षेत्र को लकड़ी और कपास का सामान तथा कवच बनाने के लिए उन्हें दिया गया। (Sastri 1987, 79). आंध्र प्रांत के एक शूद्र शिल्पकार समुदाय जो अपनी उत्पत्ति विश्वकर्मा (जिन्हें हिन्दू धर्म में वास्तुदेव माना जाता है) से होने की घोषणा करते थे, वे मंदिरों, रथों, मंदिर के आभूषणों, धार्मिक पात्रों, और प्रतिमाओं के निर्माण और सुधार कार्य में सहायता करते थे। विजयनगर के

राजाओं (चौदहवीं-सत्रहवीं शताब्दी) ने उन्हें किंचित मंदिर सम्मान और विशेषाधिकार दिए जैसे रथ के सम्मुख में चलना और अपने पारंपरिक वस्त्रों में रथ पर खड़े होकर पूजा करना। साथ ही, आंध्र क्षेत्र में ही, कंचरस अथवा पीतल-कर्मकार शूद्र थे, और 1645 ई. के एक शिलालेख में उल्लेख है कि शासक ने उनके महत्व के कारण उन पर से सभी कर और पथकर हटा दिए थे। उप्पार शूद्र समुदाय कुएं खोदने और घरों के निर्माण में सिविल अभियांत्रिकी उपलब्ध कराते थे। वे नदियों से गाद निकालने के कार्य में भी सम्मिलित थे जिससे उन्हें नौपरिवहन के योग्य बनाया जा सके। एक अन्य शूद्र समुदाय कम्मारास थे जो लोहे के उपकरण, औजार और सामान बनाते थे (Pandey 2015, Chapter 2)

43 उदाहरणार्थ, सत्रहवीं-अठारहवीं सदी में आंध्र प्रांत में, अनेक ब्राह्मण और क्षत्रिय ग्राम के शूद्र प्रधान के अंतर्गत कार्य करते थे। (Pandey 2015, Chapter 2)

44 (Kunhappa 1988, 2)

45 (Menon 2011, 133), एक रोचक तथ्य यह है कि महाभारत में, दोनों अश्विन जो कि देवों के चिकित्सक थे, शूद्र थे। (R. S. Sharma 1958, 74)

46 (Datta 1944, 25)

47 गुप्त सम्राट स्कंदगुप्त के इंदौर ताम्र-पत्र अभिलेख (465-466 ई.) में दिए गए एक दान का उल्लेख है, और ब्याज को सूर्य के मंदिर में दीप जलाने की व्यवस्था के लिए दिया जाता था। दान की राशि को इंद्रपुर के तेलियों के संघ के पास जमा किया गया था जो उसे अपने व्यवसाय में लगाते थे अथवा ब्याज पर अन्य लोगों को उधार देते थे। राजा ईश्वरसेन के शासन के समय तृतीय सदी ई. से नासिक के एक शिलालेख में कुम्हारों, तेलियों, और अन्य के संघों के पास एक दान के निवेश का उल्लेख है। जूनार (1165 ई.) से एक शिलालेख में बांस-कर्मकारों और ठठेरों के संघों के पास निवेश का उल्लेख है (Chakraborti 1960, 316-18)। जबकि बारहवीं शताब्दी के कुछ अभिलेखों में उल्लेख है कि शूद्र उन वस्तुओं में व्यापार करते थे जो वैश्यों के लिए निषिद्ध थे, यथा नमक, मदिरा, दही, शस्त्र, विष इत्यादि, बृहस्पति स्मृति के अनुसार शूद्र सभी वस्तुओं में व्यापार करते थे। साथ ही, आठवीं शताब्दी ई. का एक जैन ग्रंथ, कुवलयमाला उल्लेख करता है कि शूद्र व्यापार कारवां के अग्रणी हुआ करते थे (S. Srivastava 2008, 51)

48 (S. Srivastava 2008, 53)

49 (Datta 1944, 27)

50 (Datta 1944, 148)

51 (Chakraborti 1960, 326)

52 उदाहरण के लिए, मौर्य काल के समय, ऐसे संघों को राज्य द्वारा विभिन्न छूट दिए गए थे। आंध्र-कुषाण काल (200-300 ई.) में और आंध्रवृत्यों के काल में, बुनकरों, भेषजों, अनाज-विक्रेताओं, तेल उत्पादकों इत्यादि के संघ थे। गुप्त काल (320-500 ई.) में तेलियों, रेशम बुनकरों, और वास्तुकारों के संघ थे (Datta 1944,

147-48)। कर्नाटक में सम्राट विक्रमादित्य द्वितीय (733-44 ई.) के एक शिलालेख के अनुसार राज्य ने पीतल-कर्मकारों के संघ को जनसाधारण से करों का संग्रहण करने के लिए प्राधिकृत किया (Chakraborti 1960, 318)। प्रतिहार शासक, महेन्द्रपाल प्रथम के सियाडोनी शिलालेख (903 ई.) में कुम्हारों, मदिरा आसवक, चीनी उबालने वालों, पनवाड़ियों , तेलियों, पत्थर के टुकड़े करने वालों के संघों का उल्लेख है। ऐसे संघ सरकार के कार्य को सुकर बनाते थे और समाज की व्यवस्था करने में तथा आंतरिक विषयों में न्याय निर्णयन करने में उपयोगी सेवाएं देते थे। (Tripathi 1989, 345-46).

53 कृष्ण यजुर्वेद और सामवेद में धनाढ्य शूद्रों के होने का उल्लेख है। अलीनचित्त(couldn't find correct name on net) जातक बनारस के निकट बुनकरों के एक सम्पन्न संघ का उल्लेख करता है। बौद्ध जातक कथाएं हमें बताती हैं कि लोहार और धनी आभूषण-निर्माताओं के परस्पर विवाह संबंध थे। देखिए (Datta 1944, 29) और (Chakraborti 1960, 314, 319).

54 (Datta 1944, 151, 155)

55 उदाहरण के लिए, कुषाण काल (प्रथम शताब्दी ई.) के मथुरा शिलालेखों में अनेकों संपन्न शूद्र दानकर्ताओं के नामों का उल्लेख है जो लोहार, नापित, धोबी, इत्यादि थे। शिलालेख में गोवा नामक एक लोहार, जो सीहा का पुत्र था, का भी उल्लेख है जिसने सरस्वती की प्रतिमा अर्पित की थी। इसी प्रकार, कण्हेरी शिलालेख में कल्याण के नाद नामक लोहार का उल्लेख है जिसने सड़क निर्माण के लिए धन दिया। कुषाण काल (प्रथम शताब्दी सी ई) के एक शिलालेख में 'राजनापित' शब्द का उल्लेख है जिसका अर्थ है नापित संघ का प्रधान। कुषाण काल के मथुरा शिलालेख में 'रायगिनी' नामक एक दानकर्ता का उल्लेख है, जिसका अर्थ है रंगरेज (वस्त्रों को रंगने वाले) अथवा धोबी की पत्नी। जातकों में भी रंगरेजों अथवा धोबियों के संघों का वर्णन है। सम्राट कनिष्क (प्रथम-द्वितीय शताब्दी ई.) के तक्षशिला मंजूषा अभिलेख में एक वास्तुकार के द्वारा धार्मिक उपहार दिए जाने का उल्लेख है। इस काल के कई अभिलेखों में नवकार्मिकों (वास्तुकार) के शिल्प संघ का उल्लेख है जो विश्वविद्यालयों और मंदिरों का निर्माण करते थे, और उनमें सुधार भी करते थे। गुप्त सम्राटों के मंदसौर शिलालेख लेख (437-38 ई.) में एक संघ का उल्लेख है जिसने 'शिल्प कला द्वारा प्राप्त संपदा के भंडारों से उज्जवल नेत्रों वाले सूर्य के एक भव्य और अप्रतिम मंदिर' का निर्माण किया। गुप्त काल में कर्मकारों को राजाओं द्वारा उच्च सम्मान दिया जाता था, जैसा कि कारीतलाई (493-4 ई.) और खोह (497-512 ई.) अभिलेखों से स्पष्ट होता है। उत्तर भारत के गुर्जर प्रतिहार शासकों (आठवीं शताब्दी के मध्य से ग्यारहवीं शताब्दी) के अभिलेखों से स्पष्ट होता है कि समान व्यवसाय में कार्यरत लोग सामान्यतः अपने व्यवसाय के विनियमन के लिए आपस में संगठन स्थापित कर लेते थे। (Chakraborti 1960, 318-25)

56 उनमें भारत में धनाढ्य शूद्र मछुआरों का उल्लेख है जो नदियों से मछली पकड़ने के लिए अनेक श्रमिकों को कार्य पर रखते थे। एक अन्य उदाहरण में, एक शूद्र को मिट्टी के

पात्र बनाने हेतु पाँच सौ शालाओं के स्वामी के रूप में बताया गया, जो स्पष्ट रूप से समृद्ध होते उद्यमियों का संकेत है। एक अन्य शूद्र स्त्री का नाम कुम्हारगिरी व्यवसाय के धनाढ्य स्वामी के रूप में दिखाया गया है, और जैन साधु प्रायः ऐसे कुम्हारगिरी के दुकानों में आश्रय लेते थे और उन्हें उच्च सम्मान देते थे। जैन ग्रंथ उत्कृष्ट भवनों, मंदिरों, बागानों, सड़कों इत्यादि के साथ कई संपन्न शहरों का वर्णन करते हैं, जहां शूद्र शिल्पकार निवास करते थे और कार्य करते थे। उनमें यह भी बताया गया है कि चर्म उद्योग भी उन्नतिशील था और शूद्र समुदाय जूते, बैग, वाद्य यंत्र जैसे ढोल, बिलोईं बैग, खोल, इत्यादि का निर्माण करते थे। (Jain 1980, 29, 56, 58)

57 (S. Srivastava 2008, 51)

58 (Basham 2004, 146)

59 (Basham 2004, 146) । उदाहरण के लिए, ब्रिटिश काल में, 1821 में एक विद्यालय स्थापित करने की योजना असफल हो गई क्योंकि शूद्र विद्यार्थियों ने शनार और परैया जिन्हें वे अपने से निम्न समझते थे, उनके साथ बैठने से मना कर दिया था। यह एक आवासीय विद्यालय होना था, और इसमें विभिन्न जातियों को एक साथ भोजन करना था। शूद्र विद्यार्थियों के लिए, यह भावनात्मक रूप से उत्तेजित करने वाली परिस्थिति थी। इसके परिणामस्वरूप, अभिभावकों ने बच्चों को विद्यालय से निकाल लिया। (Tschurenev 2019, 304)

60 (K. Singh 1993, 11)

61 (K. Singh 1993, 11)

62 (K. Singh 1993, 29)

63 (K. Singh 1993, 6)

64 (Dharampal 1983, 21)

65 (Dharampal 1983, 29)

66 (Dharampal 1983, 29)

67 (Dharampal 1983, 29)

68 (Dharampal 1983, 35)

68 (Tschurenev 2019, 41)

70 (Keay 1918, 148)

71 (K. Singh 1993, 10)

72 (K. Singh 1993, 11)

73 (K. Singh 1993, 4)

74 (K. Singh 1993, 5)

75 (K. Singh 1993, 3)

76 (K. Singh 1993, 302)

77 (K. Singh 1993, 307)

78 (K. Singh 1993, 314)

79 (K. Singh 1993, 314)
80 (K. Singh 1993, 318)
81 (K. Singh 1993, 3)
82 (K. Singh 1993, 25)
83 (K. Singh 1993, 27)
84 (K. Singh 1993, 29)
85 (K. Singh 1993, 1070)
86 (K. Singh 1993, 1072)
87 (K. Singh 1993, 1072
88 Russell 1916, 380-81)
89 (K. Singh 1993, 105-12)
90 (Das 2003, 378-79)
91 (Ghurye 1959, 4)
92 (K. Singh 1994, 10)
93 (K. Singh 1994, 12)
94 (K. Singh 1994, 3)
95 (K. Singh 1994, 293)
96 (K. Singh 1994, 293)
97 (K. Singh 1994, 295, 324, 336). यह भी देखिए: (Von Furer Haimendorf and Von Furer Haimendorf 2022, 436, 439)
98 (K. Singh 1994, 118, 119, 127, 122)
99 (K. Singh 1994, 3, 773)
100 (K. Singh 1994, 774)
101 (K. Singh 1994, 776)
102 (K. Singh 1994, 776)
103 (Bag 1997, 106)
104 (K. Singh 1994, 842)
105 (A. Srivastava 1986, 18)
106 (A. Srivastava 1986, 18)
107 (A. Srivastava 1986, 20)
108 (K. Singh 1994, 436-38)
109 (K. Singh 1994, 436, 441-42)
110 उदाहरण के लिए, हिमाचल प्रदेश के गद्दी राजपूत अनुसूचित जनजाति के लोग यह दावा करते हैं कि वे मुस्लिम शासकों के आक्रमणों से बचने के लिए मध्य युग में लाहौर से आकर यहाँ बसे। (K. Singh 1994, 272-74)
111 उदाहरण के लिए, महान वीरशैव आचार्य और विद्वान, श्रीपति पण्डिताचार्य (तेरहवीं शताब्दी ई.) ने वेदान्त सूत्रों पर श्रीकर भाष्य नामक एक अत्युत्तम टीका की रचना की।

ग्रंथ का प्रारंभ निम्न प्रकार से होता है: 'मैंने इसकी रचना वीरशैवों के हित के लिए की है। वे वीरशैव जिन्हें वेदों और आगमों तथा उनके गूढ़ आध्यात्मिक अर्थों का ज्ञान है; जिन्हें मोक्ष लाभ करने की उत्कट इच्छा है; जो वैदिक मार्ग के अनुयायी हैं; और जो शुद्ध शैववाद के नियमों का कठोरता से पालन करते हैं'। (C. H. Rao 1936, 24) रूप गोस्वामी, सोलहवीं शताब्दी ई. के महान वैष्णव विद्वान, ने भी भक्ति-रस पर अपने वृहत प्रबंध, भक्तिरसामृतसिंधु में यही बात कही है। उन्होंने कहा कि ईश्वर के प्रति भक्ति शास्त्रों , श्रुति और स्मृति के अनुरूप होना आवश्यक है। (Haberman 2003, 41)

112 (B. Srivastava 1957, 87)

113 (Neelotpal 2013, 20-21)

114 (Chauhan 2014, 59-61)

115 (Gupt 1986, 48)

116 (Ghorpade 2011, 196)

117 (Upadhyaya 1954, 583)

118 (Auti 1970, 16)

119 (Kunhappa 1988, 34)

120 (Kunhappa 1988, viii)

121 (Kunhappa 1988, ix)

122 देखिए: (Hardgrave Jr. 1969) और (Rudolph and Rudolph 1967)

123 देखिए: 'Business Class Rises in Ashes of Caste System'. *The New YorkTimes*.Retrievedo nFebruary 15, 2022 (https://www.nytimes.com/2010/09/11/world/asia/11caste.html)

अध्याय 5: ब्रिटिश सोशल इंजीनियरिंग

1 (Charsley 1996)

2 (Charsley 1996)

3 ब्रिटिश प्रिवी काउन्सिल ने कहा 'प्रयोग का स्पष्ट प्रमाण, कानून के लिखित पाठ से अधिक महत्व रखता है'। ब्रिटिश संसद ने 1833 में न्यायिक निकाय के रूप में प्रिवी काउन्सिल की स्थापना की जो भारत सहित ब्रिटिश उपनिवेशों के विभिन्न न्यायालयों की अपीलों पर विचार करते थे।

4 (Dharampal 2003, 12)

5 (Chakravorty 2019): में यथा उद्धृत

6 (Chakravorty 2019): में यथा उद्धृत

7 (Charsley 1996)

8 (Charsley 1996)

9 (Charsley 1996)

10 ऐसे अनेकों उदाहरण हैं कि सजातीय विवाह का कठोरता से पालन नहीं किया जाता था। पुराणों और महाभारत में उल्लिखित अनेकों महर्षियों की माताएं शूद्र थीं, जैसे कि

पाराशर मुनि, जिन्हें विष्णु पुराण के रचियता के रूप में जाना जाता है, उनका जन्म एक श्वपाक (जो वस्तुतः श्वान (कुत्ते) का मांस पकाती हैं) स्त्री से हुआ था। (R. S. Sharma 1958, 63) धर्मशास्त्र उस स्थिति की चर्चा करते हैं जिसमें किसी ब्राह्मण का पुत्र शूद्र हो और यह परामर्श देते हैं कि यदि पिता ब्राह्मण, क्षत्रिय, अथवा वैश्य हो, तो पुत्र का आधी संपत्ति पर अधिकार होगा। (R. S. Sharma 1958, 247) इससे स्पष्ट होता है कि ऐसे विषय पर्याप्त रूप से होते थे। गुप्त काल के समय में भी, विभिन्न वर्णों के व्यक्तियों के बीच अंतर-विवाह का उल्लेख करते हुए अभिलेख हैं। बौद्ध ग्रंथों में भी विभिन्न वर्णों के व्यक्तियों के बीच अंतर-विवाह का उल्लेख है। उदाहरणार्थ, मातंग जातक में एक व्यापारी की कन्या का उल्लेख है जो एक चांडाल की पत्नी बनी। (Datta 1944, 178)

11 (Chakravorty 2019) में यथा उद्धृत

12 (Chakravorty 2019) में यथा उद्धृत

13 (Charsley 1996)

14 (Charsley 1996)

15 (Charsley 1996)

16 (Charsley 1996)

17 (Charsley 1996)

18 (Charsley 1996)

19 (Charsley 1996)

20 (Charsley 1996)

21 (Charsley 1996)

22 (Charsley 1996)

23 (Charsley 1996)

24 (Charsley 1996)

25 (Charsley 1996)

अध्याय 6 : बी आर अंबेडकर और दलित आंदोलन

1 (Ambedkar 1936)

2 (Ambedkar 1990)

3 देखिए: Introduction of (Rathore and Verma 2011)

4 (Ambedkar 2015)

5 (Ambedkar 1936), Prologue

6 (Ambedkar 1936, 5)

7 (Ambedkar 1936, 5)

8 (Ambedkar 1936, 5)

9 (Ambedkar 1936, 24)

10 (Ambedkar 1936, 26)
11 (Ambedkar 1936, 3)
12 (Ambedkar 1936)
13 (Ambedkar 1936, 14)
14 (Ambedkar 1936, 20)
15 (Ambedkar 1936, 21)
16 (Ambedkar 1936, 23)
17 (Ambedkar 1936, 23)
18 (Ambedkar 1936, 24)
19 (Ambedkar 1990)
20 (Ambedkar 1990), Chapter X-I
21 (Ambedkar 1990), Chapter X-I
22 (Ambedkar 1990), Chapter X-I
23 (Ambedkar 1990), Chapter X-I
24 (Ambedkar 1990), Chapter X-I
25 (Ambedkar 1990), Chapter X-I
26 (Ambedkar 1990), Chapter X-I
27 (Ambedkar 1990), Chapter X-II
28 (Ambedkar 1990), Chapter XII-III
29 (Ambedkar 1990), Chapter XII-III
30 (Ambedkar 1990), Chapter XII-II
31 (Ambedkar 1990), Chapter XII-III
32 (Ambedkar 1990), Chapter XII-V
33 (Ambedkar 1990), Chapter X-II
34 (Ambedkar 1990), Chapter X-II
35 (Ambedkar 1990), Chapter X-II
36 (Ambedkar 1990), Chapter VII-III
37 (Ambedkar 1990), Chapter VII-III
38 (Ambedkar 1990), Chapter VII-III
39 (Rathore and Verma 2011, xxix-xxx)
40 (Rathore and Verma 2011, 50)
41 (Omvedt 2003, 262)
42 (Ambedkar 1989a, 23)
43 (Ambedkar 1989b, 416-17)
44 (Ramteke 1983, 127) में यथा उल्लिखित
45 (Ambedkar 2015)

46 (Ambedkar 2015, 5)
47 (Ambedkar 2015, 7)
48 (Ambedkar 2015, 7)
49 (Ambedkar 2015, 8)
50 (Ambedkar 2015, 6)
51 (Ambedkar 2015, 6)
52 (Ambedkar 2015, 8)
53 (Ambedkar 2015, 8)
54 (Ambedkar 2015, 8)
55 (Ambedkar 2015, 8)

अध्याय 7: जाति/कास्ट के गुण और अवगुण

1 इस अध्याय में अनेक विचारों को (Nadkarni 2003) से लिया गया है
2 (Kane 1990, 531)
3 (Kane 1990, 66-67, 121)
4 (Ahuja 1993, 322)
5 (Ahuja 1993, 322)
6 (Ahuja 1993, 322)
7 (Ahuja 1993, 323)
8 (Ahuja 1993, 324)
9 (Ahuja 1993, 325)
10 (Ahuja 1993, 326) हारोल्ड गोउल्ड ने 1954-5 में उत्तर प्रदेश के फैजाबाद जिले में शेरपुर ग्राम में जजमानी व्यवस्था संबंधी अपने अध्ययन में पाया कि घर बनाने के लिए निःशुल्क स्थान, परिवार के लिए निःशुल्क भोजन, निःशुल्क वस्त्र, पशुओं के लिए निःशुल्क आहार, निःशुल्क काठ, निःशुल्क खाद, किराया मुक्त भूमि, ऋण सुविधायें, अतिरिक्त नियोजन के अवसर, उपकरणों का निःशुल्क उपयोग, न्यायिक प्रक्रिया में सहायता इत्यादि के रूप में भुगतान किए जाते थे।
11 (Ahuja 1993, 324)
12 (Ambedkar 1936, 11)

आभारोक्तियाँ

हम इस महत्वपूर्ण उपलब्धि को प्राप्त करने में हमारी सहायता करने के लिए हमारे सभी दाताओं, समर्थकों, और शुभचिंतकों को धन्यवाद देते हैं। विशेष रूप से, इस पुस्तक के वित्त-पोषण में निम्नलिखित ने महत्वपूर्ण योगदान दिया है: शशि केजरिवाल, नागेश भण्डारी, महेश कृष्णमूर्ति, लक्ष्मण प्रजापत, हरिहरण राघवन, शास्ता फाउंडेशन, प्रकाश अग्रवाल, प्रकाश भालेराव, विजय बिष्ट, अर्जुन भगत और बे एरिया में कुछ अनाम समर्थक। हम इस पुस्तक की विषयवस्तु के व्यापक प्रसार में हमें सहायता करने के लिए संजय त्रिपाठी, देवेन्द्र सिंह, सीमा सिंह, प्रोफ. आर वैद्यनाथन, राकेश मेहरोत्रा, शिल्पा मेमानी, दक्ष लोहिया और रत्न शारदा के प्रति आभार व्यक्त करते हैं।

पुस्तक के हिंदी अनुवाद में सहायता देने के लिए श्रीमती कावेरी जैसवाल और श्रीमती वंदना मिश्रा का भी हम आभार व्यक्त करते हैं।

संदर्भग्रंथ सूची

Agarwal, C.B. 1934. *The Harijans in Rebellion.* Bombay: Taraporewala and Sons.

Ahmad, Qeyamuddin. 1988. *India by Al-Biruni.* 2nd. New Delhi: National Book Trust.

Ahuja, Ram. 1993. *Indian Social System.* Jaipur: Rawat Publishers.

Aiyangar, K.V. Rangaswami. 1934. *Aspects of Ancient Indian Economic Thought.* Benares Hindu University: Benares.

Ambedkar, Bhimrao Ramji. 2015. *'Buddha or Karl Marx?* CreateSpace Independent Publishing Platform. https://www.baiae.org/index.php/ja/downloads-baiae.html?download=12:buddha-or-karl-marx-pdf.

———. 1936. *Annihilation of Caste with a reply to Mahatma Gandhi.* Lahore: Self-Published. http://www.ambedkar.org/ambcd/02.Annihilation%20of%20Caste.htm.

———. 1990. *Pakistan: The Partition of India.* Mumbai: Education Department, Govt. of Maharashtra. https://mea.gov.in/Images/attach/amb/Volume_08.pdf.

———. 1979. *Who were the Shudras?* New Delhi: Ministry of External Affairs, Government of India. Accessed February 15, 2022. https://www.mea.gov.in/Images/attach/amb/Volume_07.pdf.

———. 1989a. *Writings and Speeches. Vol. 3.* Bombay: Government of Maharashtra.

———. 1989b. *Writings and Speeches. Vol. 5.* Bombay: Government of Maharashtra.

Auti, V. M. 1970. *Varkari Sampradaya Ke Kaviyon Ki Hindi Rachnaon Ka Anushilan.* Pune: Pune University.

Bag, A.K. 1997. *History of Technology in India.* Vol. I. New Delhi: Indian National Science Academy.

Basham, A.L. 2004. *The Wonder That Was India.* 3rd. London: Picador.

Betham, R.M. 1908. *Marathas and Dekhani Musalmans.* Calcutta: Superintendent of Government Printing.

Biswas, Soutik. 2016. *Why are many Indian Muslims seen as untouchable?* 10 May. Accessed February 15, 2022. https://www.bbc.com/news/world-asia-india-36220329.

Cadell, Patrick. 1938. *A History of the Bombay Army.* London: Longmans.

Chakraborti, Haripada. 1960. *Trade and Commerce of Ancient India.* Calcutta: Academic Publishers.

Chakravorty, Sanjoy. 2019. *Viewpoint: How the British reshaped India's caste system.* 19 June. Accessed February 15, 2022. https://www.bbc.com/news/world-asia-india-48619734.

Charsley, Simon. 1996. "'Untouchable': What is in a Name?" *The Journal of the Royal Anthropological Institute* (Royal Anthropological Institute of Great Britain and Ireland) 2 (1): 1-23.

Chattopadhyaya, Brajdulal. 2014. *Essays in Ancient Indian Economic History.* 2nd. Delhi: Indian History Congress and Primus Books.

Chauhan, G.S. 2014. *Bani of Bhagats Part 2.* Amritsar: All India Pingalwara Charitable Society.

Constable, Philip. 2001. "The Marginalization of a Dalit Martial Race in Late Nineteenth- and Early Twentieth-Century Western India." *The Journal of Asian Studies* 60 (2): 439-478. doi:https://doi.org/10.2307/2659700.

Das, Veena. 2003. *The Oxford Companion to Sociology and Social Anthropology.* New Delhi: Oxford University Press.

Datta, Bhupendranath. 1944. *Studies in Indian Social Polity.* Calcutta: Purabi Publishers.

Dharampal. 2003. *Rediscovering India: Collection of Essays and Speeches, 1956-1998.* Mussoorie: Society for Integrated Development of Himalayas.

———. 1983. *The Beautiful Tree: Indigenous Indian Education in the Eighteenth Century.* Mapusa: Goa.

Eggeling, Julius. 1900. *The Satapatha Brahman Part V.* Oxford: Clarendon Press.

Eraly, Abraham. 2007. *The Mughal World.* New Delhi: Penguin Books.

EWTN Global Catholic Network. 2003. *Bishops' Conference India -*

6. Accessed April 30, 2022. https://www.ewtn.com/catholicism/library/bishops-conference-india--6-8243.

Ghorpade, Arjun. 2011. *Chokhamela.* Aurangabad: Baba Saheb Ambedkar Marathwada University.

Ghurye, G.S. 1959. *The Scheduled Tribes.* 2nd. Bombay: Popular Book Depot.

Goyal, S.R. 1987. *A History of Indian Buddhism.* Meerut: Kusumanjali Prakashan.

Gupt, Harihara Prasad. 1986. *Vaishnava Kabir.* Allahabad: Bhasha Sahitya Samsthan.

Gupta, Dipankar. 2000. *Interrogating Caste - Understanding Hierarchy and Difference in Indian Society.* New Delhi: Sage.

Haberman, David L. 2003. *The Bhaktirasamrtasindhu of Rupa Gosvamin.* New Delhi: Indira Gandhi National Centre for the Arts.

Hardgrave Jr., Robert L. 1969. *The Nadars of Tamilnad: The Political Culture of a Community in Change.* Berkeley and Los Angeles: University of California Press.

Jain, Dinendra Chandra. 1980. *Economic Life in Ancient India as Depicted in Jain Canonical Literature.* Vaishali, Bihar: Research Institute of Prakrit, Jainology & Ahimsa.

Jaiswal, Suvira. 1998. *Caste: Origin, Function and Dimension of Change.* New Delhi: Manohar Publishers.

Jayaswal, K.P. 1934. *An Imperial History of India in a Sanskrit Text.* Lahore: Motilal Banarsidass.

Kane, Pandurang Vaman. 1941. *History of Dharmashastra.* Vol. II. Poona: Bhandarkar Oriental Research Institute.

———. 1990. *History of Dharmashastras: Ancient and Medieval Religions and Civil Law in India Vol II. Part 1.* Pune: Bhandarkar Oriental Research Institute.

Kapur, Kamlesh. 2010. *Portraits of a Nation: History of Ancient India.* New Delhi: Sterling Publishers.

Keay, F.E. 1918. *Ancient Indian Education.* London: Oxford University Press.

Kunhappa, Murkot. 1988. *Sree Narayana Guru.* New Delhi: National Book Trust.

Law, Bimal Churn. 1943. *Tribes in Ancient India.* 1st. Poona: Bhandarkar Oriental Research Institute.

Longer, Victor. 1981. *Forefront Forever: The History of the Mahar Regiment.* Saugar: Mahar Regiment Centre.

Mahavir. 2001. *Vaidik Arthvyavastha.* New Delhi: Samaanantar Prakashan.

Majumdar, R.C. 1971. *History of Ancient Bengal.* Calcutta: G. Bharadwaj & Company.

———. 2001. *The Age of Imperial Unity - History and Culture of Indian People.* 7th. Vol. 2. Bharatiya Vidya Bhavan.

McClish, Mark, and Patrick Olivelle. 2012. *The Arthasastra: Selections from the Classic Indian Work on Statecraft.* Indianapolis: Hackett Publishing Company Inc.

Mek, Amy. 2022. *Shocking Glimpse Into Life After The Great Reset – World Economic Forum's Sinister Plans.* 1 November. Accessed January 11, 2022. https://truthtalk.uk/2022/shocking-glimpse-into-life-after-the-great-reset-world-economic-forums-sinister-plans/.

Menon, A. Sreedhara. 2011. *Kerala History and Its Makers.* New Delhi: DC Books.

Mookerji, Radha Kumud. 1969. *Ancient Indian Education.* 4th. New Delhi: Motilal Banarsidass.

Nadkarni, M. V. 2003. "Is Caste System Intrinsic to Hinduism? Demolishing a Myth." *Economic and Political Weekly* (Economic and Political Weekly) 38 (45): 4783-4793. Accessed 15 February 2022.

Neelotpal, S. 2013. *Meera Padavali.* Delhi: Prabhat Prakashan.

Olivelle, Patrick. 2000. *Dharmasutras.* New Delhi: Motilal Banarsidass.

———. 2005. *Manu's Code of Law.* New York: Oxford University Press.

Omvedt, Gail. 2003. *Buddhism in India: Challenging Brahmanism and Caste.* New Delhi: Sage Publications.

Pandey, Alpana. 2015. *Medieval Andhra: A Socio-Historical Perspective.* Partridge India.

Pandurangi, K.T. 1999. *Indian Thought on Human Values.* 2nd. Bangalore: Bharatiya Vidya Bhavan.

Radhakrishnan, S. 1953. *The Principal Upanishads.* New Delhi: Harper Collins.

Ramteke, D.L. 1983. *Revival of Buddhism in Modern India.* New Delhi: Deep and Deep.

Rao, C. Hayavadana. 1936. *The Srikara Bhashya: Being the Virasaiva commentary on the Vedanta Sutras by Sripati.* Bangalore: Bangalore Press.

Rathore, Akash Singh, and Ajay Verma. 2011. *B.R. Ambedkar: The Buddha and his Dhamma – A Critical Edition.* New Delhi: Oxford University Press.

Ray, Rajat Kanta. 2003. *The Felt Community.* New Delhi: Oxford University Press.

Roy, Pratap Chandra. 1923. *The Mahabharata of Krishna Dwaipayana Vyasa Volume VIII.* Calcutta: Oriental Publishing Co.

Rudolph, Lloyd I., and Susane Hoeber Rudolph. 1967. *Modernity of Tradition: Political Development in India.* Chicago: University of Chicago Press.

Russell, R.V. 1916. *The Tribes And Castes Of The Central Provinces Of India.* Vol. IV. London: Macmillan.

Saha, Sharmistha. 2020. *Rereading History: On Ambedkar's "The Untouchables: Who Were They and Why They Became Untouchables".* 17 October. Accessed February 15, 2022. https://www.allaboutambedkaronline.com/post/an-outline-of-the-untouchables-who-were-they-and-why-they-became-untouchables.

Sastri, K. A. Nilakanta. 1987. *A Comprehensive History of India Volume 2.* New Delhi: People's Publishing House.

Sharma, Arvind. 2000. *Classical Hindu Thought.* Oxford University Press: New Delhi.

———. 1996. *Hinduism for our Times.* New Delhi: Oxford University Press.

Sharma, Arvind. 2015. "Review of The Pariah Problem: Caste, Religion, and the Social in Modern India by Rupa Viswanath." *International Journal of Dharma Studies* 3 (8): 1-2. doi:https://doi.org/10.1186/s40613-015-0018-0.

Sharma, Ram Sharan. 1998. *Perspectives in Social and Economic History of India.* New Delhi: Munshiram Manoharlal Publishers.

———. 1958. *Sudras in Ancient India.* New Delhi: Motilal Banarsidass.

Sharma, Ravindra Nath. 1977. *Culture and Civilization as Revealed in the Srauta Sutras.* Delhi: Nag Publishers.

Siddiqui, Iqtidar Husain. 2014. *Delhi Sultanate: Urbanization and Social Change.* 2nd. New Delhi: Viva Books.

Singh, K.S. 1993. *The Scheduled Castes.* New Delhi: Anthropological

Survey of India and Oxford University Press.

———. 1994. *The Scheduled Tribes.* New Delhi: Anthropological Survey of India and Oxford University Press.

Singh, Upinder. 2013. *Rethinking Early Medieval India.* New Delhi: Oxford University Press.

Srinivas, M N. 1971. *Social Change in Modern India.* New Delhi: Orient Longman.

Srivastava, A.R.N. 1986. *Tribal Freedom Fighters of India.* New Delhi: Publications Division of Ministry of Information and Broadcasting, Government of India.

Srivastava, Badrinarayan. 1957. *Ramanand Sampradaya Tatha Hindi Sahitya Par Unka Prabhaav.* Prayag: Hindi Parishad, Prayag Vishvidyalaya.

Srivastava, Surabhi. 2008. *Socio-economic History of the Gurjara Pratihara Times.* Lucknow: New Royal Book Company.

Tripathi, Rama Shankar. 1989. *History of Kanauj.* New Delhi: Motilal Banarsidass.

Tschurenev, Jana. 2019. *Empire, Civil Society, and the Beginnings of Colonial Education in India.* New Delhi: Cambridge University Press.

Upadhyaya, Baldev. 1954. *Bhagavat Sampradaya.* Varanasi: Kashi Nagari Pracharini Sabha.

Von Furer Haimendorf, Christoph, and Elizabeth Von Furer Haimendorf. 2022. *The Gonds of Andhra Pradesh.* New York: Routledge.

www.ingramcontent.com/pod-product-compliance
Ingram Content Group UK Ltd.
Pitfield, Milton Keynes, MK11 3LW, UK
UKHW041857031026
15587UKWH00008B/1279/J

9 789365 471014